大时代里的小杂志

《读书》杂志研究

庞海音 著

图书在版编目（CIP）数据

大时代里的小杂志：《读书》杂志研究/庞海音著．
—北京：中央编译出版社，2016.10
ISBN 978 – 7 – 5117 – 3104 – 3

Ⅰ.①大… Ⅱ.①庞… Ⅲ.①期刊 – 研究 – 中国 – 民国
Ⅳ.①G239.296

中国版本图书馆 CIP 数据核字（2016）第 222932 号

大时代里的小杂志：《读书》杂志研究

出 版 人：	葛海彦
出版统筹：	贾宇琰
责任编辑：	程　彤　曲建文
责任印刷：	尹　珺
出版发行：	中央编译出版社
地　　址：	北京西城区车公庄大街乙 5 号鸿儒大厦 B 座（100044）
电　　话：	（010）52612345（总编室）　（010）52612370（编辑室）
	（010）52612316（发行部）　（010）52612317（网络销售部）
	（010）52612346（馆配部）　（010）66509618（读者服务部）
传　　真：	（010）66515838
经　　销：	全国新华书店
印　　刷：	北京隆元普瑞彩色印刷有限公司
开　　本：	787 毫米×1092 毫米 1/16
字　　数：	200 千字
印　　张：	14.5
版　　次：	2016 年 10 月第 1 次印刷
定　　价：	38.00 元
网　　址：	http://www.cctphome.com　　邮　箱：cctp@cctphome.com
新浪微博：	@中央编译出版社　　微　信：中央编译出版社（ID：cctphome）
淘宝店铺：	中央编译出版社直销店（http://shop108367160.com）（010）52612349

本社常年法律顾问：北京嘉润律师事务所律师　李敬伟　问小牛
凡有印装质量问题，本社负责调换，电话：010 – 55626985

内 容 摘 要

20世纪80年代,三联书店创办的思想文化评论刊物《读书》,在知识界和思想界都产生了深远的影响。作为我国当代思想文化类杂志的领头羊,它始终坚持"以书为中心的思想评论"宗旨,致力于"展示读书人的思想和智慧,凝聚对当代生活的人文关怀",记录了这个时代各种思潮的起伏跌宕、兴衰际遇,映现了改革开放以来中国当代社会转型所带来的思想文化律动,折射了中国知识界的思想动态,也见证了时代和思想的发展轨迹。

《读书》创刊时的定位,就是既注重思想探讨,也注重文体风格。它尽力展示当代中国知识分子的思想面貌,满足其多方面的文化需求,并以宽容理性的文化品格、丰富深刻的思想内涵以及独特自由的审美风格,形成了自己独特的文化个性,建构了当代中国最重要的思想文化论坛和宝贵的知识分子言论空间。《读书》经历了职业出版人办刊和学者办刊两个阶段,前者注重思想性和可读性;后者觉得问题大于形式,于是带来了社会各界对《读书》的非议。在这个中西交会、古今转变、中国人对西学所知甚少而对中学又几乎忘掉了的时代,《读书》杂志以某种不期然的方式充当了连接中西、古今之间交流的文化浮桥。

本书运用文本分析和实证研究相结合的方法,以文化传播为切入点,对《读书》杂志在改革开放30年所扮演的社会角色的转变,对政治、经济、文化、思想各个方面所产生的深远影响做了细致的梳理,立足于期刊史、思想史等角度,对《读书》杂志30年的文本进行考察,探究《读书》的办刊理念的特点以及办刊思想转变背后的深刻文化语境,观照当代文化的发展事实和发展趋势。

本书共分为九部分。导论主要论述了本书的选题意义、研究现状。

第一章 梳理了《读书》杂志诞生的政治和文化语境,《读书》与三联书店之间在思想和文化上的承继关系,以及如何注重营造知识分子的归属感。

第二章 考察《读书》杂志的办刊宗旨和编辑策略。

第三章 探寻《读书》杂志话语特征的演变轨迹。

第四章 在新时期中国文化视野中,探究《读书》杂志如何通过理性精神和批判意识的弘扬，来彰显知识分子群体的思想文化立场、价值判断。

第五章　《读书》如何以开放的心态引介西方学术和新思潮，开阔了读者的视野，影响了一代知识人。

第六章　《读书》一直站在中国思想界的前沿，对现实问题充满了一种人文关怀，在理性思索中，强化了深邃的文化感与历史感。

第七章　较为深入、细致地探究《读书》杂志的文体特征、审美风格。

第八章　探究《读书》杂志对社会、知识分子以及出版业的影响，总结可资借鉴的期刊出版的经验。

将《读书》放在当代中国的历史语境下加以讨论不仅是一桩对近30年中国社会变革的塑形行为，同时也为描摹当下知识分子的形象提供了一种可能。在这剧变的30年中，《读书》博采中外，掇拾古今，提供知识，不仅成为一个超越学术圈的公共空间，更体现了在80~90年代特殊的历史语境下，中国知识分子的社会角色与历史使命的转变。它在思想层面所起的现实作用，它所产生的重大影响，实际上已经远远超过了一本杂志。

关键词：《读书》；话语；文化

序

庞海音博士，曾师从我国文艺学泰斗北京师范大学童庆炳先生和著名俄苏文学专家程正民先生，现任教于新疆大学编辑出版学专业。良好的教育背景与扎实的理论功底为其从事编辑出版学教育及科研打下了坚实的基础。

2010年3月，她来到武汉大学编辑出版学专业访学，后进入中国新闻出版研究院武汉大学博士后流动站科研基地，在我和中国新闻出版研究院原院长郝振省先生指导下从事博士后研究工作。在站期间，她严格要求自己，且能够认真听取合作导师和指导小组专家的意见，注重理论联系实践，努力进行课题研究，表现出良好的学识修养和创新能力。2012年12月，她的博士后出站报告《融贯中西 通释古今——〈读书〉杂志研究》评审会在京召开。经与会专家严格评审，出站报告获得专家们的广泛好评。评审专家委员会认为，该报告主要运用实证分析和内容分析的方法对《读书》杂志这份思想学术文化杂志着重进行了文本分析，考察了其创办、发展、创新的历程以及所产生的重要影响，对新时期以来中国当代思想界、学术界的发展变迁轨迹进行了细致描述和梳理，并对这些重要影响进行了评价，具有较强的创新性和前沿性。出站之后，她根据评审专家的意见和建议对报告进行了精心修改，完成了这部专著。

创刊于"文革"结束后的《读书》杂志，是以书为中心的思想文化评论刊物。目前，正当而立之年。30多年来，或是出于意识形态的考量，或是由于文化理念的认知，其办刊过程虽经历风风雨雨，但其社会文化影响却有目共睹，不可小觑。肯定也好、否定也罢，赞扬也好、诋毁也罢，广泛的非共识正是其影响的最好表现。在我看来，无论是作为一种文化现象，还是一种出版现象，《读书》杂志都是一个非常值得研究的个案。遗憾的是，出版人对于《读书》杂志的关注往往流于肤浅，成体系的深层的扎实的研究并不多见。庞海音博士的这本著作所涉及的内容，有很多前人所未涉及的；有些研究视角的切入也很新鲜；一些观点和结论更是人所未发的，且不乏独到见解。仅从这个意义上看，这就是一部填补空白的好作品。

作者在运用内容分析法开展研究的同时，如果能够结合"当事人"的人物访谈，适当关照杂志发展过程中的人文因素，尤其是历任主编的回忆与感悟，著作将更为丰满、更具说服力。这就算是我对作者后续研究的期待吧。

2016 年 6 月 30 日于珞珈山

方卿 武汉大学信息管理学院教授、博士生导师、院长，教育部长江学者特聘教授。

目　　录

导　论　一份引领时代的刊物 ………………………………………… 1

第一章　破土而出：《读书》杂志诞生 ………………………………… 16
　　一　《读书》诞生的社会文化语境 …………………………………… 16
　　二　创刊过程 …………………………………………………………… 18
　　三　继承与渊源 ………………………………………………………… 20

第二章　兼容并蓄：编辑出版策略 …………………………………… 24
　　第一节　办刊宗旨：开垦公共知识精神的家园 …………………… 24
　　第二节　读者定位：思想者间的精神对话与交流 ………………… 26
　　第三节　编辑者的风格与策略 ……………………………………… 29
　　第四节　作者群的凝聚与演变 ……………………………………… 35
　　第五节　期刊发行变动 ……………………………………………… 41

第三章　踪迹：《读书》话语特征的演变 ……………………………… 47
　　一　思想解放话语——"读书无禁区" ……………………………… 47
　　二　新启蒙话语——"文化热" ……………………………………… 52
　　三　向理论和学术话语倾斜——"思想淡出，学术凸显" ………… 58
　　四　新世纪：多元话语间重建平衡 …………………………………… 63

第四章　接源"旧学"，采纳"新知"——对中国文化的建设 ……… 70
　　一　对中国学术思想的讨论 …………………………………………… 70
　　二　对中国传统文化及知识分子命运的反省 ……………………… 75
　　三　对民间文化的开掘 ………………………………………………… 84
　　四　对历史和人物的书写 ……………………………………………… 88

第五章　"看动静的窗口"——引介西方文化思潮 …………………… 97
　　一　对西方文学的引介 ………………………………………………… 98
　　二　对西方政治哲学的引介 ………………………………………… 104
　　三　关于后殖民主义和民族主义的讨论 …………………………… 108
　　四　对西方经济社会学的引入 ……………………………………… 113

五　对民主等问题的探讨 …………………………………………… 116
第六章　"冷眼观热门"——《读书》的现实关怀 ………………………… 121
　　一　对中国改革推进的关注 ………………………………………… 121
　　二　对当代文学艺术及媒体文化的研究 …………………………… 130
　　三　对世界关系与民族认同的思考 ………………………………… 139
　　四　对全球化和区域化的讨论 ……………………………………… 144
第七章　"不伦不类"——《读书》的美学追求 …………………………… 149
　　一　题材特点：言在书内，意在书外 ………………………………… 149
　　二　文笔艺术：追求学术，出以文章 ………………………………… 155
　　三　视觉追求：版式与插图 ………………………………………… 160
　　四　雅趣与杂趣：小栏目与美文 …………………………………… 164
第八章　《读书》的影响 ……………………………………………………… 168
　　一　对当代社会的影响 ……………………………………………… 168
　　二　对知识分子的影响 ……………………………………………… 175
　　三　《读书》对书业的影响 …………………………………………… 187

结　语　《读书》的文化精神和传承 ………………………………………… 201
参考文献 ……………………………………………………………………… 204
后　记 ………………………………………………………………………… 213
作者简介 ……………………………………………………………………… 215

导论　一份引领时代的刊物

一、研究背景及目的

《读书》杂志由中国出版集团主管，生活·读书·新知三联书店主办。自1979年4月创刊以来，以"读书无禁区"为口号，成为中国当代知识分子的传媒经典和广大读书人的一面文化旗帜。30年来，《读书》坚持"以书为中心的思想评论刊物"的办刊定位，始终贯彻"展示读书人的思想和智慧，凝聚对当代生活的人文关怀"的宗旨。可以说，在某种程度上，《读书》已然成为中国大陆知识界或读书界的一个标签和样本，或者一个缩影。《读书》30年的历史，既是改革开放的历史，也是社会转型期的学术史、思想史，更是当代中国知识分子的心灵史。它走过的30载历程，恰恰伴随了中国的改革开放和社会转型的历程。《读书》最大限度地反映了不同时期的思想文化特征与知识分子的思考轨迹，展示了思想文化类杂志在时代发展中的功能。

新时期是历史的转折点，国家社会的变革在思想文化传播领域有着具体的表现，作为当代中国思想文化的见证者，《读书》记录了这个时代各种思想的起伏跌宕、兴衰际遇，也映现出思想文化界忧戚喜乐的情感律动。在当代中国社会激烈的变化中，《读书》能够始终和现实保持对话，主动介入许多重大思想问题的讨论，敏感地回应世界的风云变幻，它提供了一个让各种思想和学说自由讨论的空间，为思想文化界搭建平等交流的平台。它依托三联书店这个良好的文人办刊传统和创办资源，在经济上、思想上、文体上保持了知识分子刊物的独立性。

《读书》创刊伊始，就以"读书无禁区"开启了一个敢于突破禁忌表达知识分子真实想法的风气。在改革开放的时代，一群职业出版家和学者在从事启蒙和介入社会批判的借助于先天优势,凭借着优质的作者群以及新锐的思想迅速占领了大片读者市场,从而掌握了大众媒介的话语权,拥有了广大的文化消费群,将《读书》搭建成了一个知识分子交流话语的公共平台。

创刊30年,无论是从经营还是从内容来说,《读书》已成为中国最成功的知识分子杂志。《读书》既是这个时代的承受者,又是一个重要的策划者,这源于《读书》本身的定位和它的编辑主体。首先,杂志的主编和撰稿人都有其自身的思想倾向,势必会影响杂志的面貌。其次,读者并不代表社会大众,所以无论再成功的杂志都有其无法克服的局限性。就内容的形成和延续、变化而言,主编无疑是最大的主宰者和掌舵者。从创刊至今,《读书》先后经历了四代主编的更替:第一代(1979~1986年),陈原、范用;第二代(1986~1996年),沈昌文;第三代(1996~2007年),汪晖、黄平;第四代2007年至今,吴彬、潘振平、樊希安。每一时期各有其办刊风格和特点,但都围绕杂志的定位和宗旨进行编辑开拓。1996年之前的《读书》,延续早期注重专栏、老作者和文学的特点,大量介绍各国文学和外国文化。它以浓厚的人文精神,顺应了时代的求知潮流和"文化热",竭力引进西方理论和价值观,帮助读者开阔视野,并重新审视中国传统文化。呈现出以文学、哲学、艺术等人文学科领域为主的文化闲谈和思想清议的特征。它恢复了知识分子的本来涵义,一度成为启蒙运动的重镇。1996年之后,《读书》编辑方针发生了大改革,由专注知识分子人文趣味的杂志转向具有强烈现实性和针对性的杂志,并延续至今。"代际的转变,一方面象征汇聚在《读书》这一个思想书写阵地中知识分子的差异:从报人到学者、从关注文史哲学到融入社会科学视角的批判,另一方面也反映了《读书》本身在定位、选材上的变化,进一步反映该刊物与当代中国社会文化整体关系的不断调整。"①

《读书》的"撰稿人大都为学术界、思想界、文化界有影响的学者、专家与文化人",它拥有当时作为社会精英的核心资源的知识分子,其栏目的设置与社会话题的推动,使《读书》杂志具有了历史性格的同时更张扬了个性。它的作者群也随着时代的变化在发生着改变,从怀有理想主义色彩和浪漫文化激情的启蒙者转变为冷静、客观、务实,既关注自身又关注社会问题的批判者。

《读书》面向普通读者,兼具思想性与学术性的办刊方针以及其得天独厚

---

① 叶国豪:《〈读书〉当代中国思想文化的书写纪录》,共识网.2014.6.4. http://www.21ccom.net/articles/sxwh/。

的"天时、地利、人和",不仅吸引了知识界众多优秀知识分子的投稿与参与,更在30多年的时间里培养了一大批读者。它的"读者群,遍布各行各业,包括公司职员及中高层管理人员、大学教授、大学生、媒体从业人员、政府官员等。他们普遍具备高学历、高收入的特性"[①]。

尽管《读书》的读者年龄和学历跨度较大,并随着时代的变化不断在分流,但他们无疑都具有较强的社会责任感和批判精神这些共同特性。

30年来,《读书》敢于接触敏感问题,充当思想解放运动的先锋,率先引进西方文化的精华,见证了当代知识分子思想成长的轨迹。《读书》的问题意识、话语模式、行文风格等方面的变化,就是当代知识分子活动的晴雨表。

纵观《读书》30年来所刊发的文章,我们会发现,《读书》力图从知识文化领域与现实问题领域呈现中国改革开放以来的社会变迁,折射出知识分子对改革开放所带来的一系列变化的反思与探索历程。在这一新的认知视角中,我们可经由期刊去探求当代中国社会思想变迁的内在逻辑。

如果说冲破思想禁锢是《读书》的第一个特征,那么高举思想启蒙的旗帜、传播西方文化则是《读书》的第二个特征。从初创开始,《读书》就在最大范围,以最快速度、全方位评介20世纪西方民主新思潮,比如冯亦代先生的"西书拾锦"专栏,赵一凡先生的"哈佛读书杂记系列"等等,都在当时开阔了读者的视野,影响了一代知识人,而且后来还延续成三联书店的出书风格。除此之外,《读书》还大力弘扬人文精神,侧重对人、对国家及民族的人文关怀。从创刊号的《读书无禁区》,70年代末开始的思想解放运动,80年代中后期开始的新启蒙运动,再到90年代改革的推进与反思,2007年吴彬任主编至今,《读书》回归文化闲谈和思想清议为主兼顾学理,无不体现了这种精神。正是这种精神使《读书》区别于其他的刊物,具有旺盛的生命力。

有人曾如此评价道:"《读书》是和改革时代的脉搏一起律动的,它呼应了这个时代提出的主题:启蒙。五四以来的那种启蒙精神长期湮没在历史中,'文革'后才再次涌动而出。这种精神渗透在《读书》中,又通过《读书》延续到新生代的知识分子身上和笔下。于是,《读书》上承五四精神,下启改革思潮。正是这种生生不息的启蒙精神,让《读书》成为知识分子的精神家

---

① 三联书店网站 http://www.sdxjpc.com/ad/ad—dushu.html#5。

园,也成为改革时代的思想'风暴眼'"。① 经过几代知识分子的共同努力终于把《读书》变成了一个"知识分子的公共俱乐部"。

曾经有媒体这样评价《读书》:"一本 32 开的刊物,成为中国知识分子的阵地。25 年的沧桑变化,记载了中国人文精神的延续和嬗变。……很难统计到底有多少人汲取了《读书》的营养,但是这本杂志在知识界的权威却不容置疑。90 年代末,中国人民大学在学生中进行了中国'当红学术明星'调查,其中九成都属于《读书》的读者。"② 《读书》对几代知识分子的思想生活究竟发生了多么深刻的影响,我们难以具体考证,但有一点是肯定的,《读书》一直密切关注文化的命运和现状,致力于记录时代思想文化特征、知识分子心路历程。

在当今全球技术至上、物质主义甚至反智主义泛滥的背景下,在文化产业内部,作为文化产品的杂志其内在的文化与商业两重属性出现严重偏倚:低俗、大众娱乐文化大行其道;严肃、高雅、精英文化难以为继。视觉文化语境下的数字媒介逐渐取代印刷文化的趋势越来越明显,使得文化在生产和消费群体上的分野渐次清晰。在多元化价值观的视角下,《读书》以前积累的光环被逐渐"祛魅",掉落"凡间",从思想旗帜无奈回归到杂志本位,和其他书评类杂志和学术杂志竞争。

自汪晖、黄平担任主编开始,《读书》呈现出明显的学理化倾向,专业化学术化文章的比例逐渐增大,影响了其文风和特色,在可读性上饱受争议,发行量大大缩减。就外部而言,时代的变化导致读者需求的变化和选择的增多,大多数文化类杂志难以适应不断深化的市场经济大潮带来的生存和发展的冲击,没有积极主动而有效地寻求社会转型的时代背景之下的生存和发展之道。1993 年创办的《东方》杂志,以专家论说社会现象以及学者评点文化生活为定位,也是以知识分子为读者对象,这份文化评论杂志以其强烈的现实关怀,并提倡知识界成为当代中国变革的一个重要媒介。它与《读书》有一定的重合度。虽然只开办了三年即停刊整顿。同时,《中国图书评论》《书屋》《书城》《天涯》《万象》等同类读书类期刊的迅猛发展,无形中分流了《读书》的部分读者和影响力。因而,面对这种境况,《读书》必须从自身和市场的考虑出发,探讨如何在保持文章的高品质和继承反思批判传统下得到

---

① 马国川:《〈读书〉干了两件事:解冻和启蒙》,《中国青年报》2007 年 7 月 8 日。
② 罗雪挥:《〈读书〉25 年》,《新闻周刊》2004 年 8 月 23 日。

新的发展，突破来自自身和外界的重重困境，找到符合我国出版业实际的发展路径，达到新旧出版形式的融合与共赢目标，实现出版业大发展与大繁荣。

一份思想文化类刊物30年来受到知识分子群体异乎寻常的关注，与刊物本身的特殊性有关，更与刊物生存的特殊语境有关。改革开放以后，整个社会发生了全面的变化，思想观念和文化也出现了很大的不同，从单一的纯粹的乌托邦形态向多元文化并存的转变；从以政治生活为中心（"以阶级斗争为纲"）开始向经济建设为主；昔日那种整齐划一的社会认同也基本解体，突出的是个人主体意识的觉醒和多元文化选择的尊重。在这样一个复杂而又多变的语境中考察《读书》杂志在当代文艺思潮中的角色意识，追问它是如何担当知识分子精神家园的角色。从中发现衡量多种社会力量、意识、传统与文化的作用与碰撞。

《读书》的选题视野、读者定位、办刊风格以及所引发的各种争论和热点问题，深深地影响了几代人的思想。30多年的苦心经营，使它逐渐发展成为一种富于精神象征意义的标识、一个带有文化隐喻色彩的符号系统。要了解20世纪70、80年代以来中国学术思想文化的发展演变，不能不对这本杂志给予极大的关注。

选择《读书》作为研究对象，不仅因为它是当代人文知识界最具影响力的老牌杂志，在思想文化类杂志中以骄人的销量在知名度和影响力上都位居同类杂志之首，它代表的是改革开放30年来中国文化的走向，代表的是近30年来中国文化精神的所在。它一方面焊接着中国传统文化业已中断的脉，一方面努力联系着与之相对称的西方文明，以两者的结合来对中国现实发生作用。① 而且《读书》有当代思想和文化的背景，其所经历和面临的问题当然不单单是它自身所面临的问题，更是整个中国当代思想界文化界在发展过程中共同面临的问题。无论是持续的时间还是涉及时代主题的贴切性和问题的广泛性上，都具有独一无二的代表性。

王思任说："一代之言，皆一代之精神所出。"② 一本好的杂志，代表的就是一个时代。联系《读书》诞生及发展的背景，可以说，作为中国当时绝无仅有的思想传媒，这本杂志曾一度赢得了一个时代。它的风格和品位已成为当今中国知识分子备加珍爱的精神食粮，其影响堪与五四时期的《新青年》

---

① 朱伟：《〈读书〉记》，《当代作家评论》1994年第2期。
② 王思任：《王季重十种·杂序·唐诗纪事序》，浙江古籍出版社，1987年。

相提并论。特别在它创刊后的 30 年里，以其坚守的人文光芒，温暖了追求真知灼见的人们，照亮了知识分子的心路历程；以其思想启蒙的理性诉求，驱逐了浩劫乍息时的混乱、百废待兴间的阴霾和精神荒原上的黑暗。

二、文献综述

近年来，媒介文化研究呈现出多学科交叉的整合态势，尤其是国外对于媒介文化的研究早已如火如荼，此方面的研究成果已不计其数。从早期德国的法兰克福学派的"文化工业"理论、葛兰西的"文化霸权"理论、哈贝马斯的"公共领域"与"交往行为理论"、麦克卢汉的媒介阐释学、伊格尔顿的文学生产理论，到布尔迪厄的场域理论、波德里亚的文化消费理论等，都是对当代文化传媒研究与批评的极有启发的理论，笔者也受这些理论的启发，但是无意于用这些理论或某一理论来框套中国经验，但他们理论研究的方法、角度和分析的思路，为本书的媒介研究提供了值得深入的路径。

"公共领域"（Public Sphere），这一概念是德国思想家哈贝马斯对西方市民社会"理想模式"的一种具体性的表述。所谓"公共领域"，首先指我们社会生活中的一种范围，在此范围里能够形成像公共舆论这样的事物，从原则上讲，公共领域的大门向所有公民敞开……在处理共同关心的事物时，公民联合行动，不受制于强权，有了这种保障，他们便可以自由聚会、结社，自由发表和公开观点。[①]"公共领域"要在民间社会发挥其影响力，必须依助于许多物质化的手段，而报刊作为大众传媒的方式之一就承担着这种重要使命。不同的创刊理念与舆论导向实际上在很大程度影响着"自由发表于公共观点"，以"民权"对抗"强权"这些"公共领域"的基本要素能否形成。

期刊是历史叙事的一种形式，它既是一个时期社会文化的载体、资料库，也以其自身的想象，塑造出新的文化品格。作为文化和思想的载体和传播工具，期刊杂志不仅呈现对社会和文化问题的讨论，而且折射一个时代文化思想的整体以及政治经济对其的影响渗入。期刊发表的作品就是期刊的言说方式乃至言说立场。虽然我们不能武断地认定作者的看法就是期刊的态度，但是从期刊发表文章的角度，我们可以看到期刊的认同和采取的立场和策略，所以对期刊发表的各种文本深入地展开研究，从细读中发现那些精微的事实，

[①] ［德］于尔根·哈贝马斯：《公共领域》，转引自巍斐德：《清末与近代中国的公民社会》，载汪熙、巍斐德主编：《中国现代化问题》，复旦大学出版社，1994 年，第 24 页。

以此作为期刊研究的核心之一。

国内一些学者也纷纷拓宽研究领域,尝试从不同视角切入传播媒介和文化研究:有的从宏观入手,探讨新式媒介的兴起与文化的生产、传播、发展,如马永强的《文化传播与现代文学》,李春雨的《论现代出版与现代作家群体的关系》;有的进行微观探讨,致力于文学报刊、社团、出版机构与现代文学的专门研究,如王晓明的《一份杂志和一个"社团"》,是研究《新青年》和文学研究会的;李家驹的《商务印书馆与近代知识文化的传播》,王中忱的《新式印刷、租界都市与近代出版资本的形成》,杨扬的《商务印书馆与中国现代文学》,或从报刊史以及稿酬制度的视角探讨期刊发展中的一些特殊现象。严格意义上从传媒观角、出版立场特别是从文化与出版关系的系统性认真梳理和研究者较少。从杂志的出版立场的研究虽已进入研究视野,但很多研究成果都是活跃在期刊管理和经营一线的人把实践经验和感受整合成论文,导致期刊研究缺少学术和理论的支撑。研究重点主要集中在期刊内容分析和期刊管理运营机制研究上,对期刊的系统性、深入性的研究专著较少。从宏观角度深入研究经济、政治、文化等社会因素对期刊的影响,对期刊发展的价值,社会意义和社会影响的论证不足,有关媒介文化研究的著作也很有限。

从目前研究期刊的博硕士论文来看,科技期刊和文学期刊得到关注的比较多。现代文学期刊得到研究的主要有《新青年》《现代》《觉悟》《大公报》《万国公报》《骆驼草》《礼拜六》《申报》《解放日报》《甲寅》《文学季刊》,当代文学期刊得到研究的主要有《人民文学》《文艺报》《收获》《当代》《上海文学》《朝霞》《花城》《北京文学》《小说月报》《中国》《西藏文学》等。对于文化思想类刊物的研究基本处于零散阶段,有分量的研究专著几乎是空白。大部分文章或多或少涉及了一点对于《读书》杂志的印象评论①,这些文章主要是分析读书类期刊的编辑和发行,虽涉及《读书》的案例,但也都是点到为止,并没有深入分析。从研究的范围和理论整合的成果来看,文学期刊研究的深度和广度要强于其他期刊的研究。随着网络的广泛普及,网络出版也进入了研究的视野。姜天赟的《网络出版研究》、李江涛的《从美

---

① 如贺桂梅《"长江〈读书〉奖"、文化媒体与 90 年代的思想冲突》,冯海燕、陈莉霖《读书类期刊在编辑中如何体现思想文化品位》,刘炼《已成气候,还需改进——我国读书类期刊扫描》,傅善来等人《不断开拓读书市场努力做好期刊自办发行》。徐大为、傅晓玉《近年读书类报刊大扫描》等。

国网络出版的成功看我国网络出版前景》、田璟的《中国网络出版产业发展状况及对策研究》、王强的《网络出版对我国传统出版的影响》等，分别从不同的视角对于网络出版的现状、对策、前景等做了概括和阐释。当然，对于已然比较成形的期刊研究，借鉴他人的研究成果和方法也是对《读书》研究的有益补充。

国内就《读书》杂志的研究，目前主要是报纸报道、网络媒体、论文和随笔形式，这些文章大多是针对一时一事进行讨论，而缺乏对《读书》本身的探讨，其价值多在追忆编辑部的幕后工作，而少思辨性的阐释。本专著按照内容的重点来划分，对《读书》的相关研究做一综述，大致可以归纳为以下几类：

1. 理论界对《读书》杂志的评价与感想。如：陈昆鹏的《〈读书〉的编辑特色探析》、金炳亮的《〈读书〉编辑的三个命题》、路景云的《情有独钟说〈读书〉》、罗雪挥的《〈读书〉25 年》、岩山的《〈读书〉：杂志的品格》《南有〈随笔〉北有〈读书〉——兼谈期刊的名牌意识》《关于〈读书〉的闲话——有感于读书人退休之后》《我看〈读书〉》《〈读书〉记》《生活在"不可理解之中"——对〈读书〉九月份"文化研究与文化空间"讨论会的记录与感想》以及 2004 年 4 月《新周刊》上刊登的专题新闻《〈读书〉20 年大盘点》等。在《沈昌文〈读书〉办刊思想研究》一文中，作者对沈昌文在担任主编期间的编辑思想做了一个总结。

2. 《读书》杂志自身刊载的评价文章。如："读〈读书〉记"专栏，刘小枫的《〈读书〉与读书人的变迁——写在〈读书〉刊行十五年之际》，汪晖、黄平的《重构我们的世界图景——〈读书〉十年文选（1996~2005）序》，《茶语茗香话〈读书〉——记〈读书〉创刊 30 周年聚谈》等。此外，三联生活书店出版了一系列的书籍介绍《读书》，如沈昌文的《阁楼人语》一书中，记录了他在担任《读书》杂志的主编时期的编辑思想的变化和发展。

3. 媒体对《读书》相关的事件的报道。关于"长江读书奖"事件、"增刊公务员版"事件等。如《"长江〈读书〉奖"引发争论》《学术的生态环境（笔谈）——从"长江〈读书〉奖"谈开去》《汪晖先生与'长江读书奖'——兼评〈我对目前争议的两点说明〉》等等。

总的来说，从以上成果可以看出《读书》已经进入研究视野，但基本上都是对杂志的感性、零散认识，比较系统的研究成果最早是在《北京大学研究生学志》2006 年第 4 期发表的 10 篇《〈读书〉杂志专题研究》，其中 5 篇后来发表于 2007 年第 3 期的《云梦学刊》①。

他们的学术文章从不同角度对《读书》进行了卓有成效的梳理。师力斌总结归纳了《读书》的内容特色，提出："创刊 28 年的《读书》史，既是改革开放的历史，也是社会转型期的学术史、思想史，更是当代中国知识分子的心灵史。"刘岩对《读书》所刊载的有关自由主义和保守主义的文章，进行批判性解读和梳理。薛刚对于《读书》杂志史学方面的研究以梳理为主，从思想史、大学史、"遗忘史""大历史"和学人史等子目详加考辨，目的是从《读书》中一窥当下学人之心境，学风之流转并详加考辨，具有一定的参考价值。郗戈指出《读书》的作者们对马克思所做的诠释工作大致经历了三个阶段性的变化，《读书》杂志在马克思思想的阐释和研究方面基本上保持了与国内学术界同步发展，在对马克思批判精神和超越维度的强调甚至稍有领先，开一代风气之先。刘念将《读书》的经济类文章划分了两个大的阶段：上世纪 90 年代以前，以思想启蒙为主；90 年代以后，以现实关怀为主。该文尝试对每一时期的《读书》经济类文章进行梳理，一窥经济类问题在当时知识圈所受的关注度和《读书》在不同时期选题态度上的细微变化。陈振中从分析《读书》的三个主要作者群体出发，较为详细的描述了共同面对现当代文学的 80 年代里，第一代人与后两代人早已暗暗存有分歧，这种结构也成为了 80 年代之后的《读书》分裂和困境的源头。

对题材内容梳理的文章还有：黄琪轩、钟城等的《〈读书〉中的政治哲学与政治科学》，从政治哲学、比较政治学、国际关系三个方面，分别梳理了《读书》在相关领域的文章；李雪的《"阳阿""薤露"的尴尬——〈读书〉中社会学类文章概观》，则检视了《读书》28 年所刊载的社会学类文章，分析为何其兼及"学术性"与"可政治学观察"；高慧芳的《〈读书〉中的黄裳》，将黄裳在《读书》中所发表的作品进行了归类，并对其文章的意义做出了评价。艾佳慧的《在边缘处感受挑战》的杂志经济学分析等等，这些文章都是以学科进行分类研究的，从不同学科领域梳理并归纳了《读书》自创刊以来的文化思潮变迁、题材走向、知识分子心灵历程，是限于知识领域的爬梳与学术史研究。

根据中国知网、万方数据库、维普中文网和中国国家图书馆馆藏资料统

---

① 师力斌《导言：知识分子心灵史》，刘岩《80 年代〈读书〉与后 80 年代思潮——以"自由主义"和"文化保守主义"为中心》，薛刚《往事与随想——〈读书〉史学类文章研究》，郗戈《未来不能没有马克思——〈读书〉杂志中的马克思形象》，刘念《"以学术介入生活"〈读书〉27 载经济类文章研究》，陈振中《三代人同时面对文学》。

计（截止 2012 年 10 月 30 日），以《读书》为研究对象的学位论文共计 10 篇，①均为硕士论文。

隋艳梅主要论述 1979~1989 年 10 年间《读书》发表文学类文章的情况，主要是从文学角度对《读书》在 80 年代的文学选择接受进行关照，展示了那个时代文学由权威而被逐渐边缘化的过程。她长于作品内容的叙述，而弱于对杂志本身的判断。对这份杂志的来历和变迁没有进行细致的梳理，这样一来，就忽略了这份杂志在历史变动中的变化过程，她的叙述也因此缺乏历史的深入性，又因为她对《读书》的编辑变动缺乏必要的考察，也影响了她对杂志性格的把握。作为一部硕士毕业论文也是有长处的，比如她以杂志的文学选择来阐释 80 年代文学思想界的多元共生的特性是比较独特的。

王立莉从传播学角度阐述精英文化传播的途径和方法。她将《读书》分为出版家办刊和学者办刊两种风格，通过编者、作者以及栏目的设置和变化分析其各阶段办刊的特色和不足，但是由于论文的重点主要集中于精英文化传播的知识分子传播主体上，很难展示这份杂志的全貌。杂志是时代的产物，《读书》这份杂志对于读者定位、选稿原则、其他同类杂志对《读书》的启示以及如何介入现实的深层次的问题都未能涉及，不可谓不遗憾。

吴坤以《读书》中的九叶诗派的文章为研究对象，考察"九叶诗派"如何进入现代文学史以及参与建构文学史的书写秩序，得出《读书》的主要作者群体本身的弱点造成了《读书》的主要作者群体在当下的分裂，也进一步验证了当代知识分子裂变的潜在诱因。

汤克兵从媒介环境、办刊思想、编辑特色等层面来考察《读书》杂志在 1979~2007 年期间的办刊特色。围绕《读书》、知识分子、社会现实三者之间如何实现良性的互动展开，从而论述它们是如何构成了一本具有编辑特色和人文思想内涵的杂志。

罗兴诚通过分析《读书》1979~2008 年这 30 年发表的与日本有关的文章，一窥中国知识界近 30 年对日本国家形象的建构，从而折射出中国知识界

---

① 隋艳梅《小杂志与大文学—1979~1989〈读书〉的文学选择》，王立莉《解读〈读书〉杂志——精英文化传播的个案研究》，吴坤《奔突的地火——从"九叶诗派"的形象自塑看来〈读书〉之作者群体分裂的潜在原因》，汤克兵《时代的烙印——〈读书〉（1979~2007）杂志办刊特色研究》，罗兴诚《陌生又熟悉的他者存在——1979-2008 年〈读书〉的日本形象建构》，吕雪澜《我国文化类杂志的现状与挑战——以〈读书〉、〈书城〉、〈天涯〉为例》，徐双《关于〈读书〉杂志近年办刊编辑方针转折探析》，杨宏《自由则自在：1990 年代思想随笔研究——以〈读书〉、〈随笔〉、〈书屋〉为例》，李暄《读书》杂志看公共知识分子的启蒙与分化。

对日本的认识演变过程。

吕雪澜以美国著名文化类杂志《纽约客》为参照系对三本文化类期刊进行文本分析和实证研究，以内容和经营管理为线索着力剖析文化类杂志20世纪末陷入窘境的原因。

徐双从媒介政治角度和编辑学角度，宏观总结其编辑方针的转折和特殊性。

杨宏以《读书》《随笔》和《书屋》三份思想文化类刊物为代表，梳理了1990年代随笔热的背景和基本状况，给出了思想随笔以及知识分子写作的概念界定。随后，在统计分析基础上，运用感性阐释和理论概括相结合的方法，从写作群体主体精神、主题类型与价值指向、文体特征与审美风格三个方面，对作为90年代重要文学现象和知识分子话语方式的思想随笔文类进行了较为深入、细致的探究。

李暄以80年代《读书》为个案研究知识分子的思想启蒙和《读书》内容选择变化以及80年代启蒙知识分子分化、蜕变背后深层次的社会原因。

这些研究分别从不同角度剖析《读书》杂志的某种现象，研究范围从杂志的内容、办刊特色、编辑方针、同类刊物比较等逐渐向经营、品牌等方向集中，综合性地透过现象探讨本质的比较少。在涉及《读书》所蕴含的文化和思想史方面特点的分析时，忽视对其文本的细读，很多研究探讨的不够深入，以经验性评论为主，议论和评价缺乏深度。大多数研究只集中于对发行策略、广告策略的分析，缺少对受众的实际调查和分析。

由此可见《读书》研究的重要性已经凸现出来。已有的研究成果不论在广度和深度都有待加强。

（1）整体性研究不足，缺乏深入文本归纳其特点和总结问题。一般是尤其对《读书》这本"读书人"的刊物为什么会引起那么多次论争以及论争背后深层次的社会环境、媒体环境、思想动态、知识分子处境等因素都未能给予关注。

（2）目前的成果，并未深入《读书》内部的肌理考察《读书》所蕴含的文化内涵。《读书》究竟产生了什么影响，如何关注社会，妥善处理和政治的敏感关系，怎样营造知识分子的归属感。社会环境的变化、制度调整、社会意识的嬗变、国家文化消费的转变等等无不对《读书》产生影响。在它的言述品质、办刊宗旨、编辑方针、刊物定位、发行与经营都有着具体的表现。在面临国内外政治经济环境的变化，学术环境的变化，以及这些变化带来的知识分子群体的分化,读者群和作者群体的变化,反映了什么现象和旨趣,对于体制内的民间刊物是否发挥了一个知识分子反思社会,建构公共空间或论坛的作用未能给予充分阐释。

(3)现有的资料,多属于回忆性的、散记性的、有待在此基础上进行大量的实证性研究,大都不属于学术化研究,这里主要包括已出版的《读书》当事人的回忆录、发表在《读书》或相关杂志上以及各网站上的回忆类文章。如:沈昌文《阁楼人语——〈读书〉的知识分子记忆》《知道:沈昌文口述自传》;汪晖《别求新声:汪晖访谈录》;邹凯《我与三联》三联书店成立60年纪念集(1948~2008);《守望家园——生活·读书·新知三联书店》;陈原《我的小屋、我的梦——60年往事:如歌的行板》等,这些文章大多是针对一时一事进行回忆和讨论,其价值多在追忆编辑部的幕后工作,虽少思辨性的阐释,但无疑是研究《读书》杂志的一个巨大矿藏。

三、研究方法和研究重点

本项研究以1979~2009年的《读书》杂志为研究对象,2009年之后的《读书》杂志不在本研究范围内。由于《读书》杂志排斥学科划分,长达30年的出版经历,跨涉多个领域的众多文章,单学科根本无法下手,而以问题切入,反倒合适。笔者将致力于将《读书》杂志30年来所刊发的上千篇文章进行考察和梳理,以原始资料之上的《读书》发展考辨为基础,力图历史地整理和透视新时期文化转型以来知识界对中西文化理论的阐释性再现,与中国社会文化历史语境并置起来,观照《读书》杂志与时代和社会的互动关系及其特色,考察它对中西方文化、对社会的现实关怀等角度的作用及影响,同时融合出版学研究方法的写作思路。

主要采取以下研究方法:

1. 从媒介传播学视角全面审视《读书》杂志的产生、演变和发展。将与《读书》相关的文化现象、症候、事件、个案等等被置于30年的时间维度上,考察其演变轨迹,分析其前因后果,思考其利弊得失。"借助某种手段而'触摸历史',尽可能进入当时的规定情境与历史氛围,却是必不可少的'起步'。"[①] 为了达到这个目的,强调细读文本、辨析材料与适度距离下观察与概括相结合是从事本研究的基本方法。理性分析和充分的材料积累是本项目

---

① 陈平原、山口守:《大众传媒与现代文学》,新世界出版社,2003年,第567页。

在前期准备中的主要工作。这要求研究者对原始材料有足够的洞察力,能联系到当时的现实处境,身陷其中又能发掘出有价值的经得起验证的独特结论来。

2. 从技术和方法层面探索《读书》如何在思想内容、整体形象、栏目设计上成功运作以及如何致力于文化传播。通过对《读书》杂志本身运营的事实材料进行分析,对其作者群的演化、读者定位、发行渠道与广告营销等展开研究,阐述其文化影响力,旨在深刻呈现《读书》如何从知识精英内部进行学理探索,总结文化类刊物的办刊经验及特点,探讨其发展的特殊性。

3. 运用文化研究的方法,选取围绕《读书》杂志所引起的具有典型意义的事件作为"文化研究"视域下的"文化征候",进行相关的考察与探究,在此基础上生发出理论的思考。依据这一思路,在广泛收集《读书》引发的几次重大论争相关资料,较为详细地考辨各种争论背后文化媒体与相关学人的行为方式、话语逻辑以及所借助的思想资源,确立起论述的合理性,进一步考察这些论述和国家意识形态之间的内在关系。通过对具有代表性的国内外的读书文化类杂志进行比较研究,考察《读书》在中国当代思想文化变迁中扮演了什么角色,具有怎样的作用,产生了怎样的影响。

研究重点:

1. 挖掘和收集第一手资料,系统梳理《读书》30年间文化和思想发展的基本线索。还原相关的历史语境,考察其文化演变轨迹和文化征候。

2. 深入探讨每次论争背后的复杂多变的思想和文化动因,总结可资借鉴的出版文化经验。我们要特别注意《读书》杂志的言述空间。不仅要关注《读书》文本本身言说了什么,还要考察其为什么这样言说以及怎样言说、向谁言说,同时还要考察它每一时期对知识界产生了什么影响,如何关注社会,妥善处理和政治的敏感关系,怎样营造知识分子的归属感的。

研究难点:

1.《读书》杂志涉及的范围和学科门类比较多,发表的文章多,作者也比较多,全面审视这份思想文化杂志对当代社会产生的影响,记录和整理正在被过度的资讯和迅速逝去的时间不断遮蔽掩埋的纷繁"现状",研究者没有一定的文化储备、理论素养和把握材料的能力是很难胜任的。

2.《读书》杂志属于当代期刊,尚未成为历史,而且还处在延伸过程中;再者由于《读书》的特殊性和复杂性,这种近距离的把握往往无法逃避其自身的盲点。为了尽可能避免过分主观情绪化和近距离造成的理论盲区,研究者以一种"审视""追问"的方式，进入《读书》所发表文章的文本世界，对其不简单地以好恶判断和批评，力求与研究对象开展精神"对话"，尽量将其"沉淀"，以"历史"的眼光将其解剖，揭示其内在关联，做出公允的研究结论，其实不是那么"容易"的事情。

四、主要特色和创新之处

基于以上分析，本论文的学术价值体现在以下几个方面：

1. 对《读书》杂志做细致的文本分析。用文化研究的方法考察消费文化语境下精英文化产品和载体的运作方式（包括文本内涵与结构、市场定位、营销策略等）及其重要文化现象的不同侧面，将这些思想、文化命题与20世纪中国社会历史的考察联系起来，有助于粗略地勾勒当代中国思想/文化的历史形状和具有征候性的问题。

2. 考察和分析由《读书》所涉及的各方面热门话题，深入探讨每次论争背后的复杂多变的社会、文化、媒体、知识分子之间等多方面的原因。从《读书》发表的众多作品中设法提取文本背后的某种共同性意识，分析杂志选择了什么，屏蔽了什么，将问题放置于文化背景中进行考察。

3. 全面审视《读书》所经历的时代变化和透视由此引起的知识分子群体的分化，探讨当代知识生产体制下知识分子的话语的空间。在面临国内外政治经济环境的变化、学术环境的变化，以及这些变化带来的知识分子群体的分化，读者群和作者群体的变化中，探究其反映和折射的社会和时代境况。

此项研究也开辟出许多透视的焦点和广阔的研究领域，这样一些研究在以往的学科分类研究中可能是没有相应的空间的，如以下话题只有在文化研究的宽泛名目下才能得到充分的拓展和有效言说。

1. 《读书》与社会文化生成机制

文化研究是将《读书》杂志放在社会转型的大背景下，对影响杂志的各种经济、政治、文化环境进行研究，从而可以使研究呈现出系统性、完整性的面貌来，以更好地更深入地理解《读书》杂志的发展及其规律。我们透过《读书》可以更好地观察社会文化如何变迁的轨迹。

2. 学术性与可读性

《读书》应是一份知识分子的文化休闲刊物还是学者的学术杂志？前者强

调的是文人趣味与文化品位，后者要求的是社会关怀与学术气氛。如何将学术的文章写得通俗晓畅，让读者（至少是知识分子读者）能读懂甚至爱读才好？《读书》将来还是应以文化为主兼及学术为好，注重品位和趣味，注重社会关注和兼收并蓄。在学术和文学之间形成适度的平衡，增加魅力。

3. 电子媒体时代的主体性问题

印刷文化确立了纸媒文本的主体位置，并建构了其稳定和固定身份。如今，网络化使得传统的文本中心身份模糊化，其话语权旁落，神圣性被消解，纸媒文本的功能弱化。媒介手段的多样化和媒介文化的泛滥，使得作者和读者、生产者和消费者、统治者和被统治者之间的绝对界限已然不复存在，同时也留下了无穷的阐释空间。

总之，我将在文化研究这个宽泛的名目下试图对《读书》杂志进行一些有效的解读。

第一章　破土而出：《读书》杂志诞生

1978年十一届三中全会的召开，思想解放于是成了最响亮的口号，知识界、出版界也对此做出了回应，其中，标志性的事件便是1979年4月《读书》杂志的创刊。在那个精神世界经历了长期禁锢而刚刚得到释放的年代，《读书》破土而出，以"读书无禁区"打出了拨乱反正、思想解放的旗帜，发出了压抑已久的呼喊，引起了轰动。著名学者陈平原教授曾说："如果要在改革开放30年的中国，找一个代表性的刊物，很可能就是《读书》。"①

一　《读书》诞生的社会文化语境

1978年12月，中国共产党十一届三中全会召开，重新确定了中国共产党的思想路线，批判了"两个凡是"的错误方针，高度评价了关于真理标准问题的讨论，确定了解放思想，开动脑筋，实事求是，团结一致向前看的指导方针。极左思潮被控制，政治的意识形态被重新界定。"四人帮"的覆灭和"文化大革命"的结束虽然使历史出现了新的转机，但并不能够意味着人们能够立刻走出思想的阴影，开始运用自己的理性。相反，积重难返，历史强大的惯性使得教条主义和形而上学仍然禁锢着人们的手脚，这使得思想解放尤为迫切和必要。紧接着中国开始了一场影响深远的思想解放和文化转型运动。这场运动以"实践是检验真理的唯一标准"的大讨论为契机，批评了把马克思主义理论教条化的倾向，呼吁人们大胆破除禁锢人们思想的禁区，敢于弄清是非。凡有超越于实践并自封为绝对的"禁区"

---

① 朱伟：《〈读书〉30年当代知识分子心灵史》，《中国新闻出版报》2009年7月25日。

的地方，就没有真正的马列主义、毛泽东思想，而只有蒙昧主义、唯心主义、文化专制主义。以解放思想作为动员能量，以敏锐真理标准的讨论和经济体制改革为实践突破口，思想解放运动很快波及整个社会文化各个领域，开始了从僵化的计划经济体制向社会主义市场经济体制的重大转型，开启了建设有中国特色社会主义的现代化进程，这是一场涉及广泛领域、对中国前途和命运有着深远影响的深刻革命，对中国的社会发展方向、文化转型等具有重要的意义。

"中国变革帷幕正在徐徐拉开，而真实世界仍旧按部就班地延续着过去。"① 文化大革命时期的文化专制主义和闭锁状态逐渐被突破，中国的知识分子的求知欲、创造欲开始得到释放。那时候，需要讨论的问题特别多，关注这些问题的读者和学者都渴望有一个新知识、新观点的交流平台。"当时的背景非常重要"，《读书》的重要创办人之一的范用说："文革十年中的文化专制主义太可怕了，不准看书、不准写文章，鸦雀无声，人们都把读书写文章看成是祸事、是麻烦。连《红与黑》《红楼梦》这样的书都不能看。""我们都受够了那种全国人民只能读一本毛选的思想禁锢，太痛苦了"。② 陈四益回忆道："刚刚经历了十年'文革'，几乎所有人都认为不能再按老样子生活了。虽然自上而下都在提倡思想解放，但思想解放也要有足够参照的思想材料，像'文革'中除了'红宝书'什么都不许看、什么都不许想，还谈何思想解放！"③

当时，在拨乱反正的旗帜下，一大批从大众视线中消失了的知名文化人重新回到了公共生活的前台；而在思想解放的激励下，知识界和思想界释放出了惊人的能量。"解禁"之后的知识分子是有相对共识的，主要就是如何冲破教条，怎样解放思想，在这个热情高涨的时期，以思想评论为目标的《读书》，就是在这样的大好形势下诞生的。正是社会环境和知识分子自身的需要，思想文化评论杂志《读书》有了诞生的可能。

1979 年，创刊号的《读书》杂志以《读书无禁区》发出了压抑已久的呼喊。自此《读书》即以"思想解放的旗帜"得到广大知识界人士的认同和期许。一份被视为中国知识界旗帜的刊物承担起了它意想不到的使命。

---

① 邹凯编：《守望家园》，生活·读书·新知三联书店，2008 年，第 27 页。
② 郭宇宽：《一本杂志的传统与困境》，《南风窗》2004 年第 5 期。
③ 王世襄等：《我与三联》，生活·读书·新知三联书店，2008 年，第 48 页。

二 创刊过程

"十年动荡"结束前夕,三位著名的出版家、号称"陈范集团"的陈翰伯、陈原、范用在湖北咸宁文化部的"五七干校"里被监督劳动,当时他们设想一旦有条件,还是要办读书杂志,因为"那种全国人民只能读一本毛选的思想禁锢,太痛苦了!"① 1978年夏天,这几位在文革时期被打倒的出版界老一辈无产阶级革命家,嗅到了一轮思想解放热潮即将到来的气息,为扭转文革十年带来的思想凋敝,开始筹办《读书》。

"大家都感觉有很多话要说,想有一个表达的'阵地'","出版界的人都想办个书评刊物"。长期压抑的思想有了释放的可能性,大家都显得兴奋无比。因为几个人所属的出版机构都不同,所以如何设置这个"新阵地"当时还颇费了一番脑筋。据倪子明回忆,大家起初的讨论方案是由国家出版局研究室牵头做这件事,但又感觉此方案并不合适,"(出版局)官方色彩太浓,不好说话"。三中全会对知识界产生很大影响。1979年,创办《读书》杂志的议程开始从主题讨论阶段,进入操作阶段时,大家最终形成的意见为由三联书店出面办《读书》比较好。

"这是一个难以复制的组合",在筹备《读书》杂志期间,陈翰伯任国家出版局局长,在上面全力支持,定方向出方针,是个真正的思想领袖。陈原任商务印书馆总编辑,"出谋划策、出方案出思想,坐镇指挥";范用任人民出版社副总编辑,是"最积极的鼓动者,实际组织筹备,并一力担当起刊物的政治责任和出版责任";而倪子明,大家很少提起,当时是出版局研究室的负责人,"起草报告、调查研究、方案成文等等,都出于他手,也是创办时的骨干。再有史枚、冯亦代和丁聪先生,都是创办时期最重要的核心参与者"②。当时由陈翰伯出面,邀请于光远、夏衍、黎澍、戈宝权、吕叔湘、林涧青、郑文光、许觉民、曾彦修、许力以、王子野、陈原、范用等14人组成《读书》编委会,每一位都是文化界的"重量级人物"。这对《读书》很快找准风格定位,迅速建立品牌起到了决定性的作用。《读书》编辑部由冯亦代、史

---

① 范用:《〈读书〉杂志的前生今世》,《文汇读书周报》2004年11月24日。
② 张泓:《〈读书〉,犹记读书无禁区的呼喊》,《新京报》2006年08月03日。

枚、丁聪、倪子明列席，为创办《读书》这本思想评论杂志做准备。

当时策划这本期刊时，他们得到了刚刚开始复苏的中国知识界、出版界老一代中坚人物的大力支持。《读书》杂志的刊名并非创刊时新取的。为了这个"新生儿"的名字，当年编委会还专门开过几次会讨论。"刊物名称很乱，有人提《读书与出版》，有人建议《读书生活》等，好几种意见，一直悬而未决。"① 当时征求意见时，夏衍先生说，"读书"就好，何必"生活"，刊名遂由此定为《读书》。②

当时，三联书店还只是人民出版社的一个编辑部，不是独立的出版机构。《读书》创刊时的组织安排是这样一个格局：《读书》编辑部设在人民出版社里面，机构名义属于国家出版局，刊物主办者则是国家出版局研究室。《读书》用三联书店的名义在人民出版社出版。后来任三联书店经理的沈昌文回忆说，这个古怪的机构是"高人"范用设计出来的。"很明显，当时范用在一些问题上跟人民出版社的领导想法不一致。主编呢？又是跟国家出版局研究室毫无关系的陈原。研究室的一位叫倪子明的，是范用的老同事，他来兼任《读书》杂志的副主编。这个单位就成了几不管的了。范用做什么事，就可以说是出版局的意思，或者说是陈翰伯的意思、陈原的意思。"③ 这种独特而复杂的体制安排，反而使得《读书》拥有了先天的优势，使得《读书》创刊初期能够逃脱意识形态的束缚，多了不少自由发挥的空间，从而能以"先锋"的角色出现。

范用回忆说："为了这本杂志，我曾向领导保证，出了问题我负责。"④ 好在大家的办刊思想十分明确，就是要高举"实事求是，解放思想"的大旗，就是要"破除迷信，探索真理"，就是要"提倡读书之风，思考之风，探讨之风，和平待人之风"，以此确定为《读书》的性格。杂志定位为"以书为中心的文化思想评论刊物"。

董秀玉回忆说："有人担心，思想理论的严肃刊物发行量少怎么办？陈原范用都表示，再少也要坚持住宗旨，要坚信好书好刊就一定会有读者。"⑤ 董

---

① 邹凯：《守望家园》，生活·读书·新知三联书店，2008 年，第 54 页。
② 杨之水：《读书十年》（一），中华书局，2011 年，第 6 页。
③ 沈昌文、张冠生：《知道：沈昌文口述自传》，花城出版社，2008 年，第 105 页。
④ 《三巨头谈与〈读书〉的渊源》，http://news.xinhuanet.com/book/2006-08/03/content_4913340.htm。
⑤ 邹凯：《守望家园》，生活·读书·新知三联书店，2008 年，第 54 页。

秀玉是从编辑室抽调去参与杂志筹备的。由于年龄和身体的原因,史枚先生主要是坐镇在家里审稿,范用先生带着她,或按照大家的指点,她一个人满世界跑着组文史哲经的稿。幸运的是,大家听说要办一个知识分子自己的思想园地,都十分热情地支持。巴金、施蛰存、聂绀弩、钱钟书、傅雷、费孝通、吕叔湘、艾青、唐弢、萧乾、叶君健、黄裳、金克木、夏衍、李一氓、黄永玉、王佐良、辛笛等等老一辈先生和当时的中青年一辈如王蒙、李洪林、李泽厚、张隆溪、朱虹、钱理群、陈平原、黄子平、李以洪、尹吉男等人都积极支持、热情供稿,并带动了当时整个知识界老中青三代学人的共同推动。董秀玉称:"这才是《读书》杂志根本的力量所在。"①

1979年4月,《读书》正式创刊。《读书》内容涉及文史哲和社会科学,以及建筑、美术、影视、舞台等艺术评论和部分自然科学,并一向以引领思潮闻名全国,被称作"当代知识分子的一面旗帜"。曾经有这样一句话,"可以不读书,但不可不读《读书》",《读书》的地位可见一斑。

从1979年创刊,到2009第12期,《读书》共出版了341期。上世纪90年代,和《东方》《方法》等人文思想期刊均以时代为脉,都曾得到读者的共鸣,并以各自独特的品格载入了中国期刊史和中国思想史。

三 继承与渊源

对于《读书》杂志的创办方三联书店而言,办杂志一直是他们的传统。三联书店前身是生活书店、读书生活出版社、新知书店,在解放前就已是享有盛誉的文化出版机构。生活书店出版邹韬奋主编的《生活》周刊,《读书与出版》月刊;读书生活出版社出版李公朴主办,柳湜、艾思奇主编的《读书生活》半月刊,在不同时代都是有相当影响的。《读书与出版》1935年5月在上海创刊,编者平心、翁寒松,1935年曾一度停刊,1937年3月恢复出版,编者是张仲实、林默涵。第一次出版的《读书与出版》,在抗日战争后书店领导机构向武汉转移时停刊。40年代在重庆,生活书店出版《读书月报》,艾寒松、胡绳、史枚主编。1945年抗日战争胜利后,重庆的

---

① 《三巨头谈与〈读书〉的渊源》,http://news.xinhuanet.com/book/2006-08/03/content_4913340.htm.

生活、读书、新知三店合并。1946年4月,《读书与出版》复刊,胡绳、史枚主编,1948年9月终刊。上世纪30年代,《读书生活》半月刊被国民党查禁,更名《读书》继续出版,又被查禁,就出版《生活学校》,这两本杂志由陈子展主编。

1979年,《读书》杂志创办,它的主要创办者陈翰伯、陈原、史枚、范用、倪子明、冯亦代等人本来就是出版界的资深编辑,有的曾经直接参与过上述刊物的举办。从中可以看出,《读书与出版》《读书生活》这两个分别创刊于上世纪30、40年代的刊物可以说是《读书》的前身,对《读书》杂志也有重要的影响。就是说立足于读书、评书来源于解放前主编《生活》周刊的邹韬奋先生的办刊理念和经验:"注重短小精悍的评论和'有趣味有价值'的材料";"把材料搜得之后,要用很畅达简洁而隽永的文笔译述出来"。基于这一理念,邹韬奋称:"每期的'小言论'虽仅仅数百字,却是我每周最费心血的一篇,每次必尽我心力就一般读者所认为最该说几句话的事情,发表我的意见。"① 像沈昌文主编时期的"编后絮语""编辑室日志""阁楼人语"以及汪晖、黄平主编时期的"编辑手记",多少带有这种向前辈学习的痕迹。

陈平原认为好的杂志文体,不是凭空而降,总有继承与发展。"《读书》思想上追慕的是《新青年》,文体上学习的是《语丝》;现在看来,邹韬奋先生《生活》周刊的'以少胜多'与'一挥而就',也是其直接的渊源。"② 当年的《读书与出版》设有"文化评论""书评""笔谈""欧美书讯""学术性论文""补白""读者信箱"等栏目。《读书》创刊号上提出的内容包括:"评论、笔谈、书的评介、新书序跋、作者介绍、读书札记、书讯、书摘、装帧评价、出版界消息,以及关于书和出版工作的知识小品等项目。"由此可见,在栏目设置上二者是有沿袭的。另外,《读书》与《读书与出版》在风格上也有些缘分,都把与读者的联系、交流做得活泼、贴近。

1986年1月1日,生活·读书·新知三联书店恢复独立建制,沈昌文就任总经理。三联书店成为国家新闻出版总署直属的综合性出版社,《读书》也因此正式归三联书店主管。

布尔迪厄说:"'大'商人或大出版家是有灵感的发现者","他们这种神赐的表现改变了真正的功能;出版商或商人单独就可以组织作品的发行或使

---

① 陈平原:《〈读书〉的文体》,中国网,2006年2月17日。
② 同上。

作品的传播合法化"。① 按照此种说法，杂志的"历史"不单是杂志本身创造的，而是由出版商和杂志一起创造的，这是一个由组织作品的"发行"而重新生成的历史。

《读书》的创办和发展离不开三联书店的文化积淀和传统沃土以及他们所传承着的优秀现实资源。《读书》与三联书店注重思想文化传播、贴近现实和读者的文化关怀精神有着血脉相通的渊源关系。当初以三联的名义创办《读书》，不仅可以利用职业出版家的经验优势，继承三联书店办杂志的优良传统，同时也凭借三联的品牌效应提升《读书》的知名度。由于三联的几位大出版家的保驾护航，才让《读书》顺利渡过种种艰难险阻。三联书店的经营历史中积淀了很多丰厚的文化养料，比如三联的出版理念，以及邹韬奋主编《生活》周刊办刊经验和经营理念，都是《读书》可以吸收的养分和借鉴的经验。另外，《读书》杂志也充分利用了三联书店的办刊资源。三联书店是以出版社会科学读物为主，三联的出版信息也为《读书》的书目介绍提供了最佳的书籍介绍取材资源，它在出版界的影响以及自身在出版方面的资源都成为了《读书》共享的资源。

《读书》不负众望在80年代最大范围，以最快速度、全方位评介20世纪西方新学术新思潮，比如冯亦代先生的"西书拾锦"专栏，赵一凡先生的"哈佛读书札记"系列等等，都在当时开阔了读者的视野，影响了一代知识人，而且后来还延续成三联书店的出书风格。

半个多世纪以来，三联书店以其出版高品位的人文科学专业图书和社会科学译著图书形成了独特的文化品牌，受到广大读书界的广泛尊敬，被誉为"中国知识分子的精神家园"。"三联在中国不仅意味着一家出版社，而且代表着一种文化、一种公共的知识精神。三联不属于个人，也不属于某个主管部门，三联属于全体中国的知识人。在这个意义上说，捍卫三联的品牌，就是捍卫知识人共同的精神家园。"②

《读书》杂志不仅继承发扬了三联书店"紧跟时代前进步伐""竭诚为读者服务"的优良传统，发表了许多思想性、学术性俱佳的好文章，而且依托三联书店的出版网络和官方背景，网罗了一批以高校和研究机构为主的高水

---

① （法）皮埃尔·布尔迪厄：《艺术的法则——文学场的生成和结构》，刘晖译，中央编译出版社，2001年，第205页。
② 许纪霖：《三联的文化品牌》，北京文艺网2008年10月26日，http://www.artsbj.com/Html/observe/lljzl/18386647.html。

平有影响的作者,形成了独特的有文化个性的品牌,为推动社会进步、文化发展、学术繁荣,启迪人生、提高民族素质,发挥了积极作用。

"生活·读书·新知是三联的招牌,也是三联的《圣经》。凭着对信念的坚持不懈,三联和《读书》成为读书人可以依凭的绿洲。"①

---

① 邹凯:《我与三联》,生活·读书·新知三联书店,2008年,第120页。

第二章　兼容并蓄：编辑出版策略

《读书》作为一本综合性刊物能够直接介入并影响一个时代思潮的走向，进而影响一个国家的社会历史进程，与该杂志的编辑出版者的作用密不可分。

创刊30年，无论是从经营还是从内容来说，《读书》已成为中国最成功的知识分子杂志。就内容的形成和延续、变化而言，其主编无疑是最大的主宰者和掌舵者。从创刊至今，《读书》先后经历了四代主编的更替：1979~1986年，陈原、范用；1986~1996年，沈昌文；1996~2007年，汪晖、黄平；2007年至今，吴彬、贾宝生、潘振平、樊希安。每一时期各有其办刊风格和特点，但都围绕杂志的定位和宗旨进行编辑开拓。1996年之前的《读书》，延续早期注重专栏、老作者和文学的特点，大量介绍各国文学和外国文化。它以浓厚的人文精神，顺应了时代的求知潮流和"文化热"，竭力引进西方理论和价值观，帮助读者开阔视野，并重新审视中国传统文化，呈现出以文学、哲学、艺术等人文学科领域为主的文化闲谈和思想清议的特征。它恢复了知识分子的本来涵义，一度成为启蒙运动的重镇。1996年之后，汪晖、黄平主持《读书》之后，刊物风格与前20年相比发生巨大改变，原有的"文化闲谈"和"思想清议"的特征被具有强烈现实性和针对性的社会关怀所取代，更多强调学术性和专业性，由于可读性的减弱而遭到很多知识分子的非议。

第一节　办刊宗旨：开垦公共知识精神的家园

20世纪80年代，《读书》杂志一直在中国文化界扮演着极其重要的角色，它不仅站在思想文化的最前沿，在那个时代营造了一份颇为难得的"小气候"，它同时也聚拢了一大批读书人，其中既包括许许多多劫后复出的名人名家，还有不少思想敏锐、意识超前的年轻知识分子。这当然是与《读书》的办刊宗旨分不开的。

关于刊物定位，陈原等老一辈出版家最早的设想，是办一份把读书人、写书人、出书人串联起来，围绕书进行报道和讨论的刊物。即"对读书人，有助于书的选择、吟味和使用；对写书人，有助于思路开拓；对出书人，有助于工作质量的改进"。①《读书》杂志的创刊意图是：针对此前30年对读书所设的种种禁区而倡导阅读的自由，并提供自由探讨的园地。目的是创办不限于读书问题的书评杂志，能够比较广泛的谈论文化、思想问题。

《读书》创刊时"编者的话"申明："我们这个刊物是以书为主题的思想评论刊物。它将实现为四个现代化，为提高全民族的文化水平而服务。我们这个刊物以马列主义、毛泽东思想为自己的指导思想，坚决贯彻'百花齐放、百家争鸣'的方针，敢于打破条条框框，敢于接触多数读者所感所思的问题。"提倡读书、思考、探讨，对当时思想界的种种混乱想法和现象正本清源，拨乱反正。在1980年第1期的《读书》杂志上，陈翰伯执笔撰文，重申办刊宗旨，坦荡地坚持"读书无禁区"的主张，并宣告："探索真理的工作绝不是一代人所能完成的；听凭某一圣哲一言定鼎的办法，更是不足为训；我们愿意和读者一起在激荡的思想海洋里，各自拿出一点智慧来……"《读书》杂志的品格由此定型，《读书》也成为30年来几代读书人的精神家园。

第一代主编陈原先生对《读书》的定位是：'1、以书为中心，讨论文化思想问题；2、不把杂志往高处拉，要从专门研究的角度退到传播知识的角度；3、改进文风，文章要短，以五千字为限；4、提倡文责自负，以保证读者说心里话；5、有争议而有价值的书，可同时发表不同观点，以增加争鸣气氛。"②还提出"要解放思想，敢于打破条条框框，敢于接触多数读者所感所思的问题……改进文风，但对穿靴戴帽，反对空话套话，反对八股强调，提倡实事求是，言之有物"③。

《读书》的方针在1981年第1期的《两周年告读者》中明确形成："粗暴、发脾气（姑且不说打棍子），不行；害软骨病、无原则迁就、不敢批评，也不行；我们重申我们赞成'读书无禁区'的主张。"《读书》杂志的性格应

---

① 邹凯：《守望家园》，生活·读书·新知三联书店，2008年，第54页。
② 朱伟：《〈读书〉记》，《当代作家评论》1994年第2期。
③ 《编者的话》，《读书》1979年第4期。

当是：解放思想；平等待人；提供知识；文风可喜；允许发表不同意见，不做无结论的争论。指出《读书》杂志要提倡四种风气：读书之风、思考之风、探讨之风、平等待人之风。这些主张赢得了知识分子的响应，一系列触及现实的文章陆续发表，这种精神从此也被编辑部奉为圭臬。

时任出版局局长陈翰伯常说，"我们永远不要把《读书》办成一个机关刊物"，"作为一个一般性的非机关刊物，《读书》不能违背当前最主要的政治要求，但不是事事处处以至于主要篇幅都用来直接宣传政治要求"①。即号召非机关刊物的编辑尽量减少政治把关，以思想性和可读性为衡量好稿子的标准。于是，《读书》"有意淡化意识形态的宣传，避开意识形态之争，即使有一点，也是通过文化絮语表达出来"②，意在策略性抵制狭隘的意识形态禁锢。

当时在办刊思路上编辑部内部也存在很大分歧，一派是哪壶不开提哪壶，主张办刊物"重在过程，不在结果"，只要能在思想史中留下启蒙的声音，和"左"的思想做坚决斗争，就算做"烈士"——停刊也是光荣的，发扬了"邹韬奋的革命精神"；另一派以陈原为代表，主张有策略地温和地让读者去"造反"③，温和地传播民主自由的进步观念。此外，在年轻编辑和老编辑之间也有很多内部争论。年轻人觉得老作者的文章发得太多，老编辑认为年轻编辑"乱搞"，所以常常为了一篇稿子两方面吵得不可开交。

编辑部最后达成一致："我们并不想来指导读书，只是想比较自由地谈各种问题，围绕着书来谈，文化、思想、文学……在这里解放思想，同时告诉人们要大胆的看古今中外各种书，培养文化兴趣。"④

第二节　读者定位：思想者间的精神对话与交流

《读书》是一份在三联书店支持下面向广大精英知识分子的"高端"刊物。它不仅汇聚了一大批才华横溢的作者，而且还拥有一批忠实的高质量的读者。经过十年文化"扫荡"之后，突然出现了这样一种声音（"实事求是，解放思想"——笔者注），这声音很快便被读书界接受了，带着几分惊喜或者

---

① 沈昌文：《把关种种》，《读书》1996 年第 1 期。
② 凌亢：《我看〈读书〉》，《瞭望》1995 年第 44 期。
③ 甘丹：《〈读书〉十年：一本杂志和一个知识界的沉重故事》，《南都周刊》2007 年 7 月 27 日.
④ 沈昌文：《出于无能》，《阁楼人语：〈读书〉的知识分子记忆》，作家出版社．2003 年．第 11 页．

还带着几分疑虑接受了。其实这声音很平凡,只不过意味着人们突然找回了自己,找回已被压抑的心声,或者说人们好像重新发现了人的价值和人的尊严,而人的全部尊严在于思想。① 80 年代人们对于书籍、知识表现出强烈的渴求,这种情况的出现为《读书》培养了庞大的接受群。

1984 年第 1 期《读书》的"编后记"开宗明义:"知识分子——我们的对象",明确了《读书》的读者定位,表明《读书》是一本面向知识分子的读物。这是知识分子行使自己权力的一个载体、一个园地,也是培养自己的读者、文化品位的一个信息平台。通过这个平台,潜移默化地调整广大读者的审美倾向,并把刊物的理念灌输给读者。

陈原、范用时期《读书》的"读者群,遍布各行各业,包括公司职员及中高层管理人员、大学教授、大学生、媒体从业人员、政府官员等。他们普遍具备高学历、高收入的特性"②。"《读书》的读者对象是中等程度及以上的知识分子,我们首先要考虑这些读者的需要。"③ 对作者和读者,都要一视同仁,绝不马虎。"我们清楚地了解,作者、读者才应该是《读书》真正的主人。"④ 这就可见,无论从哪种角度考虑,杂志都不能忽视读者的需求。这决定了《读书》的目标读者群为"中层知识分子"。

80 年代有着共同的社会文化环境,《读书》以其浓厚的人文精神,顺应了当时的求知潮流,成为知识分子津津乐道的思想论坛。沈昌文回忆说:"《读书》创办初期,事情也真好做。我们觉得哪里有文章可写,组织几个朋友写文章'冲'一下,似乎就能赢得一大批读者。那时的'社会效益',至少在我个人理解,指的就是'冲决罗网'。"⑤ "《读书》不是学术性杂志,文章可读与否,是它的生命线。它是知识分子的高级休闲读物,应当可供他们'卧读',而不是同人的学术杂志。"⑥ 用《读书》上的话说:"我们设想的读者是横靠在躺椅上,信手拿起刊物,从自己喜欢的那一篇文章随便读下去。"⑦ "在不改变刊物的宗旨、特色的前提下,使得没有经过专业训练而有相当文化

---

① 陈原:《〈读书〉起步那几年》,《读书》1999 年第 4 期。
② 沈昌文:《阁楼人语:〈读书〉的知识分子记忆》,作家出版社,2004 年,第 81 页。
③ 《编后絮语》,《读书》1984 年第 1 期。
④ 陈原:《我的小屋,我的梦——60 年往事:如歌的行板》,浙江文艺出版社,2005 年,第 121 页。
⑤ 同上,第 14 页。
⑥ 沈昌文:《阁楼人语:〈读书〉的知识分子记忆》,作家出版社,2003 年,第 22 页。
⑦ 《编后记》,《读书》1987 年第 9 期。

素养的读者,都能在第二种姿势下有兴趣看完《读书》的文章。所谓第二种姿势,是说不必正襟危坐,费很多脑力去琢磨的读书方式。"① 它面对的是30岁以上的中青年读者群。

到了汪晖时期,他认为《读书》的定位是建设"公共空间",它应该"推动人们对于我们所处世界的处境的思考"②。他认为这一时期的读者"大学生、研究生、学者占大部分"③,同时他否认杂志是专门针对特定人群的,"没必要说某一阶层的人才读某种杂志,不同阶层的人都有可能。"这一时期《读书》的读者一般是能同时满足接受门槛较高的"读书体"和较为强烈的社会及人文关怀这两个条件的知识分子,而实际上这对读者的要求是很高的。④

《读书》自创刊以来,就比较重视与读者之间的互动,先后开辟了"读者·作者·编者""读书平台""读书献疑""说〈读书〉"等栏目,目的是与读者交流、向读者"讨教"。在杂志与读者的关系问题上,陈翰伯提出编辑要视读者为平等的个体,不能对读者指手画脚。沈昌文回忆:"有一次,我为《读书》写了一点什么文字,拿去给陈老看。他看后找我去,郑重其事地对我说:沈昌文,你以后写东西能不能永远不要用这种口气:说读者'应当'如何如何。你知道,我们同读者是平等的,没权利教训读者'应当'做什么不'应当'做什么。你如果要在《读书》工作,请你以后永远不要对读者用'应当'这类字眼。"⑤

沈昌文说:"很多《读书》的读者后来成为作者,进而成为创作主体,延续成了三联的风格,这一点《读书》功莫大焉。"⑥ 陈平原,钱理群等许多人都是如此。许纪霖在《过去的〈读书〉》中说:"80年代的《读书》文章,不像今日那些快餐式随笔,是为白领先生、时尚小姐们解闷写的,它们都是知识分子们个人思考的结晶,内中自有一种'精神贵族'的傲气,或沈先生所自我理解的'人文关怀'。读者的躯体纵然躺着,但心灵却是严肃的,读到精彩之处,常常拍案而起,大声叫绝。哪会是如今那些'文化消费贵族'读

---

① 《编后絮语》,《读书》1987年第9期。
② 赵明宇、王涛:《推动对我们生存处境的思考——访汪晖》,《新文化报》2002年8月10日。
③ 刘净植:《现任主编汪晖谈〈读书〉十年 回应换帅传闻》,《北京青年报》2007年6月26日。
④ 刘念:《以学术介入生活——〈读书〉28载经济类文章研究》,《云梦学刊》2007年第3期。
⑤ 沈昌文:《那时办〈读书〉真痛快》,http://www.ce.cn/xwzx/xwrwzhk/peoplemore/200708/17/t20070817_12571749_1.shtml。
⑥ 邹凯:《守望家园——生活·读书·新知三联书店》,生活·读书·新知三联书店,2008年,第64页。

书时的慵懒状。"①

第三节　编辑者的风格与策略

《读书》是一份知识分子办的刊物，同时又是一份官营杂志。一份体制内刊物要想发出知识分子独特的声音，其编辑群体内部的坚守与妥协是很值得挖掘的。《读书》历来以两种看似矛盾的特性"思想性"和"可读性"作为自己的编辑方向。作为刊物的编辑总要写些"编者按"之类的文字，写得明白晓畅是第一要求，但是如果能写得有一定文采而且形成一种风格，那才可见编辑的功力，而这在一定程度上也体现了书刊自身的特色。

一、《读书》的"读者服务日"

《读书》号称是知识界和所有读书人的朋友，竭力与知识分子建立有人情味的关系，使其有归属感，这是《读书》成功的一个重要法则。

《读书》的编辑与读者之间体现着人情味，编辑与作者以诚相待。"编辑见了新老作者，按照通例，都是笑脸相迎——即使对你不太感冒。"《读书》的几位女将，却是不冷不热、不卑不亢，一见面就单刀直入，叮嘱"以后多为我们写稿"。一副"自己人不必客气"的样子，让你感觉挺受用的。②

从1984年6月25日，《读书》杂志副主编范用在北京发起了"读书服务日"活动。"读书服务日"之名取自邹韬奋先生"竭诚为读者服务"，具体组织方法是"由有关出版社提供最近出版的新书样本，定期组织各方面的同志阅览、议论"③，编辑得以同自己的作者有一个晤面、交谈的机会，并且可以就已出新书交换看法。第一次"读者服务日"为1984年6月25日，当时有30家出版社参加，展出新书400多种，参加的作者、编者达500多人。

后来，"读书服务日"扩展为"《读书》服务日"，"服务日"变成了编者与作者、读者，以及作者之间的自由式聚会。沈昌文描述道："'《读书》服务日'每月至少一次，租个咖啡馆，摆上十来张桌子，请我们的作者、读者随

---

① 许纪霖：《过云的〈读书〉》，http://dszb.whdszb.com/2004-04-12。
② 陈平原：《我与三联》，生活·读书·新知三联书店，2008年，第145页。
③ 《编后絮语》，《读书》1984年第7期。

意坐下，随便喝咖啡聊天。"这种聚会"既没有开始，也没有结束；既没有主题，也没有主持人"。《读书》的几位编辑来回走动，穿梭于作者、读者之间，同时收集信息，找到合适的组稿对象，"在闲谈之中把约稿之类的事情办妥了"。"有一些常客，每月必来，譬如王蒙先生，对我们帮助尤多。我们强调此类集会没有主题，不拘形式，甚至有时分不清来的是谁。偶尔开过一二次有主题的座谈会，后来觉得，终不若这种散漫的形式更有收获。因为是'售后服务'，商业操作，心中了无牵挂，不必临深履薄，所以容易办下去。有时也有洋人驾到，我们只譬如是他们来采购东西的顾客，同样接待，心中并无'里通外国'的畏惧。更有甚者，有的企业家兼文化人光临，谈得高兴，临行掏出支票，说今日全由他付账，他们也觉得却之不恭，受之不愧。记得那位牟其中先生，当其未最发迹和未最倒霉时，即常有此种豪举。"[①] 让董秀玉记忆深刻的是，好多老作者宁可不参与其他活动，也要参加"读书服务日"。吕叔湘先生坚持每次拄着拐，颤颤巍巍爬上人民出版社的四楼来，看每月新书。

　　对于一些年轻作者来说，"读书服务日"也为他们提供了与前辈交流的机会。张鸣回忆："《读书》的作者，李零、秦晖、雷颐、汪晖、葛兆光、朱学勤这些人，当时我一概惊为天人，仰慕得脖子都酸。绝对想不到，后来我居然和他们都认识了，而且和其中的某些人还成了朋友，一起呼大叫小，侃天喝酒。"[②] 编辑赵丽雅也说："在《读书》认识的作者都是顶尖人物。这对于我来说是'师从众师'了。不限于某一老师，这样就不会有一种思维定式，视野就更开阔了。那种帮助是一种影响，等于是在他们中间熏陶出来。"[③] 这种方式使《读书》有了源源不断的选题，根据这些选题，编辑们再去深入组稿，帮助杂志的编辑出版提高了效率。同时这样一种氛围和形式，将编者、读者与作者凝聚成一种群体，群策群力，将《读书》塑造成了一个畅销刊物。

　　为配合"读书服务日"，1985 年第 6 期《读书》杂志开辟"《读书》服务日之页"专栏，每期约用十来页篇幅，介绍这方面的活动，来发布当时的新书目，发表与会者的意见和要求。编辑们每月都会各自撰写"新书录"介绍新书，每期用大约十多页篇幅介绍新书，发表与会者的意见和要求，以弥补服务日活动范围太窄的缺陷。

---

① 沈昌文：《阁楼人语：〈读书〉的知识分子记忆》，作家出版社，2003 年版第 19 页。
② 钟华生：《〈读书〉的书：一种风格》，《深圳商报》2009 年 4 月 9 日。
③ 扬之水：《〈读书〉十年》（一），中华书局，2011 年，第 4 页。

同时《读书》开设"笔谈"专栏，专为普通读者刊登书评；设置"读书平台"给读者以发表自己观点的机会，设置"读书献疑""求疵录"来表达他们的疑惑和批评，在"编后记"里刊登读者来信联络感情，设置读书书目清单来系统综合地提供《读书》信息。介绍外国书坛的"海外书讯"；联系读者关系的"读者·作者·编者"栏目；1981年5月新增"品书录"，该栏目延续至今。在这里意见得以表达，学识得以共享，疑惑得以解答，不满得以回应，情感得以宣泄，这种情感上的归属感，使《读书》成为知识分子的精神和情感家园。不仅与优秀社会知识分子建立了'密切之情谊'，而且在培养人才方面贡献也不小。《读书》造就了一批文化名人，在这些知识分子们的支持和关爱下，《读书》被塑造成了一代名刊。

> 传统的精英文化的生产和消费，是由作者主导的。作者生产什么，编辑才能制作什么，读者因此也只能阅读编辑给予他们的东西。信息社会或后工业文明中，精英文化的生产和消费，多数情况下接受媒介（或编辑）控制；媒介既主导、左右着文化生产，也操纵控制文化消费，编辑部在很大程度上成了整个精英文化生产与消费的统帅部。拿一般工业生产打比方，编辑就像企业经理、工厂厂长，作者就是工人、技术员、工程师，后者生产什么，要听命于前者。拿电影制作打比方，编辑就像导演，而作者则是演员，后者是受前者支配的。①

二、兼容并包、兼收并蓄

沈昌文正式接手《读书》之后，开始大胆提倡"兼收并蓄"这一办刊理念。他多次强调："把一个思想评论杂志《读书》长期坚持下来，读者越来越多（从两三万到十三四万），靠的无非是认识到自己的局限和无能。"我们《读书》的经验是："讲穿了，想表达一种读者最想听的话，如果想听的话不让讲，就想各种曲折的办法表达民意。去查资料去，找渊源，跟有学问的人去请教。""既要避开热点，又要寻未来的热点；既要谈思想，要

---

① 单正平：《编辑的权力——文化生产中媒介的主导作用》，转引自孙绍先主编《文学艺术与媒介关系研究》，中国社会科学出版社，2006年，第43页。

评论是非，又非得借助于已出的书（此之谓'以书为中心'），没有一大批文化人的群策群力，这些绝难办到。"① 这样不仅超越了书评，也成为了沟通社会的管道。

《读书》的编辑"以颇有历史感和责任感而著称于世"。使读者会感到"本世纪东西文化的大事、益事、可鉴之事，均搜罗其间，这种搜罗，不是展示，而是筛选、品尝，是深思熟虑的拿来。举凡哲学、心理学、语言学、文艺学，多撼人心魄之笔、吐故纳新之风"②。《读书》允许在杂志上展开讨论来实现真理的辨明和思想的碰撞。新思想、新思潮、新方法、新文化迭出，新知与旧知，传统与现代，域外杂谈与本土见识，共融一炉。

陈原阶段的编辑方针："《读书》的性格，应当是容许发表各种不同意见，但不容许打棍子。"③ 因而，《读书》编辑方针形成了一个传统：如果读者与学者对上一期文章中有不同观点和意见，在下一期可以从不同角度发表文章进行探讨，抒发各自的不同观点，编辑选择观点鲜明和具有特色的文章进行发表，平等对待，包容并蓄。通过各种观点的争锋和交流，引导知识分子开阔视野，用开放的思想和态度来面对讨论，为建立独立的话语场和知识分子自由的交流提供了良好的氛围和环境。同时，还采用虚拟的甲乙对话的形式，对话题展开讨论，达到争论的目的。如 1982 年第 5 期上，发表了莫应丰的《谈彭其形象的塑造——给黎之同志的复信》，是对第 3 期黎之的《致莫应丰同志——谈〈将军吟〉中彭其的形象》文章中对其小说作品中人物分析的回应和解析。就 1982 年第 8 期上发表赵世洲的《惊险科幻小说质疑》一文，"编者按"中提出因为文艺界和科技界对惊险科学幻想小说有各种不同看法，为了引起讨论而发表这篇文章，欢迎各方作者发表文章进行讨论以促进科技文学的进步。由此《读书》成为一个难得的平台。编辑们对选题的敏锐判断，对新作者的培养和勉励，都体现了《读书》的包容和大气，这也为它赢得不少读者和作者。

王蒙评价道："出版家编辑家只有进入兼收并蓄的'无'的状态，即无先入为主，无偏见，无过分的派别倾向，无过分的圈子山头（有意或无意的），无过多的自以为是与过小的鼠目寸光，无太厉害的排他性，无过热的趁机提

---

① 沈昌文：《阁楼人语：〈读书〉的知识分子记忆》，作家出版社，2003 年，第 19 页、第 20 页。
② 孙郁：《93 中国文坛一瞥》，《出版参考》1994 年第 3 期。
③ 沈昌文：《阁楼人语：〈读书〉的知识分子记忆》，作家出版社，2003 年，第 19 页、第 13 页。

升自己即为个人的名利积累的动机,才能兼收并蓄来好稿子,也才能真正团结住各不相同的作者,才能真正显出一种恢弘,一种思稿若渴、一种思贤若渴的谦虚和真诚,才能具有相当的凝聚力吸引力容纳力。"①

《读书》早期的编辑人员构成有一个与众不同的特色,即大都是一些具有小学历大素养的人。吴彬原来是油漆工人;王炎是 39 路公交车上的售票员;赵丽雅则是食品厂的卡车司机。他们由于时代原因有的只是小学毕业,但却都对知识和思想有着本能的热爱,这无意中却形成了一种优势。他们没有学科、学派的成见,更能择善而从,兼收并蓄。对于公共刊物来说,专业情结太浓的学者,恰恰不适合充当操盘手。汪晖、黄平继任《读书》主编之后,正是出于对学问家的迷信,恰恰使《读书》一度脱离了原来的读者群。② 如果说高学历往往和专业化过于密切的话,小学历则有利于克服文章表述过于专业的缺陷;大涵养又保证了文章的品位、质量并超越了学历之小的弊端。

以文化为基点坚守开放性,沟通时代并且保持自己独立的文化品格,不为任何学说与党派所左右,这样的出版取向使《读书》既能保守住自己的一块文化阵地,也可以一点一滴地去逐步实现文人的文化理想。

三、"跪着造反"的编辑策略

《读书》是一份体制内的刊物,又要坚持思想文化评论,为知识分子营造一个精神家园。很多敏感话题如果处理不当,很难保证办刊思想的贯彻。所以刊物的主编在办刊过程中必须具备政治家的判断力和处理棘手问题的能力。

陈翰伯常对沈昌文说,我点头你就做,我摇头你甭干。凡事一弄清楚,他马上就 yes or no,绝少拖延。主编范用总是坚持做每期的清样,保证在政治上不出问题。沈昌文时期由于有些文章锋头过健经常要受命"回顾"或"检讨",为了杂志的生存,不得不"跪着'造反'"(原指"小骂大帮忙"),或者叫"提供材料不做结论,材料尽量到马列组里去找"③。对社会的参与主要是从价值观和国外借鉴这些角度介入,刊物的想法不直接说,对现实一般

---

① 王蒙:《有无之间》《阁楼人语:〈读书〉的知识分子记忆·序》,作家出版社,2003 年版。
② 丁东:《学问家与公共刊物》,《社会科学论坛》2000 年第 9 期。
③ 改革开放与中国人读书 30 年,http://news.qq.com/zt/2008/jingxing/index9.htm。

不做直接的评论和针对，而由读者自己去说，或者就拿马恩做说辞。"比如说要谈拆迁的问题，但又不好直接讲，所以就摆英国、德国的事情，正经八百地讲恩格斯论住房问题，但实际指的是东单那儿拆房子的事情。"① 这也显示出了《读书》编辑群体的一种生存智慧。

编辑讲究研究趋势，"趋势看对了，趁早下手，在趋势刚刚露头、人家刚刚觉察之际，这里文章、图书已经源源涌出，一遇一合，于是大有成焉！趋势看不对，文章、图书发表得过早过晚，钱自然赚不到，说不好还有逆潮流而动之嫌"②。面对官方对《读书》的审查，沈昌文采取了迂回的编辑方针，即避开当前的社会热点和政府关注的事情，在发表文章时尽量做到"避热避祸"的目的。如 1989 年第 7、8 合刊开设"学习马克思主义专栏"，并在《编辑手记》中提出"今后当力求加强此类（马列主义思想为指导结合中国实际加以消化辨析）工作"。在发表关于反思"文革"的文章时，《读书》在前期已经发表，等到中央指示下来限制关于"文革"文章的发表时，限制文章发表的时间已经时过境迁。

最棘手的是如何处理思想性同学术性的矛盾问题。搞思想评论，不得不求助于学问家。因为有了学术底子，思想评论方有深度。但是《读书》毕竟不是学术刊物，既要同"学术"挂钩，而又不能专门谈学术。编辑部经过再三磨合，大体上形成这些共识："必须鼓励新见，更要发掘新见，但无论新见旧识，着眼点都是首先是是否能在思想上促进中国的现代化，而不是其他。其次，《读书》不是学术刊物，文章可读与否，是它的生命线。……总之，思想性和可读性，应是《读书》杂志始终不渝的目标。"③

不论遇到什么样的压力，无论是官方的、民间的、集团的、派别的，所有这些观点，所有这些议论都不会令《读书》终止让不同的声音出现。并在编辑过程中实现思想自由。④ 在一批学问家兼出版家的呵护下，《读书》多次涉险过关，生存下来，并以其明晰的思想路线和学术理念，很快就竖起了大旗，获得了广大读者的信任。

---

① 曹红蓓、孙冉：《〈读书〉：何去何从》，《中国新闻周刊》2004 年第 31 期。
② 《编辑室日志》，《读书》1992 年第 6 期。
③ 沈昌文：《阁楼人语：〈读书〉的知识分子记忆》，作家出版社，2003 年，第 19 页、第 22 页。
④ 孙燕君等：《期刊中国》，中国社会科学出版社，2003 年，第 368 页。

第四节 作者群的凝聚与演变

《读书》创刊之始,是以"读书无禁区"树立自己的旗号的。这个旗号在"书的命运和一些人的命运一样,都经历了一场浩劫"之后的1979年,不啻是一声平地春雷,唤醒了所有读书人的心智。大陆一批优秀的知识分子,特别是曾经名重一时的老学者,在一段风雨飘零之后,重新有了一个精神的栖居地。《读书》旗下汇聚了一大批知识分子精英,在他们的共同参与下,将《读书》杂志打造成了一代名刊。他们以一种舒缓和厚积薄发的读书随笔,温暖和陪伴了一代渴望求知的心灵。

二、《读书》作者群体的形成

《读书》的成功,很大程度上得益于大批一流的知识者的积极参与,从创办初期就有这方面的优势并能及时地保持这种优势。它的召集者和创办者是六位拥有多年编辑出版经验的老媒体人:陈翰伯先生、陈原先生、倪子明先生、范用先生、史枚先生、冯亦代先生。他们有的编辑过20世纪30年代的《读书生活》,有的主持过40年代的《读书》杂志,都有着丰富的杂志编辑和出版经验,与知识界、思想界许多名人、学者、作家都有极好的联系。加上《读书》甫一降世,就发表了著名的《读书无禁区》《人的太阳必然升起》《真理不是权力的奴仆》等文章,振聋发聩,引起知识分子乃至全社会的强烈共鸣,一大批知名学者汇集到《读书》的撰稿阵营中。这些丰沛且高质量的作者资源,不仅奠定了之后《读书》在文化类杂志中无可比拟的地位,也持续吸引着更多的作者向《读书》靠拢。

于是,在"知识分子"这一特殊身份的旗帜下,《读书》集中了几代知识分子:第一代为30、40年代的老文化人,如巴金、施蛰存、聂绀弩、钱钟书、傅雷、费孝通、吕叔湘、艾青、萧乾、叶君健、黄裳、金克木、夏衍、李一氓、黄永玉、王佐良、辛笛、卞之琳、柯灵、师陀、丁玲、袁可嘉、舒芜、绿原、启功等人为代表;第二代为"重放的鲜花",他们在文坛上是50年代出现过,后来再次出现于80年代的,以王蒙、钱谷融、王元化、张中行等为代表;第三代是70年代第一批大学生,50、60年代出生的学术后进,也包括一些海归学者,如刘再复、刘小枫、钱理群、陈平原、王富仁、张颐武、杨义等为代表，还有一大批海外学者，如董鼎山、李欧梵、王德威、林毓生、日本学者伊藤虎丸等，及其他比较零散的作者，但是以上这四个群体无疑是当时刊物的核心作者。他们积极支持、热情供稿，并带动了当时整个知识界老中青三代学人的倾心襄力，这是《读书》杂志的作者强大的根本所在。

金克木、王蒙、冯亦代等这些知名作者当中，多数以专栏的形式发表文章。《读书》近30年来开辟的专栏有：董乐山的"译余废墨"，吕叔湘的"未晚斋杂览"，黄裳的"书林一枝""来燕榭书跋"系列，王蒙的"红楼启示录""欲读书结"系列，冯亦代的"西书拾锦"，吴岳添的"远眺巴黎"，李长声的"日知漫录""东瀛孤灯"，蓝英年的"寻墓者说"，王佐良的"读诗随笔"，王德威的"小说'小说'"，辛丰年的"门外读乐"，李皖的"听者有心"，尹吉男的"独自扣门"；巫鸿的"美术纵横"，李培林的"巴黎读书札记"，赵一凡的"哈佛读书札记"，葛兆光的"思想史的写法"系列等等；樊纲的"现代经济学读书札记"，冯象的"政法笔记"，陈平原的"学术史研究随想""老北大的故事"，李零的"方术四题"，费孝通的"人文价值再思考"；吴飞的"理解自杀"札记，王振忠"日出而作"，刘宗迪的"谈天衍"等等。这些专栏大多产生了较大的影响，作者们借此实现其文化理想和诉求。

《读书》30年，推出了一批知识界名人，他们的知识趣味、行文风格、关注的书本，构成了自成一体的思想风貌。如果对这些作者各自的思想倾向、文风样式分别加以分析，大致可以勘定其在变动的知识人阶层中的位置。当代中国大陆知识人，严格说来，绝大多数都是政党国家体制中的文化资产的占有者。《读书》对撰稿人实际有一个选择机制，即与某些类型的知识人有亲和力。比如有关"人文精神的讨论"，集中呈现了人文学者的那种普遍的焦虑和无力感，同时也开启了知识分子们反省80年代想像和重新启动思想列车的契机。他们许多也是《读书》的作者，他们大多属于学术机构、大学等单位，即都有自己的单位，他们试图寻找新的资源来把握和回应这个时代。无单位的知识人的出场，是90年代的事，而且是经济——政体改革的结果。因此，种种思想主张或论争的社会性基础，实际是在知识人的个体欲求与受政党伦理——政制规约的日常生活之间的结构性紧张之中，中外古今的思想文化资源不过是这种紧张借以表达的一个挪用资源。[1]

---

[1] 刘小枫：《〈读书〉与读书人的变迁——写在〈读书〉刊行十五年之际》，《读书》1994年第12期。

《读书》能够联络着较为稳定的能独立思考的作者群，组织和发表一些提出和阐述问题的文章。审视一下《读书》知识精英群体，可见《读书》的影响力来自于知识精英群体的理想和现实关怀。

2.4.2 作者群体的全貌

随着时间的推移和社会的变化，《读书》根据不同时期的发展和需要，每个时期都有自己的核心作者队伍，他们同时也从广大的普通作者队伍中发现和培养了一批又一批新的优秀作者，共同构成了年龄段包括老、中、青三代的实力雄厚的作者网络。《读书》核心作者队伍的发展变化，主要有如下四个阶段（其中前三个阶段是根据学者朱伟的划分方法确定的）[①]。

第一阶段是1979年创办至1984年，那时思想解放成为主要思想潮流，那时的刊物以敢于突破禁区为己任。《读书无禁区》《人的太阳必然升起》等文章都曾获得轰动效应。《读书》的第一批作者多是思想解放运动中思想界、理论界的先锋志士，如冯亦代、金克木、吕叔湘、王佐良、张中行等重量级学者，他们对国家、人民和知识的命运始终非常关切，在知识界和思想界拥有很高的威望。他们在《读书》上发表了大量文章（其中，当时张中行和金克木先生只给《读书》供稿）。文学类文章比例相当大，形成了极强烈的文学色彩和人文气息。

第二个阶段，从1984年至1987年，思想解放后国内知识界渴望新知和学习国外，大量引进介绍西方文化，"短短几年间只是令人眼花缭乱、目不暇接的以最大幅度、最快的速度传播了几乎全部20世纪西方学术文化的精华，变成新启蒙名副其实的先锋"[②]。作者队伍也在扩大中，海外留学的知识分子迅速扩充到这个队伍中，构成了以青年思想者为主，中年学者为辅，中间者为《文化：中国与世界》编委会的成员，如甘阳、徐友渔、刘小枫、王焱、陈嘉映、周国平等的局面。

第三阶段，从1987年至20世纪90年代中后期，在接受了海量西方新知之后，文化热退潮。到了80年代末，尤其是经历过89年"六四"事件，之前对《读书》造成红火局面的那些作者有的出国，有的下海，那批人继续从事研究和写作的人少了许多。知识界在整个社会改革开放和经济发展的洗礼

[①] 朱伟：《〈读书〉记》，《当代作家评论》1994年第2期。
[②] 朱伟：《〈读书〉记》，《当代作家评论》1994年第2期。

中重新逐渐分化沉淀确定了自己的定位,"从实际是虚幻的中心位置移向社会边缘",退回到知识系统,并以自己的专业知识所长,对关注的国家社会以及世界上一切有关的公共事务发表思想评论。撰稿人变成由金克木、张中行、王蒙三位先生组成的铁三角与国内一些主张新国学的学人为主,国外一些留学的博士学子为辅。这一阶段是沈昌文主编时期,《读书》延续了前期的文学特色,同时引介了新学人,如赵一凡、钱满素、张宽、崔之元、汪晖、樊纲和刘军宁等人,为杂志增强了思想性和可读性。

第三向第四个阶段转变过程中,这时的《读书》也面临一个社会大环境和知识分子群体小环境的转型的现实问题。新老作者也从一种单一的"改革思想共识"价值体系中,转变到各自的专业学识为空间的独立话语体系。多元性是其特征,以知识和学术作为前提和表达的方式来关注社会脉动,各自争鸣。这个转折期也大致与《读书》主编新老交替同时进行,出版家身份的主编沈昌文退休,学者身份的汪晖、黄平接续主持。

第四个阶段,从 1996 年学者汪晖继任后至今,为知识界多元价值争鸣论争的时期。这个时期中国社会已经由近 20 年的经济发展和改革开放,取得了巨大的成就。社会主义市场经济快速发展的过程中,社会利益体系调整并重整格局,知识分子在认同中国经济发展的成绩和努力的同时,在中国具体的发展道路和途径的认知上存在很大差异。《读书》的作者群在前一阶段调整的基础上,继续补充新血,新加盟的大多是集中在经济学、政治学、社会学、法学等社会科学领域的中青年学者,之前的老一辈学者很多已经辞世,之前的中青年学者成为学术权威,新的青年学者大多以更具专业学术色彩方式和姿态发表文章,反思社会发展问题。

以上代表性的坚定的撰稿者和思想者形成了《读书》发展史上的亮丽的风景线。其中如金克木、黄裳、丁聪、陈四益、董鼎山、王蒙、费孝通等,更是作者群星中最闪耀者,从他们身上可以看出知识分子对《读书》深厚的感情和支持。这批当代中国思想最深邃、最敏锐的海内外学人汇聚于此,这是一本杂志之福,也是中国思想界之福。

2.4.3 作者群体的分化

自《新青年》以来,从来没有任何一份杂志像《读书》这样能得到如此众多的知识分子们的普遍认同:巴金、施蛰存、聂绀弩、钱钟书、傅雷、费孝通、吕叔湘、艾青、唐弢、萧乾、叶君健、黄裳、金克木、夏衍、李一氓、黄永玉、王佐良、辛笛等老一辈先生和当时的中青年一辈如王蒙、李洪林、李泽厚、张隆溪、朱虹、钱理群、陈平原、黄子平、朱伟、蒋原伦、李以洪、尹吉男等人都积极支持、热情供稿，并带动了当时整个知识界老中青三代学人的共同推动，它的崛起靠的是一批学养丰厚的老知识分子的鼎力支持和中青年学人的推崇，同时《读书》也是哺育、培养一批知识分子作者，储备了后一代文化精英的后备"仓库"。

《读书》实际上经历过出版家办刊和学者办刊两个阶段。所谓"出版人"大多是体制内的成员，他们天然地享有对杂志的控制权，对文化资源的解释权。他们职业上是编辑，一般不会把自己的意见带入到刊物中，他们会广泛地和各种各样的作者发生联系，也就是他们所说的"桥梁"意义。在80年代，广泛的改革共识正好和国家的意识形态是相互合拍的。只有在这样的条件下，由体制内的"出版人"来办刊物，可以形成一个公共空间。而到了90年代，整个出版机制并没有太大的变化，还是在体制的规范和控制之下，但那样一个共识的局面已经发生了很大的变化，两者之间的分离日趋明显。刊物要重现80年代的那种公共性的条件也已经丧失了。在这样的情况下，汪晖、黄平两位学者来主编《读书》这个体制内的刊物，是非常有意义的事情。学者办刊的好处是他们在"专业领域"里面了解很多的理论和学术研究动向，有些问题的深度，把握得要好一些。为什么由汪晖、黄平这样编制外的学者来主编《读书》这种情况会受到质疑，而由体制和编制内的出版人来编辑刊物的80年代，却成为一个被怀念的时代？这似乎呼应了"思想淡出，学术凸显"的时代动向。

在89事件以后的几年里，与公共话语圈的"寂静"和浑然无知有所不同，知识分子内部开始了对改革开放以来的政治经济改革的深刻反思。90年代中后期，发生了自由主义与"新左派"①之间的思想论战，被认为是20世纪末最有标志性意义的论战。

1997年年底汪晖发表在《天涯》杂志引起思想界很大震动的文章《当代中国的思想状况与现代性问题》，1998年，韩毓海在《天涯》第5期发表了《在"自由主义"姿态的背后》一文，导致了"新左派"和自由主义之间的

---

① 中国的"新左派"称谓最早出现在1994年7月21日的《北京青年报》上，青年学者杨平在评价崔之元的文章《新进化论·分析的马克思主义·批判法学·中国现实》时称中国出现了"新左翼"。1997年王彬彬在《天涯》上发表《读书札记·关于自由主义》拉开了这场论争的序幕。

剑拔弩张。此后，汪晖陆续撰文写了关于中国改革道路、全球化的危机等等一系列文章，拉动了"新左派"和自由主义的激烈争论。原来为《读书》撰稿的学者们也因此分为两派。被划归为"新左派"的作者有：汪晖、崔之元、王绍光、甘阳、陈燕谷、韩毓海、旷新年、王彬彬、胡鞍钢、王晓明、许宝强、戴锦华、何清涟、温铁军、张旭东等。列入自由主义阵营学者的有李慎之、朱学勤、徐友渔、盛洪、汪丁丁、贺卫东、刘军宁、冯克利、邓正来、许纪霖和季卫东等人。虽说他们之间的争论主要是在香港的《21世纪》和异军突起的思想文化杂志《天涯》上进行，但是《读书》杂志不可避免介入了这些不同倾向的学术思想的话语讨论。汪晖被认为是"新左派"的代表，他所主编的《读书》也顺带被自由主义学者看成是新左派的阵营。《读书》发表的关于苏东改革、全球化问题讨论的文章都被看成是新左派的言论，自由主义认为《读书》丧失了包容性，成为一派学者的言论阵地，而排斥其他的不同观点。

在这场论战中，"新左派"知识分子逐渐获得了话语权。他们当中有许多是当年经历过政治动荡事件的学生，并有国外留学的经历，对改革弊端的切身体会和西学的研习使他们开始将中国的具体情况和开放问题结合思考。之所以称之为"新"，一方面由于其支持市场经济改革，这与传统的左派不同；另一方面，他们对于改革以来日益出现的一系列社会问题的关注与担忧又使他们不同于自由主义者。新左派提出的问题是，改革开放以来，增长的财富是应该继续在精英手中集聚，还是应该建立每个公民都能受益的平衡发展模式。张维迎等坚持认为，他们乐于见到现有公共部门一些职能的消除，政府收缩成主要功能只是保护私有财产的机构，但自由主义在90年代中期已不得不面对许多反对的观点。由于国有企业的解体而引起大量工人下岗的问题，乡镇企业无计划的扩张建立造成的农民耕地流失问题，东西部地区发展不均带来的贫富差距问题等等。

这场争论是知识界内部的一次讨论和对话，其所包含的内容极其广泛，既有学理上的，也有实践中的；既有历史的，也有现状的；关于中国改革开放的看法，对当今中国社会状况的判断，对今后中国道路的走向，对导致改革开放中出现的社会问题的原因的解释，双方都有重大分歧。而无论是新左派，还是自由主义，它们自己本身也存在着内部的观点分歧。

由于学术认知上的分歧，《读书》杂志无形中一度被卷入思想倾向的大排队。《读书》的主编甚至也受到了间接的批评。"做刊物的编辑，就应该采取价值中立,让每一派都发出各种声音,但汪晖却违背了这个起码的编辑应有的道德。"① 中山大学的教授袁伟时说。和袁伟时有类似想法的人不少,一位《读书》老读者说,《读书》看起来似乎中立,也发表一些自由主义思想的文章,但是占主导位置的绝对是"新左派"的文章。

这场学术界"新左派"与"自由主义"之争,它的重要性和意义性不仅在于它体现了中国思想界的分化,更在于它揭示出的问题。它以其强烈的现实意义引起了众多知识分子的参与与关注,同时,在很大程度上也影响了《读书》的内容和审美趣味。虽然文章的学理性增强了,但是也带来了晦涩之风。"在专业化的同时,许多人渐渐地对我们的关心社会、关注新思想的传统变得很淡漠。"②

《读书》的崛起靠的是一大批学养丰厚的老知识分子的把握,在学术凸显的90年代,让学者来继续决定《读书》的未来走向,似乎是一个顺其自然的选择。尽管我们不能一言以蔽之的将所有作者归类,但是"有点类似波希米亚人的气质,他们的心灵是自由的,行踪是漂浮的,权力、金钱和学院都无法羁绊他们,他们服从的惟一法则,只是内心所认定的绝对命令——普遍的道德、理想和正义"。③ 许纪霖的一番话是不无道理的。《读书》杂志几乎囊括了中国文化界和思想界的全部精英,这保证了刊物的高品质、高品位,拥有充足而稳定的多元化稿源,促进了刊物的发展,也吸引了不同学历背景、不同社会阶层、有一定文化水平的读者。而这场论争也标志着《读书》从一个比较纯文人性质化思想的杂志向有着广阔的思想视野、更能引起现实共鸣的更富学术色彩的思想刊物的转变。

第五节 期刊发行变动

《读书》是国内唯一通过发行就能盈利的思想文化刊物,"每期发行大概在十万份左右,远远领先于同类杂志,即使在世界范围内,这样发行规模的思想评论性刊物,也是罕见的"。④《读书》虽然是中国思想文化类杂志中唯

---

① 袁伟时:《谈〈读书〉换主编及近十年思潮》,http://book.ifeng.com/psl/sh/200807/0729_3556_680902.shtml。
② 《〈读书〉25年专题》,《新闻周刊》2004年第31期。
③ 许纪霖:《过去的〈读书〉》,http://www.china.com.cn/chinese/RS/530427.htm。
④ 罗雪挥:《〈读书〉25年》,《新闻周刊》2004年第31期。

一不靠发行存活的。但是，思想文化类刊物向来是命运多舛，在追求社会效益的过程中，期刊的发行与经营常受市场和政治环境等因素的影响。30 年来，虽然在众多夭折的同类刊物沉舟侧畔中艰难生存下来，但也是如履薄冰，曲曲折折，几度面临"停刊""合刊"危机，海外繁体字版以及"公务员版"的昙花一现，说明了《读书》杂志被动或主动地在发行上做着一些努力。

2.5.1 "停刊""合刊"的危机

自创刊以来，伴随着《读书》的成长，一直都不是很平静。虽然有"上面"的宽容以及海内外作者的鼎力支持，"冲破思想禁区"的旗号在改革开放初期仍然是危险的。沈昌文回忆说，当时上面某领导对《读书》的定位很不满意，说："你们要作'思想评论刊物'，胆子也太大了，我们除了《红旗》以外，哪有一个刊物敢叫'思想评论杂志'？"沈昌文回去后赶紧在思想后面加了"文化"两字，改成"思想文化评论刊物"。范用回忆说："为了这本杂志，我曾向领导保证，出了问题我负责。"[①]

1983 年前后，社会思潮有反复，那个时候甚至已经开始批评自由化了，"《读书》总被批评宣传马列主义毛泽东思想不够，人民出版社内部因为压力也曾有过停刊或者改刊的打算"[②]。所幸的是，1983 年 7 月，胡乔木在全国通俗政治理论读物评奖大会上对《读书》的充分肯定挽救了《读书》。胡乔木指出，这个刊物"编得不错，我也喜欢看"，《读书》存在问题，主要是"不够名副其实"，没有满足"广大读者更多方面的需要"。接着又说："《读书》已经形成了它的固定的风格了，它有自己的读者范围，可能不宜改变或至少不宜做大的改变。"[①]他希望仍然把《读书》办下去，而另外办一个刊物，来满足另一些需要。

政治因素造成的《读书》"停刊"危机悄然化解后，办刊成本等经济问题又使得《读书》长期面临"停刊"危险。80 年代末 90 年代初，《读书》杂志定价从 1979 年的 0.37 元提高到 1.80 元。此后也多次提价来应对经济危机问题。1987 年第 10 期始，《读书》在"编后絮语"等告示性栏目里，多次提及了调整刊物定价的必然与无奈。结果这一年里，《读书》还是出现了相当大

[①] 《犹记"读书无禁区"的呼喊》，http://news.sina.com.cn/c/cul/2006-08-08/14389692115s.shtml。

[②] 徐梅：《沈昌文：那时办刊真痛快》，《南方人物周刊》2007（18）。

的亏损。1988 年，由于经费不足，"1988 年第 4 期已用劣纸，今后如何演变，更不可知"①。"一提到这个款字，又说到了我们的痛处，我们对此更不敢有所许诺。不说也罢。"② 虽然 1991 年的订数较之前年上升了 20%，但"91 年前后，'停刊'一度成为《读书》的题外话题"③。这一时期，《读书》发行的波动主要是因定价引起的，由邮局发行为主。尽管如此《读书》"没有停刊的打算，是因为我们自信，所做的事是正当的。有停刊的思想准备，是因为自知在经济竞争的氛围下，自己的求生能力有限，恰如一叶扁舟，虽然在这书海中依依呀呀地撑了十几年，究竟只是一只缺乏实力的小木筏，稍一不慎，便易倾覆"④。

进入 20 世纪 90 年代，《读书》被迫日益卷入商品社会和市场经济大潮之中。在巨大的经济压力之下，《读书》杂志出现了"纸张短缺"的情况，甚至开始在"编后絮语"中为三联书店的出版物做宣传。因此《读书》编辑不得不开始转变思路，为扩大销量而迎合读者需要。即坚持"刊物性质是严肃认真的，但是文章形式却是生动活泼的"。因为《读书》编辑发现曾经刊载的以"逗起读者的智力兴趣"的一些"形式诡异，文字晦涩"的文章效果不好，所以停止了这种"努力"，明确了《读书》的身份绝非"纯学术刊物"，所以不接受"学术论文"。另外，篇幅有限，以"五、六千字为限，以保证文章不要太长以影响读者阅读"。⑤ 这些都是《读书》当时真实处境的写照。

1996 年《中国时报》有则报道说，中央意识形态工作会议上有位领导发言说："目前思想理论界及新闻出版界内部，资产阶级自由化的泛滥程度极为惊人，其中以《读书》《东方》《现代与传统》和《战略与管理》几种刊物最为严重，频频地对一些重大原则问题发出资产阶级自由化的言论，并且在知识界开始形成某种凝聚力。……过去我们讲'宽松'，为《读书》这样的刊物留下了一个窗口，却造成了今天资产阶级自由化的扩散，这是一个教训。"类似这样的危机最后也让《读书》几次化险为夷。2011 年网络上又流传《读书》停刊的消息，后虽被证实是谣言、假消息，但是《读书》杂志屡传停刊的消息，也透露出《读书》的生存状况并非良好。

---

① 《书是死的，又是活的》，《读书》1988 年第 6 期。
② 《敬告读者》，《读书》1991 年第 2 期。
③ 罗雪挥：《〈读书〉25 年》，《中国新闻周刊》2004 年第 3 期。
④ 《编辑室日记》，《读书》1991 年第 8 期。
⑤ 《编后絮语》，《读书》1995 年第 6 期。

倪子明回忆说,曾经有人提议把《读书》与上海的《书城》合并,但遭到大家的坚决反对,后来不了了之。《读书》还有一次例外的"合刊"。上世纪80~90年代之交的社会和政治动荡,使得按常规应出版的第6期《读书》搁浅,1989年第7、8两期以合刊形式发行。"为什么6月份停刊了呢?其实已经编好了,后来看形势不对,就作废了。"因为"其中一篇主要的文章,我记得是讲法国大革命的。我当时不敢讲别的,讲法国大革命总可以吧?一个留法的学生写的,讲得很清楚。但是还是不敢发表。所以才有合刊之事"[①]。由此可见,《读书》在舆论导向方面必须慎之又慎,如履薄冰。

2.5.2 夭折的海外繁体字版

《读书》杂志创办之初,曾经有过这么一个建议:使这个刊物成为一个沟通海外的窗口。自上世纪80年代中期以来,在海外学者和文化人的宣传下,《读书》的办刊理念在海外得到肯定,销量也因此日益上升,《读书》赢得了一批包括李嘉诚在内的海外读者,但考虑到阅读习惯,海外读者希望《读书》能出繁体字版。

1992年,香港知名文化人陈冠中慕名前来和三联书店的沈昌文、董秀玉洽谈海外发行繁体字版之事。起初,三联书店担心经费和市场问题不大同意。最后经协商,由香港方面出资,陈冠中担任《读书》杂志海外发行人,为《读书》在香港和台湾地区出版了繁体字版。从1994年到1997年,《读书》在香港和台湾出版了30期繁体字版,每期发行5000本,后因财力不支而停刊。但是,繁体字版培养了一批《读书》的固定读者,其中包括李嘉诚长江集团中的一些人。《读书》海外繁体字版的发行,说明了《读书》的影响,同时也为《读书》扩大海外作者群体提供了良好的基础。

2.5.3 折戟沉沙:《读书·中国公务员》版

虽然《读书》的发行量一直稳定在每月10万份,遥遥领先于同类杂志。没有亏损,但远远不能高枕无忧。如果没有新的经营理念和方式,就会落伍。而在市场经济的大形势下,像《读书》这类风格的杂志,10万册的发行数量几乎已经达到了饱和状态。如果要在发行市场有大的进展是比较困难的,只

---

① 张冠生整理:《知道:沈昌文口述自传》,花城出版社,2008年,第89页。

有用另外的思路。既要开拓经营新路,又要保持《读书》的品牌,是一件十分困难的事情。编辑部也曾经酝酿申请增刊,在《读书》现有的风格上做推进,比如在精英知识分子之外,考虑做一本与《读书》品味相近,但可读性更强的杂志。

2002年9月,三联书店的总经理希望"《读书》的发行量应该向40万进军,争取超越《读者》"①,这个计划的产物就是以"增刊专版"名义承包给第三方出版的《读书·中国公务员》。2004年1月,《读书·中国公务员》版横空出世,这本杂志的国际标准刊号、国内标准刊号、邮发代号、总编辑、主管和主办单位均与《读书》几乎一致,封面侧上方有"读书"两个字,内容"摘编文章占绝大多数,其中不乏高层领导讲话",每期封面都为"中央政治局委员级别的领导人照片"②。公务员版总共出了三期之后,因涉嫌"一号多刊",被国家新闻出版总署勒令停刊。这是三联书店转换经营方式的一次失败的尝试。

编辑吴彬告诉记者,《读书》编辑部此前对于"中国公务员"版完全不知情,"我最初看到所谓'公务员'版都惊呆了!要出这样一本杂志,我们事先一无所知。一个刊号,一份《读书》杂志,居然变出了两种风马牛不相及的面目,以我在《读书》工作20年的经历,简直是前所未闻、前所未见。这个'公务员'版的定位、读者对象、文化品位、文章风格,也根本脱离三联一贯坚持的出版传统。这样的杂志究竟面对什么样的市场,有多少读者会买、会读,实在让人百思不得其解。这个杂志,居然以三联书店的名义,以《读书》的名号问世,真让人不可思议"③。

为了短期利益不惜损害《读书》和整个三联品牌的事情,可以说是自毁长城。很多同行也觉得难于理解,《天涯》杂志主编李少君先生就对记者直言:"《读书》可以说是中国文化界的第一品牌,它不仅盈利而且是维系三联作者队伍的纽带。居然要把这样一本杂志办所谓的'公务员版'简直是杀鸡取卵,愚蠢之极。'④如果换一个角度看,不管是繁体字版,还是公务员版,不管它们是成功还是失败的尝试,都代表了《读书》出版方为突破生存瓶颈,谋求更大生存空间的努力,从侧面折射了一份思想文化刊物在社会变迁中的

---

① 易鸣:《三联书店怎么了?》,《中华读书报》2004年4月7日。
② 易鸣:《三联书店市场化剑走偏锋?》,http://book.sohu.com/2004/04/08/57/article219775713.shtml。
③ 凤凰网:《〈读书〉25年》,http://ent.ifeng.com/phoenixtv/76563401278488576/20050425/540561.shtml。
④ 《"读书":一本杂志的传统和力量》,http://book.sohu.com/2004/06/02/31/article220353138.shtml。

处境。

小　结

通过分析总结《读书》各个时期的编辑策略以及发行策略来探究它如何由一本思想文化期刊逐渐演变为一代知识分子精英杂志的轨迹，阐释杂志自身命运的变化对于社会的影响，尤其是对当代知识分子的影响。

第三章　踪迹：《读书》话语特征的演变

话语是文化和思想呈现的具体方式和形态。正如福柯所说，话语是指一套在一定的历史时空规定下相互联系、相互作用的思想和意识，它嵌在文本、言词和各种实践之中，涉及寻找、生产和证实真理的各种秩序。"话语不再是外部的表现，而是概念出现的地点。"① 在他看来，通过建构话语对象，话语生产意义来传播权力。话语作为一种言说，从形式上讲，它是一种语言形态，是人类语言和民族语言的创造与更新；从内容上讲，它是一种文化形态，是关于世界精神、人类精神的文化创造与更新。话语是一种叙事。话语的叙事模式具有历史性，它始终是伴随着生存的演变、时代的迁移以及作者主体的变化而不断发生变化。

创刊时期，《读书》即充分发挥媒介的优势，以所刊登的文字，构成了一整套独特的话语体系。把先前那种政治意识形态话语转化为知识分子通过各自的知识编码程序运作而成的知识话语系统，成为引领时代话语的主流媒体。《读书》经历了三代主编：范用，沈昌文，汪晖。也走过了中国社会转型的三个时期：思想解放、理想失落、激情淡出，学术凸显，中国的社会语境也由阶级斗争为主转入以经济建设为中心，改革开放的深入与持续，社会环境和思想观念发生了巨大的改变。《读书》不仅是参与建构了知识分子的话语空间，也见证了转型时期知识分子的命运和抉择。

一　思想解放话语——"读书无禁区"

70 年代末到 80 年代前半期是陈原、范用主编时代，可以说那是《读书》

---

① （法）米歇尔·福柯：《知识考古学》，谢强、马月译，生活·读书·新知三联书店，2003 年，第 67 页。

杂志的黄金时代。由于"四人帮"多年的文化禁闭政策和愚民政策,书荒严重。《读书》创刊时便着重呼吁打破种种不必要的限制:"我们这个月刊以马列主义、毛泽东思想为自己的指导思想,要坚决贯彻'百花齐放、百家争鸣'的方针,要解放思想,敢于打破条条框框,敢于接触多数读者所感所思的问题。"① 这样的呼声很快得到了"文革"中长期被压抑的知识分子的认同,他们在这里找到了自己的精神领地。

当时正是文革彻底结束前夕,社会面临寻找出路的转型时刻,《读书》杂志率先倡议改变文风,反对打棍子戴帽子,反对废话空话、帮闲。对于切中时弊的文章,要大胆地发,不要顾虑太多。主编陈原主张文章"要有时代背景,要有风趣,要看了还舍不得丢,要看了嫌短"。由于创办初期的几位大出版家的独具慧眼,创刊号上发表李洪林的《读书无禁区》,是《读书》在新时期冲破思想禁锢,拨乱反正的一个标志性事件,刊物出来后,引起思想界的普遍共鸣和社会关注,让压抑了多年的心声得以宣泄,它为《读书》以后的发展奠定了坚实的社会地位和影响。

《读书无禁区》原来的标题是《打破读书禁区》,作者是当时中宣部新闻出版局理论处处长李洪林。"我当时心里就是这么想的,因为毛泽东读书就没有什么禁区。"② 主编范用对文章一字未改,单单改了一个标题,变成"读书无禁区"。这一点改动,使得这不像是一篇文章,更像是一句口号。这篇文章驳斥了文化大革命时期对书实行"全面专政"的政策,提出加强书籍出版、发行和阅读,要求实现相对的读书自由,并且解放思想打开禁区。还提出:"只要有益于吸收文化营养,有助于实现四化的图书,不管是中国的,外国的,古代,现代的,都应当解放出来,让它在实践中经受检验。"③陈翰伯还"在文章中加了一大段态度鲜明的支持这篇文章的话"。④ 此文一经发表,《读书》编辑部接到大量反对的来信。

李洪林回忆当时的情形:

> 此文一发表,立刻引起强烈反响。据原作者回忆,这里有两个"烈",一是热烈欢迎,一是猛烈反对。知识界是热烈欢迎,因为它

---

① 《编者的话》,《读书》1979 年第 1 期。
② 《犹记"读书无禁区"的呼喊》,http://news.sina.com.cn/c/cul/2006-08-08/14389692115s.shtml。
③ 《读书无禁区》,《读书》1979 年第 1 期。
④ 徐梅:《沈昌文:那时办〈读书〉真痛快》,《南方人物周刊》2007 年 8 月 3 日。

说出了大家的心里话。而道学家和主管思想控制的官员则猛烈反对:读书无禁区,这还了得!"小学生能看《金瓶梅》吗?"这是义正词严的神圣讨伐令。①

应当打开禁区,只要有益于我们吸收文化营养,有助于实现四化的图书,不管是中国的、外国的、古代的、现代的,都应当解放出来,让它在实践中经受检验。

世界上没有绝对的"纯",空气里多少有点尘埃,水里多少有点微生物和杂质。要相信人的呼吸器官能清除尘埃,消化道也能制服微生物,否则,只好头戴防毒面具,光喝蒸馏水了。打开书的禁区之后,肯定(不是可能,而是肯定)会有真正的坏书(不是假道学所说的"坏书")出现。这是我们完全可以预见也用不着害怕的。让人见识见识,也就知道应当怎样对待了。

第6期即有一篇文章《读书不能"无禁区"》,认为必须禁止反动、黄色的读物,如无禁区,必定天下大乱。同期还有《禁锢不好,完全开放也行不通》等等。同时又有一系列文章从不同方面展开讨论,配合突破多年来森严的读书禁区。反对的言论大致分为两种:一是担忧没人把关,思想尚未成熟的未成年人将会被垃圾文字污染;二是担忧禁门大开,"封资修"将从此占领我们的文化舞台,直言"文化大革命"对文化的摧残。

《读书无禁区》以及另外几篇杂文,直指"四人帮"年代极端反动的信息封锁和思想控制,并且借题发挥,为以后发表触"雷区"的文章扫清了道路,比如《解放内部书》一文抨击了将思想活跃的书籍都视为"内部书",只允许高级干部阅读,却不允许普通百姓接触的现象;还有《海关这一关》,观点鲜明地批评海关,批评他们不允许外国书籍进入中国,甚至韩素音的书都没收的保守行为。当时"我们觉得哪里有文章可写,组织几个朋友写文章'冲'一下,似能赢得一大批读者。那时的'社会效益',至少在我个人理解,指的就是'冲决罗网'"②。这"哪壶不开提哪壶"的冲劲,并非只靠运气,在触"雷区"的时候,《读书》能够把好这个"度",一方面是由于办刊人的"君子坦荡荡"作风,一方面是能够真正摸准社会文化氛围和广大读者

---

① 李洪林:《我的"理论工作经历"》,《炎黄春秋》2008年第11期。
② 沈昌文:《阁楼人语:〈读书〉的知识分子记忆》,作家出版社,2003年,第19页,第14页。

的心理。随后以"读书无禁区"为代表的一系列尖锐触及现实的评论文章陆续发表,同时又有一系列文章①从不同的方面展开讨论,配合突破多年来的森严的读书禁区。

自此,《读书》真正成了思想"解放区",它高举思想自由之大旗,冲锋在前,勇闯"禁区"。陈翰伯为1981年《读书》创刊两周年写的《两周年告读者》上有进一步表达:"我们重申我们赞成'读书无禁区'的主张。"他还特别在文章中指出,我们今后"思想要活跃,形式也要活跃",反对"摆起面孔训人"。这一番话语给了编辑部成员们以巨大的鼓舞。

"读书无禁区"表达了备受扼制的一代读书人的心声。但杂志出来后,上级主管机关找范用谈话,批评《读书无禁区》的提法不妥。范用说:"我当时进行了辩解。估计那位领导没有仔细读完这篇文章。因为里面的内容主要是打破精神枷锁,文章有一段说得很清楚,'对于书籍的编辑、翻译、出版发行,一定要加强党的领导,加强马克思主义的阵地。对于那些玷污人的尊严,败坏社会风气,毒害青少年身心的书籍,必须严加取缔'。"他还说:"我个人认为,我们要相信读者的判断力。即使是不好的书,也应该让他们看,知道这些书不好在什么地方。"文章的主旨是反对把禁书作为政策,并不鼓励文化垃圾之意,所以"那些一看题目就兴师问罪的十字军,不久也就偃旗息鼓了"②。

董秀玉回忆说:"创刊号的《读书无禁区》受到批评和一些人的攻击,陈原同志连续刊发了几篇这样的批评文章,作公开讨论。在《两周年告读者》书中,陈翰伯亲自执笔著文,重申办刊宗旨,坦荡地坚持'读书无禁区'的主张。"

然而,事情并未就此结束,1983年,沈昌文和董秀玉代表杂志到上级部门做检查。沈昌文说:"我们到了会场,大家正在讨论《读书》杂志的问题,不料,有另一家更'重要'的杂志出了问题,领导急于去那里。于是会议取消,后来也没有再追究,事情就此不了了之。"③虽然受到了主管部门的批评,但也正因为这一口号的提出,此后的多年里,无数知识界同仁为这本杂志保

---

① 黄仑:《海关这一关》(1979,1),黄克《借书难》(1979,1),董衡巽《当代的也要"拿来"》(1979,2),朱虹《〈简爱〉——小资产阶级抗议的最强音》(1979,5),林大中《黄色·色情·爱情》(1979,2)等。
② 三巨头谈与《读书》的渊源,http://news.xinhuanet.com/book/2006-08/03/content_4913340.htm。
③ 三巨头谈与《读书》的渊源,http://news.xinhuanet.com/book/2006-08/03/content_4913340.htm。

驾护航。

当时思想解放的浪潮是整个社会生活的主流,针对"文革"中的思想禁锢,《读书》致力于提倡在学术问题上应该心平气和的平等讨论,王蒙的《论"费厄泼赖"应该实行》、金春峰的《唯心主义在一定条件下起进步作用》、林欣的《反对封建君主专制的强大思想武器——读孟德斯鸠的〈论法的精神〉》等都是直接针对社会现实的;在经济学的范围内,杂志组织发表了《经济领域的反封建斗争》(杨培新)、《布哈林〈过渡时期经济学问题〉述评》(苏绍智)、《坚持从生产力出发研究、解决经济问题》(唐宗焜)等;而最突出的是李以洪的文章《人的太阳必然升起》,开启了对人性、人道主义问题的探讨;林春、李银河的《与传统的封建文化告别》,提出封建文化是现代化的死敌,包括外国文学领域里柳鸣九的《给萨特以历史地位》的文章,都引起了强烈的反响。

陈四益回忆说:"'读书无禁区'在今天听来似乎不甚新奇,但在人类许多优秀的文化遗产都被斥为资产阶级文化垃圾的时代尚未完全过去之时,这一声呐喊,真具有石破天惊的气势。"① 要知道这可是1979年4月所说的话,并不是每个人都敢在任何时候逆流而上,直抒胸臆的。初创的《读书》杂志借着"解放思想"的东风,汇聚了"文革"以后领域里的文化名人、学者,强大的阵容参与思想解放的讨论,为知识分子提供了一个进行思想讨论的公共平台,不同的话题都会引发强大的冲击力。许多报刊也借思想解放之东风,广开言路,冲击禁区,给知识分子提供了一个相对宽松的言说环境和相对宽广的言说空间。

70年代末期和80年代初期,社会结构单一,社会矛盾还处在潜藏状态,《读书》这个时期的重头内容是围绕宏大的价值观选择和立论。② 而发表"敏感"话题的文章,不单是对当时"文化政策"有某种挑战的味道,其直接效果是刺激追新猎奇的不同读者群。这样也使这份刊物从诞生起就带有另类的标签。有学者总结,所谓"思想解放"的意义其实一直是在于解放领导干部们的思想,

---

① 王世襄等:《我与三联》,生活·读书·新知三联书店,2008年,48-49页。
② 如《解放思想、突破禁区》(1979.1)、《科学与民主并重》(1979.2)、《"按需分配"与"各取所需"》(1979.2)、《为什么社会主义公有制和按劳分配实际是一个问题》(1979.3)、《真理标准与理论研究》《论"费厄泼赖"应该实行》《唯心主义在一定条件下有其进步作用》(三篇都为1980.1)、《对唯心主义要具体分析》(1980.2)、《也谈民主集中制》(1980.5)、《学术自由与自由化》《无政府主义浅议》《国家资本主义同社会主义不能混淆》(1980.6)。

"读书无禁区"是直接针对普通民众的"解禁"。前者是在为"转向经济建设为中心"的政治路线开道,后者是在为"言论自由"这一公民权利辩护。①

这篇"石破天惊"的文章作为《读书》杂志的"招牌",历任《读书》杂志的主编都奉为圭臬。后来,《读书》在创刊5周年或10周年时,都会提一下"读书无禁区"所带来的社会效应。及至90年代末,新的《读书》执行主编汪晖仍把"读书无禁区"作为办刊宗旨,却又将它和"思想自由"联系在了一起。"读书无禁区"这个口号针对的不仅是特定时代的特定禁忌,而且也针对随时代的变化而产生出新的禁忌。汪晖曾经说过:"上个世纪80年代,范用是这本杂志最重要的人物,是他使《读书》成为80年代新思想和新论争的关键性场所。"② 这一时期杂志的面貌是当时的主持者们自身的经历、思想和追求,在与社会思潮的激荡互动中形成的。他们在痛定思痛后,全力以赴地投入了拨乱反正的热潮,用自己的激情、泪水和生命拥抱了《读书》,从而绽放出思想文化之花。

"读书无禁区"成为新启蒙时代标志性的口号和文化知识界的"集体记忆",它是留在当代知识分子精神发展史上的一个重要印痕,它开启了自由阅读的时代,也成为三十年来数代读书人的精神家园。

二 新启蒙话语——"文化热"

启蒙,作为一种理性的批判,意思是开启智慧,把人类从愚昧无知的状态中解救出来,从而建立理性的现代社会,启蒙不仅是人类思想的全面觉醒,还是对现代性的一次全面谋划。

从某种程度上说,《读书》是最早做出的"启蒙"姿态,也是冲在最前面的一个。虽然《读书》在创刊的宗旨里并没有提"启蒙"二字,但它在20世纪80年代的确扮演了这样一种角色,当时《读书》发表的许多文章,诸如《真理不是权力的奴仆》《人的太阳必然升起》,虽然现在看来有一些观点也许只是"回归常识",但在当时每一篇都极具冲击力,给经历了长期思想荒漠的知识分子送来期盼已久的新知,也应合了思想界20世纪80年代的"新启

---

① 朱正琳:《东方来敲"文化门"》,《我与三联》,生活·读书·新知三联书店,2008年,第87页。
② 《别求新声:汪晖访谈录》,北京大学出版社,2009年,第37页。

蒙运动"。30 年来《读书》提供的思想营养、文化视野以及人文关怀精神整整影响了一代又一代知识分子，《读书》也被视为"新启蒙时代"的象征之一。

80 年代初的思想解放热潮过后，"思想饥荒"随之而至，大学生及工人、中学生对知识都处于一种渴求状态。查建英在《80 年代访谈录》中回忆这种全民读书的情景时写道："当时还没有开架书，图书馆里的外国小说阅览室里就永远坐满了人。那真是恶补的一代。"① 随着改革开放的发展和深入，社会主义市场经济的建立，也带来了思想文化领域观念的更新。80 年代，政治上"拨乱反正"的背景和文化上"新启蒙"运动的蓬勃发展共同推动新时期社会形成了解放思想、展望理想的整体精神情绪。1977 年全国恢复高考，一年后开始招收研究生，大学教育得以进入复苏阶段，知识界因此多了很多新鲜血液，这群人不仅是《读书》的热心读者，后来也成为它的中坚作者之源。如果没有这次思想解放运动，很难想象中西学术输入与思想界能够发生空前广泛的对话交流，能够产生公共知识分子群体和稳定的民间思想空间的存在。

陈翰伯在 1981 年的第 1 期《读书》里面以本刊编辑部的名义写了《两周年告读者》，再次阐明当时《读书》对于介绍外国思想和文化成就的编辑思路：

> 我们认为不管从事什么工作，研究什么学问，眼界开阔一些总是大有好处的。鸦片战争以前闭关自守，与世隔绝，已有足够的历史教训。十年浩劫期间在国内荡涤一切科学文化，自然谈不上吸取海外对我有用之物。现在我们痛定思痛，我们再也不能孤芳自赏。本刊各栏文章有中有外，有古有今，有事有人，有情有景，比例不好安排，但要努力做到开阔眼界。本刊已出各期，谈外国的较多，谈文艺的较多，有同志说这是一个缺点，我们也希望改正。但是，也有同志认为多年闷居斗室，没有吸收新鲜空气，现在多作一点深呼吸似乎也有好处。不管怎么说吧，今后我们还想多介绍一些外国新思想、新成就，不要弄得人家已经人人尽知，而我们还毫无所闻，这是不利于发展我们的科学文化事业的。

---

① 查建英：《80 年代访谈录》，生活·读书·新知三联书店，2006 年，第 25 页。

1986年的中国，改革开放后培养的新一代年轻知识分子逐渐步入了中国学术的主流圈。长期封闭的中国面对开放的国门和久已疏离的西方世界，显示出了极大的热情。大量西方的新知识、新文化被源源不断地引介和翻译过来。曾经受到冷落的文化学再度进入人们的视野，得到了连续和特别的关注，形成了所谓的"文化热"。

80年代"文化热"的思想基调有两个，一是批判中国传统思想文化，二是学习借鉴西方先进思想文化。学者许纪霖认为："这一年的思想界，出现了当时来说并非那么引人瞩目的几件事情：《走向未来》丛书第一批正式出版、中国文化书院成立和新一代青年学者开始成为《读书》杂志的主流作者。"① 这里金观涛主编的"走向未来丛书"和甘阳主编的"文化：中国与世界"系列丛书，以及"中国文化书院"三者这种全方位的西方学术文化引介，对于当代学术界的启蒙意义非常深远。它们的文化取向或偏向于西方文化或偏向东方，但都带有某种批判、反思传统的色彩。夹在中间的"文化：中国脱狱世界"最具代表性。"把对传统的批判意识作为解释的基本预设，引出批判传统文化也是发展文化传统的途径的结论，是'文化：中国与世界'整个活动后面隐藏的观念内涵。"② 西方现代文化思潮也因此而成为新启蒙知识分子重要的话语参照和理论资源。西方的"人本主义"和"科学主义"两大学术主潮由于同新启蒙的精神和文化契合，在80年代得到大规模的翻译和介绍。这一时期，《读书》以它的资源优势，短短几年简直是令人眼花缭乱、目不暇接地以最大的幅度、最快的速度传播了几乎全部20世纪西方学术文化的精华，变成"新启蒙"名副其实的先锋。这次中西学术界发生空前广泛的交流对话，创造了一个活跃的知识分子群体和一个稳定的民间思想空间。

沈昌文利用《读书》将大量的西方现代哲学、社会理论和经济思想介绍给普通民众。尼采、海德格尔、卡西尔、马尔库塞、萨特、弗洛伊德，成为当时年轻人耳熟能详的名字。但在沈昌文执掌《读书》时期，始终强调"《读书》不是学术、时论杂志"③，刻意在政治上始终与当时的潮流保持一定距离。汪晖认为"正是《读书》的这种姿态，为中国思想界的进一步讨论创

---

① 许纪霖：《启蒙的命运——20年来的中国思想界》，http://www.chinese-thought.org/yjy/02_xjl/002510.htm。
② 陈来：《思想出路的三种动向》，选自甘阳主编：《八十年代文化意识》，上海人民出版社，2006年，第543页。
③ 沈昌文：《阁楼人语：〈读书〉的知识分子记忆》，作家出版社，2003年，第73页。

造了空间，而这对1989年以后的思想变化有着重要的作用"①。

大量专栏在这一时期涌现，每期都保持在4~8篇的篇幅，在每期文章总数中占10~20%，如1990年第1期文章总数为41，专栏有8篇（王蒙、辛丰年、冯亦代、董鼎山、黄裳、柳苏各1篇，金克木2篇）。《读书》专栏很多，但并不要求专栏作者每期都写。相比起前一时期专栏作者德高望重的特征来，这一时期的专栏作者多为学者型专家，写的可以说是学者型散文，在有思想性的同时突出了可读性。

80年代"新启蒙"思潮实际上是肇始于70年代末的思想解放运动的历史延续，除了延续思想解放运动的政治变革诉求以外，"新启蒙"思想还扩大到文化领域，"文化的现代化"即是其主要诉求。这使他们走出了思想解放运动，"回归真正的马克思主义"并局限于体制内变革的范围，通过文化言说开辟了新的更为开阔的思想空间。中国当代知识分子认同追寻的最重要的思想成果，就是"知识分子的自由意识和独立人格，这一诉求在80年代的思想界成为一个普遍的共识"。②《读书》发表的文章所流露的浓厚的人文精神，不但顺应了如饥似渴的求知潮流，而且让那些厌倦了枯燥说教的青年如饮甘霖。

在政治——社会意识形态中心向商品经济文化多元化的转型期，《读书》探讨商品经济对中国的负面影响，以及知识分子人文精神的失落。在文化转型期，它承担了学术文化和思想启蒙的重任。

1. 人文精神论争

伴随着当代技术的发展，中国人文精神的问题不断凸现。从20世纪70年代起，陆续开始了人文精神问题的探讨，③而人文精神问题的讨论和明确提出，发生在20世纪90年代初期，实际上已经走过了很长一段道路。以"人"为中心，围绕着"人性""人道主义"和"人文精神"问题，中国经历了三次人文思潮。

---

① 王超华：《歧路中国》，联经出版事业股份公司（台湾），2004年，第4页。
② 许纪霖：《另一种启蒙·自序》；花城出版社，2000年，第4页。
③ 有关这次论争的代表言论有：王蒙：《躲避崇高》，《读书》1993年第1期；王小明等：《旷野上的废墟——文学和人文精神的危机》，《上海文学》1993年第6期；陈晓明、张颐武等：《精神颓败者的狂舞》，《钟山》1993年第6期；张承志：《清洁的精神》，《十月》1994年第1期；陈思和等：《人文精神寻思录》，《读书》1994年3~7期；白烨、王朔等：《选择的自由与文化态势》，《上海文学》1994年第4期；王蒙：《人文精神问题偶感》，《东方》1994年第5期；王蒙、陈建功、李辉：《精神家园何妨共建》，《读书》1995年第6~8期。

90年代,中国进入了快速、全面的社会转型期。知识群体试图找回曾经"风光无限"的文化精英和大众导师的角色之际,市场经济与大众消费文化的"华丽转身",却忽然使知识分子陷入了另一种未曾有过的文化"失重"与身份失落——中国社会走入了一个物欲化和世俗主义的时代。难怪有的知识分子真切地感觉到了"又一处镜城,又一次迫近中的远离"。① 面对物质消费时代大潮的冷落,知识分子何去何从?整个知识界和思想界不可避免地陷入迷茫和论争,于是短暂的失语状态后出现了"人文精神大讨论"的话语爆发。各地文化人从原来的独语状态中走出来,加入到这一场持久而广泛的声势浩大的大讨论中。讨论者中许多人也是《读书》的作者,他们试图寻找新的资源来把握和回应这个时代。

这场论争的缘起是以王晓明等人在《上海文学》1993年第6期上发表对话《旷野上的废墟》为发端,而在1994年、1995年达到高潮。背景是因为1989年之后,针对知识界死气沉沉的局面,知识界对当时人文学科的不景气和学术研究的困境表达了忧虑。1993年12月,中国文艺理论年会上,主办者有意识地邀请了全国各地的一些关注"人文精神讨论"的专家和学者,包括《读书》的主编沈昌文。会上提议将讨论的记录连续发表,于是《读书》1994年第3期至第8期连续刊发以"人文精神寻思录"为题的系列文章,各方人文学者都积极地参与讨论。张汝伦、许纪霖、王晓明、高瑞明、吴炫等分别发表文章阐述观点。

最广泛地得到大家认同,并多次被引用的"人文精神"的内涵是袁进提出的。他提出的"人文精神",是对"人"的"存在"的思考;是对"人"的生存意义的关注;是对于人类命运、人类的痛苦与解脱的思考与探索。人文精神更多的是形而上的,属于人的终极关怀,显示了人的终极价值②。以终极关怀、崇高理想、道德勇气、超越精神等为主要内容的"人文精神"一露脸就招致多方面的批评。其中,许多批评者并非因批评者本人不推崇人性,而在于不满足于人文精神论者不能全面地重视人性——只看重人的灵魂、社会性、超越性、非世俗性,而对人的世俗性、自然性、肉体存在等重视不够。

1993年《读书》第1期上刊载了王蒙为"王朔现象"辩护的文章《躲避

---

① 戴锦华:《隐形书写:90年代中国文化研究》,江苏人民出版社,1999年,第128页。
② 高瑞泉、袁进、张汝伦、李天刚:《人文精神寻踪》,《读书》1994年第4期。

崇高》，王蒙在文中积极地肯定了王朔的小说，认为王朔的小说"具有解构'左'的政治路线与文化专制主义的作用"。"是他们先残酷地玩起来的，其次才是王朔。""'顽主'撕毁的是那种政治化、非人道化的伪崇高、假崇高。"由于此文正好发表在《旷野上的废墟》之前，因此，《旷野上的废墟》不仅被认为是在批评王蒙，而且王蒙随后的解读似乎也引起了很多人的不满。

引起如此大的争论的原因在于学界和文化界已经深切体味到了现实的危机。实际上倡导人文精神是学人们力图拯救社会、树立知识分子的价值规范的明证。它在两个方面陷入了难解的困境之中。首先，这种"人文精神"的追寻一方面强烈地批判和否定五四以来知识分子对"知识"把握的巨大局限，另一方面却又以"人文精神"作为保证试图获得一套"真理"，一套自由的、不受拘束的获得知识的天然条件。其次，从当下中国的具体语境来看，"人文精神"也是一种对文化"普遍性"的诉求，某种意义上也是对西方中心主义的臣属以认同的结果，它急于强调"人文精神的失落是今天人类面临的共同问题，那么通过对话达成一定的共识并非不可能的"的做法可以看出这点。

时至今日，"人文精神讨论"已从表面的争吵转到深层，从"发誓言""喊口号"转向了心平气和，冷静地思考及严肃的学术研究。1995年第6期至第9期，《读书》发表王蒙、陈建功、李辉等人的《精神家园何妨共建谈话录》系列文章，开始了对自身的清醒审视，进行了理性的自我反省。有论者不无深刻地指出："'人文精神'作为一种批判性话语的出场……不能只在思想史、学术史的范畴内加以解释；毋宁说它是知识分子对当今的社会文化转型的一种值得关注的回应方式，是知识分子在面对社会现实时重新寻找自己的身份定位和言谈方式的一次努力……'人文精神'这个话题的提出，未尝不可以说是人文知识分子对于自己的边缘化处境的一种抗拒。"[1]

《读书》正是围绕人文精神这场讨论最为重要的推动者和公共平台之一，这场论争虽然并没有最终形成普遍性的文化共识与思想成果，也没有阻挡住他们深感痛心的"人文精神"持续堕落的趋向，但却成功爆破了知识界沉闷的精神局面，引发了知识分子群体对社会现状、历史问题以及自身文化身份的探究、争辩和反省，具有传达人文精神诉求、扩展思想言论空间的积极意义。同时，人文精神大讨论中出现的不同问题意识和思想倾向，也初显了90

---

[1] 陶东风、和磊：《中国新时期文学30年（1978－2003）》，中国社会科学出版社，2008年，第287页。

年代文化分流和思想界分化的脉络和端倪。这阶段《读书》所做的是尽力从中国知识分子的立场出发,继续探索、反应、认识中国的种种问题,为它们提供有用的精神资源和讨论平台。

《读书》对纯文学、纯哲学等真正的"精英文化"葆有敬意,但其目的并不是"在学术上进行创立和建树",而是介绍、引导、汲取,"使一般的读者更好地理解、领会历来知识精英创造的丰富成果"。① 正是在沈昌文的"深入浅出、雅俗共赏、亦庄亦谐"的编辑理念下,《读书》真正形成了既不乏对学术文化界前沿的思考,又坚持大众化的轻松活泼的独特风格,并获得了中国知识界大部分学者的认同和赞赏。

三 向理论和学术话语倾斜——"思想淡出,学术凸显"

到 80 年代末,中国学术界和思想界一度陷入沉闷、压抑的气氛当中,政治上所谓姓"社"姓"资"的争论,学术文化上反对"西化"和"自由化"的声势,都较大地压缩了民间思想讨论和文学艺术创作的空间,对西方思想文化理论的介绍、引进也呈现低迷状态。据统计,仅 1990 年度,全国就有 190 种报刊停刊;因各种原因上报查封的图书有 239 种,后经国家新闻出版署审查,实际取缔为 73 种。② 文化学术事业的整体萧条可见一斑。

而在知识分子内部,80 年代,"学人们因急于影响社会进程,多少养成了'借经术文饰其政论'的习惯。表面上在讨论学术问题,其实是在做政论"。由《读书》成长起来的一代新学人陈平原这样说道:"90 年代以后,社会科学家起来了,他们各有各的理论背景,各有各的工作方法,各有各的学科积累,再来讨论社会问题明显深入得多。比如宪法问题,还有言论自由、社会分层、城乡矛盾等等,80 年代我们都谈了,但因缺乏必要的理论资源和实际调查,谈得很浅。社会科学的兴起,使得人文学者那种理想主义的、文人气很浓的、比较空疏的表达,受到压抑。所以说,80、90 年代的变化,包含着人文学者和社会科学家的各领风骚。80 年代那种活跃的文化氛围,以及相对开放的活动空间,都已经不存在了,你还坚持那套话语,甚至广场语言,

---

① 《编后絮语》,《读书》1987 年第 4 期。
② 吴秀明著:《转型时期的中国当代文学思潮》,浙江大学出版社,2001 年,第 306 页。

政府不允许，学界也不认可。整个中国学界，面临巨大的转型，众多训练良好的法学家、经济学家、社会学家，他们讨论具体的社会问题，明显比你人文学者专业、有效，而且深入。对于人文学者的喜欢使用'大字眼'，动辄'主义'，还有理想什么的，社会科学家并不买账。学界普遍质疑'宏大叙事'，有后现代主义思潮的影响，但也牵涉社会科学对人文学术的挑战。"①这也就是说，由于西方式的社会科学建制在中国直到90年代才完善起来，因此在80年代，事实上是人文学界与人文学科在讨论、传播与再生产有关社会科学的理念与价值。

戴锦华曾描述："80年代，整个中国知识界都在寻找新的理论和学术话语，希望从旧的准社会学式的思想方法和话语结构中突围出去。当时的文学、艺术批评是最活跃的领域之一，像一个大的理论实验场，许多理论都被挪用到文学批评中来。"② 90年代中国学术界试图创造一种与80年代由文学担当主角、"文化热"盛行时截然不同的学术方式，它要求学者们以更加专业化、规范化的方式进行学术研究。

面对文化现象与社会现实问题的讨论，知识分子针对学风的空疏和浮躁之病，有意识抽身思想的宏观纵论，进入学术的缜密思考。"进入90年代，很多人开始谈王国维、陈寅恪，而不谈陈独秀、李大钊"③，1989年以后，"自平面化、消解深度模式、消解意义的理论全面实践以来，对人的精神世界的探寻和对意义的追问已成笑柄，它几乎失去了话语空间，知识分子的缺陷被空前夸大，'新民粹主义'盛行一时，消费性写作成了这个时代最为时髦的话语形式"④。李泽厚就此抽离而推断："学问家凸现，思想家淡出"——这个公式被广泛引用，表征了新的转换迅速开始，启蒙话语显得越来越不合时宜。

陈平原说："30年代的学界，规矩没那么多，专业化程度不高，写论文时容易跨越学科边界，甚至可以闲庭散步般地'谈文化'。90年代不一样，撰写论文，有严格的形式方面的要求。这种专业化趋势，与学者们从广场退回书斋，大有关系。"⑤ 新的知识生产体制和大学教育制度本身，不仅塑造了

---

① 吴秀明著：《转型时期的中国当代文学思潮》，浙江大学出版社，第141-142页。
② 戴锦华：《犹在镜中——戴锦华访谈录》，知识出版社，1998年，第4页。
③ 李鸿谷：《三联与时代同行》，《三联生活周刊》2012年7月18日。
④ 孟繁华：《众神狂欢——当代中国的文化冲突问题》，今日中国出版社，1997年，234页。
⑤ 查建英：《八十年代：访谈录》，生活·读书·新知三联书店，2006年，第145页。

知识群体一种新的主体认同的途径,而且也打开了一种特定的文化空间。

如果说80年代是思想引领学术,而90年代是学术消弭思想。① 90年代初期有关"学术史"的倡导即是对80年代中国学术"失范"纠偏的意图,而批评的主要现象则是"束书不观,游谈无根"以及"浮躁"和"空疏"。② 同80年代相比,学术研究不同程度的表现为思想的锐气收敛,而更多的是平实、谨慎的学术,表现出了90年代学术的无奈的成熟。进入90年代以后,"学术凸现,思想淡出",谈问题不只停留在激情和宏观的层面上,社会的问题越来越细化,对问题的解读也必须要有专业知识背景和学术的积累。到90年代中叶,一大批中青年学者已经成为《读书》的核心作者,他们开始影响《读书》的风格和视角。沈昌文1996年从三联退休,按照《读书》前两代选取主编的惯例,主编将从编辑中产生,但由于"没有合适的编辑可选"③,另一方面知识界对沈昌文偏重文学和人文趣味而避开现实和争论的长期倾向颇有微词,认为"新时期的《读书》缺乏了一些科学理性,希望能够选择学术背景较强的人担任《读书》主编"④。三联书店最后从《读书》的学者型作者中挑选出汪晖和黄平担任新主编。

1996年,在汪晖、黄平两位学者接任主编后,《读书》杂志确定了一个方针,将《读书》的视野从一般性的人文讨论和理论探索扩展到包括乡村问题在内的更为广阔的现实生活领域,集中在以经济、政治、社会学等社会科学为主的学术性较强的思想、理论评判上。《读书》的立场和取向不仅成为了知识界争论的话题,也成为思想文化界争论的阵地。它虽然延续了以批判性思考为价值取向,兼顾多重立场,自觉地介入时代转变,在若干现实问题上积极触发重要讨论的一贯传统,但它也将学院中关注学术问题和写作上易于艰涩难懂的文风带给了《读书》,使《读书》逐渐成了精英文化的象征。

汪晖和黄平对《读书》的办刊理念理解为:《读书》的主要策略是从思想的、知识的和理论的角度出发,而不是进行直接的公众讨论或政策性辩论,它致力创造一个立足于反思和批评的建设性的思想氛围。主要是从拓展学科领域,介入现实问题的讨论,以期超越西方中心论,重构知识景观与思想图

---

① 吕林:《世纪末的守望:论20世纪90年代中国散文主潮》,上海三联书店,2009年,第13页。
② 陈平原:《学术史研究随想》,《学人》第一辑,江苏文艺出版社,1991年。
③ 曹红蓓、孙冉:《〈读书〉何去何从》,《中国新闻周刊》2004年第31期。
④ 马国川:《汪晖:渐行渐远的思想者》,《经济观察报》2007年8月5日。

景。《读书》被人称为"学术贵族沙龙",纯粹的书评文章和晦涩的学术评论成为主流。

相较于80年代对于西方的崇敬,这个时代的思考中渗透了新的文化自觉;相较于许多落后社会主义国家的思想颓败,中国的知识分子力图重整思想的旗帜,建立批判的阵地;相较于过去时代的声调相对单纯的讨论,这个时代的思想空间容纳了更为丰富和多样的声音。中国社会在90年代面临诸多社会矛盾和深层次危机,这是为知识思想界所不争的普遍共识,这一情形在《读书》得到了鲜明的学术化反响。

1. 拓展学科、介入现实

思想史学者汪晖和社会学学者黄平将他们的学术视野以及身为知识分子对现实的关注带进《读书》。《读书》的问题意识和讨论更为直面社会和现实,并在这一时期完成了从类文学书评刊物向表达知识分子现实立场之平台的转变,《读书》成为思想文化界争论的阵地。

1996年第9期发表的《考古学与中国的历史图景》,标志着《读书》开始打破学科分类,以问题意识来组稿的特点。此是为拓宽关注视野,尽量为读者提供多元化的信息的举措。此阶段专栏文章的数量自1997年始被削减,旧的专栏作者逐渐退出,新的专栏数量不多,主要有冯象的"政法笔记"、顾孟潮的"读建筑"、王德威的"小说小说"、闻一的"回眸苏联"。1999年1月开栏的"田野札记"不是由专人负责,而由多位社会学和人类学学者共同撰写,他们有王铭铭、潘守永、丁力、郭于华等。栏目更新表现为小栏目的出现或改变,如1997年1月的"短长书",侧重某一角度的观察与思考,关注的是社会的大众热点问题。如《英语是如何"热"起来的》。1998年第5期,推出的"刊海远眺"。1997年6月,"书林浏览"开始担负以往"读书服务日"介绍新书的工作。总之,专栏的减少,与作者多元化、主题多元同行。

2. 专题讨论

1996年起始,笔谈或座谈从此成为《读书》主题性约稿的重要形式。继考古学打响第一炮之后,《读书》相继在人文、社会、国际、女性等领域开展讨论:"乡土中国的当代图景"(1996.10)、"科学与现代性"(1997.1)、"大众文化"(1997.2)、"来自伦理学界的声音"(1997.4)、"地理学的人文关怀"（1997.5）、"人类学者的文化视野"（1997.8）、"婚姻的社会讨论"（1999.1）、"女性主义与民族主义"（1999.2）、"日本专题"（1999.11）、"关于近代化的小辑"（2000.6）、"鱼龙混杂的转变时代专题"（2001.7）、"妇女学"，（2002.11）、"大学改革专辑"（2003.9）、"口头传统专辑"（2003.10）、"如何认识今日中国"（2004.3）、"改革的政治经济学讨论"（2005.1）、"大学人文教育专题"（2006.4）等。这些专题讨论涉及的领域不仅广泛而且引起的反应也是空前的，这种强烈的问题意识和话语风格影响了一大批知识分子。

沈昌文时代多元拓展主要表现为积极引进外国理论和思潮，汪晖和黄平时代则更强调学科研究领域和视野的开拓。汪晖和黄平两位主编认为需要"将有关乡村社会、城市改革和各种现实问题的思考引入《读书》这个传统上更偏重人文领域的思想空间"①。《读书》在介入现实性问题时，主要策略还是从思想的、知识的和理论的角度出发，而不是进行直接的公众讨论或政策性辩论，它致力于创造的是一个立足于反思与批评的建设性的思想氛围。汪晖和黄平的一系列思考，集中在梳理现代中国的思想体系是如何形成的，并试图在此基础上重新寻找理解中国的视野。他说："我们要找到一条适合中国的发展道路，这是我们这一代人的使命。"②

一份由读者为汪晖时期的《读书》所做的数据显示，从 1996 年 5 月～2006 年 12 月，《读书》共发表稿件 4059 篇，其中文章按照所涉及领域类别可以分为 31 类，包括思想文化、经济学、法律、考古、亚洲研究、环境、医学等等。和陈原和沈昌文时期相比，汪晖时代的《读书》涉及了更多的领域，这是这个阶段《读书》最重要的一个变化。③

3. 公共舆论空间的构建

改革开放之初的"读书无禁区"开创了中国当代知识分子思想解放的舆论风气。90 年代的思想论争使《读书》形成了一种独特的政治性空间，它能够从思想辩论转化为公共讨论，促进了社会转变。如果说知识分子的思想讨论对社会政策有影响，那么它也是以这个政治性空间的存在为前提的。汪晖

---

① 《代编辑手记》，《读书》2007 年第 5 期。
② 赵晋华：《〈读书〉人》，《中华读书报》2006 年 4 月 21 日。
③ 甘丹：《读书十年：一本杂志和一个知识界的沉重故事》，《南都周刊》2007 年 7 月 27 日。

曾说:"我们希望创造一个空间,这个空间不但能够面对中国政治体制的特殊性,而且也能够面对当代世界的变化。"① "为了构建这种有质量的讨论平台,《读书》为了照顾不同的立场、不同的讨论,有些文章质量不是很高,但还是发表了,因为它代表着一种立场。"② 这样的胆识和策略使《读书》聚拢了一批海内外具有不同学术背景的学者和专家,他们的讨论在社会上也引起了各方的争论。

首先《读书》目的是提供一个平等对话的平台,这是一个知识分子而不仅仅是专家间的讨论平台。对话平台的建立意味着界限的打破,不仅是学科的界限、派别的界限,还应该包括知识分子自身与传播载体的界限。现在的媒体集团大多是垄断性的,并受到政治与经济的双重控制。这使在大众传媒中,有一定深度的文化讨论、理论讨论变得越来越困难,这不仅涉及到《读书》对各个领域综合编辑的困难,更反映了在中国面向现代化的历史进程中,制度化、专业化和媒介化作为一个必然趋势,正在不断地改变和塑造着中国当代知识分子及其角色。

总之,汪晖黄平的理念更加倾向于问题化专业化。专题性笔谈、座谈的增加与同一时期作者专栏的减少一道反映出一个鲜明的情况:以作者为中心淡化了,作者多元了,而问题成了中心,并且关注的视野也多元化了。

四 新世纪:多元话语间重建平衡

20世纪90年代以来,伴随着中国经济的转型,政治上的进一步松动,意识形态领域和思想文化领域也发生了转变。商业化的大众媒体(电视、报纸和网络)迅速扩张,消费型大众文化兴起。在形形色色的理论视野中,对中国当下文化、国民心态的描述和阐释与其对象一样,多元共生、良莠并存,无不带上消费主义、大众文化、后殖民主义、后现代主义、晚期资本主义文化逻辑等等的文化色彩与特征。1992年市场经济体制的确立,不仅仅在经济上的转变,所谓"物质决定意识",在这一经济体制的确立下也影响到人们的

---

① 文韬:《对话汪晖:创造独立思考的批判空间——〈读书〉杂志与中国思想十年》,乌有之乡网 http://www.wyzxsx.com/Article/Class17/200707/20928.html。

② 甘丹:《汪晖:当代社会更密切的对话》,《南都周刊》2007年月8日。

思维领域，表现在思想文化上即一元价值的消解，多元价值由此逐渐浮出水面，并占领主导地位。

针对20世纪90年代之后发生的变化，在文学领域，许纪霖认为："90年代与80年代在知识方式上的区别是，80年代虽然有各种各样的争论和意识形态的分歧，但这些分歧背后的知识背景、思想预设和价值倾向基本是一致的，他们背后还存在共同的思想平台，那就是所谓的启蒙话语；但是到了90年代以后，这个同一性已经不存在了，统一的思想平台完全解体，不再有为所有人一致认可的元话语，我们看到的是各种各样越来越不可通约的共同体话语，其中有'国学的''启蒙的''后现代的'，或者'保守主义的''自由主义的''新左翼'的等，遑论其中还有各种各样更小的共同体以及更小的不同的知识传统。我们可以看到，整个中国到了20世纪末的确出现了这样一个情况，就是在知识的话语上，一个统一的中国思想界和知识界已经荡然无存了。"①

90年代知识界的景观复杂化，蕴含着知识分子在探讨社会问题时立足点的转变。张维迎等自由主义者坚持认为，他们乐于见到现有公共部门职能的消除，政府萎缩成主要功能只是保护私有财产的机构，但自由主义在90年代中期已不得不面对许多反对的观点。社会调查显示，自由主义是中国最不受欢迎的一群。由于国有企业的解体而引起数百万工人下岗的问题，乡镇企业无计划的扩张造成的农民耕地流失问题，东西部地区发展不均带来的贫富差距问题等等，自由主义的市场万能观点受到新左派的挑战。为此，崔之元在《制度创新与第二次思想解放》②一书中，提出了思想再解放的必要性。他认为，中国的知识分子在摆脱了左的马克思主义对思想的长期束缚以后更要警惕对西方资本主义的盲目崇拜。作为知识分子，有责任为中国的改革与发展谋求一条适合国情的独立之路。

许纪霖曾经对此有过一段生动的描述："近10年来，大陆知识分子前后发生了两次自我的反思。第一次是80年代中期，刚刚从社会的边缘重返中心的知识分子们在一场'文化热'中企图通过对传统文化的批判，与过去的形象决裂，重新担当起匡时济世、救国救民的使命。第二次是90年代初，中国开始了急速的社会世俗化过程，知识分子好不容易刚刚确立的生存重心和理

---

① 许纪霖：《关于知识分子的系列思考》，载《东方文化周刊》1999年第6期。
② 崔之元：《制度创新与第二次思想解放》，香港牛津大学出版社，1997年。

想信念被世俗无情地颠覆、嘲弄。他们所赖以自我确认的那些神圣使命、悲壮意识、终极理想顷刻之间失去了意义，令知识分子自己惶惑起来，不知道该何去何从。有意思的是，80 年代的知识分子是从强调精英意识开始觉悟的，而到了 90 年代，又恰恰是从追问知识分子精英意识的虚妄性重新自我定位。"①

价值转换的时代，体现在两种形式的表达：一是对知识分子即其在"现代性"话语中所占据的中心位置的深入的批判性的质疑。如王朔所指出的：知识分子"控制着全部社会价值系统，以他们的价值观为标准"。而目前则"连文化上的优越感也荡然无存了，真有一点一无所有的感觉"②。这种批判性的表述使得知识分子的神圣性已面临危机。"与 80 年代相比，知识分子的心态和姿态再也没有什么优越性可言，这就是历史发展渐进与断裂造成的不同的精神状态和话语方式。进入 90 年代之后，知识分子的自我期待已经降到了百年来的最低点，历史断裂造成的精神裂变使这一群体已经猝不及防。"③知识分子自五四以来的独特的文化位置业已失落。二是为实用精神寻找合法性的前提和基础，提供一种来自文化自身运作逻辑的阐释。如李银河发表的《必要的冷淡》和《对个人幸福的追求》两篇文章。李银河指出："到了我们彻底抛弃这些过去热衷意识形态和乌托邦的激情的时候了。我们也不需要任何新的意识形态和乌托邦，只需一步一步走向我们的目标，争取人民的幸福生活。"④ 她进而提出："如果在一个社会中，我的生活目标是使你幸福，你的生活目标是使我幸福（其结果如果是两个人都幸福），如此这般，则与每个人各自追求自己的幸福（其结果也是两个人都幸福）没有区别。既然如此何必去颠倒呢？"⑤ 这样的表述无疑公开提出了一种实用性的新价值和新伦理。

世纪之交的学术界，兴起过一股盲目"西化"、急于"先锋"的学术潮流。一部分奉西学为"圭臬"的学者，一度兴起简单地"向后现代转向"的学术旨趣，表现为远离现实苦难、脱离民间生活。置民愚国穷的基本国情于不顾，在一个根本没有完成"建构"的国家高谈"解构"，面对一个远未

---

① 许纪霖等：《道统、学统与政统》，《读书》1994 年第 5 期。
② 《王朔自白》《文艺争鸣》1993 年第 1 期。
③ 孟繁华：《众神狂欢——当代中国的文化冲突问题》，中央编译出版社，2003 年，第 12 页。
④ 李银河：《必要的冷淡》，《读书》1992 年第 9 期。
⑤ 李银河：《对个人幸福的追求》，《读书》1993 年第 4 期。

"现代"的民族鼓吹"后现代"问题,醉心于"文化精英"和"大众导师"的角色,甚至在 90 年代后期的《读书》也沾带了类似的文风和倾向。

90 年代此起彼伏的思想热点与学术事件,从激进与保守之争到新左派与自由主义的对峙,从"人文精神大讨论"到"王小波热""陈寅恪热",从学术规范的争议到"长江读书奖"事件,从"后学"潮流的泛滥到国学热的兴起及世纪末传统文化的"复兴",这些事件与现象既呈现了文化思想领域多元与丰富的面貌,也充满了思想的复杂、困惑与重重矛盾。"巨大的文化精神跨度使得人们享有了'转型期'的个体身份重新书写和心灵失重的晕眩感。在这相当复杂的历史、经济、政治、文化的'总体转型'时,社会文化呈现出一个复杂的诸多话语形态摸索潜行的文化特征。"[①]

1. 长江读书奖

"长江《读书》奖"由北京三联书店《读书》杂志与香港长江集团李嘉诚基金会创办,设 3 个著作奖,每部 30 万元人民币;3 个文章奖,每篇 3 万元人民币,奖金总计为 99 万人民币。评委会首届特邀名誉主席为费孝通,负责评选的是学术委员会,召集人为《读书》执行主编汪晖、黄平,以及学者汪丁丁,还有常设执行机构工作室,由《读书》杂志和港方基金会选派人员组成。评奖工作早在 1999 年 10 月启动。主办者声言借鉴诺贝尔奖的评选程序进行民主选评,但最终的结果却引起争议,主要集中在这三件作品的得奖人:费孝通的《费孝通文集》、汪晖的《汪晖自选集》和钱理群的《想起七十六年前的纪念》。因为费孝通是特邀名誉主席,汪晖是学术委员会召集人,钱理群是评审委员会成员。同时,获得文章奖的范围只限于已在《读书》上发表的,显示倾向性太强。另外获得学术著作奖的作品题材比较相近,如《七世纪前中国的知识、思想与信仰世界》《明清之际士大夫研究》《士大夫政治演生史稿》,都是思想史范畴的著作,后两种更是出自同一家出版社的同一套丛书之列的。

尤其集中在执行主编汪晖以《汪晖自选集》一书获得首届长江《读书》奖之著作奖,他因身兼学术委员会召集人和《读书》执行主编的双重身份,受到众人质疑。一时间,各种争论在很多媒体及网站上漫天飞,更有人将其称为"学术腐败"。以学者身份介入讨论规模最大的是中华读书网举办的"百位中国学者谈长江读书奖风波"大讨论,甚至连《读书》的老作者也参与了

---

① 王岳川:《中国镜像》,中央编译出版社,2001 年,第 26 页。

讨论。葛剑雄认为:"我最大的遗憾,是这次评奖违背了一条基本规则——主办者不得包括在评选范围之内。"① 徐友渔则说:"评奖主办单位工作人员不得获奖,评奖委员(甚至工作人员)不得获奖,这是连商家都遵守的规则,而我们的硕学鸿儒居然可以对此置若罔闻。"② 从媒体上所发出的声音表明:这个由《读书》杂志承办的当时宣称"最权威、最公正、最有影响力的学术著作奖项"的评选活动的失败。

这场争论虽然所涉及的内容极其广泛,既有学理上的,也有实践中的;既有历史的,也有现状的;有关于中国 20 年改革开放的看法,对当今中国社会状况的判断,对今后中国道路的走向,对导致改革开放中出现的社会问题的探索,各方都有重大分歧。而无论是哪一阵营,如新左派,还是自由主义,它们自己本身也存在着内部的观点分歧。

最后演化成 100 位学者之间的争论,这 100 位学者之间的争论更多地涉及学术腐败、学术的公正性等问题,却少有涉及具体的学术观点。与其说它是一场与《读书》有关的争论,不如说它是由《读书》引发,但实际上超越了《读书》本身的风波。龙卫球说:"《读书》评奖事件给我们带来那么多震荡,可以说是学术权力一次运作的结果。我们之所以迅速反应,是因为我们关于学术权力的意识觉醒了,我们要抵抗。我们批评的范围,不能只着眼在评奖程序上,而应该是评奖本身。当《读书》启动它的权力策略时,只要评奖本身构成权力策略时,一切公平问题都无从谈起,一切评奖程序都不过是权力的应用程序。"③

因"读书奖"引发的这次大面积的风波,与其说是学术界的思想、学理之争,不如说是言行分裂引起的知识分子自身如何在社会实践的层面践行自己所宣称的思想与主义的问题。这个评奖是个试金石,把整个《读书》的操办者以及"读书奖"评审所涉及的为数不少的一流的或公众的知识分子放在了现实的名利场中,焦点透视他们怎么作为。显然,这是一次拙劣的展示。因此,"读书奖"风波其实展示了《读书》以及人文知识分子在现实生存中的处境与渴望。

---

① 葛剑雄:《我的遗憾 我的希望》,中华读书网编:《学术权力与民主——'长江〈读书〉奖'论争备忘》,鹭江出版社,2000 年,第 1-4 页。
② 徐友渔:《学术评奖的规则与学术批评的态度》,中华读书网 2000 年 6 月 30 日。
③ 徐友渔:《不解的精神追求》,天津人民出版社,2002 年,第 66 页。

2.《读书》换帅

2007年6月21日,北京《新京报》一篇《〈读书〉杂志酝酿换帅》的消息将《读书》杂志的两位主编汪晖、黄平推上了舆论的风口浪尖。作为20世纪80年代思想文化的刊物、几代读书人精神寄托的代表性杂志,《读书》多年来汇聚了多名鸿儒和思想新锐,以深刻的思想评论和文化批判在中国知识界和思想界声望显著,但90年代后期以来的《读书》逐渐失去了渗透文人趣味的个性化杂志的特色,因晦涩难懂的"文风"而为世人所诟病。

2007年7月11日,《中华读书报》刊出对三联书店负责人的访谈,证实汪晖、黄平不再担任《读书》杂志执行主编;由三联书店副总经理、副总编辑潘振平任《读书》杂志主编,《读书》杂志资深编辑吴彬任执行主编。官方给出"换帅"的理由,是"《读书》是新闻出版集团主管、三联书店主办的一份重要期刊,应当符合新闻出版总署关于期刊主编须由主办单位现职人员担任的规定,避免刊物编辑工作与其他工作特别是经营工作脱节"。富有意味的细节是:三联书店负责人提到"最近,我们就此与汪晖、黄平先生多次进行了协商",却没有惯常的"达成一致共识"的下文。①

与此同时,各大报刊开始跟进这一事件,《新京报》《南方人物周刊》《南方周末》《南都学刊》《外滩画报》等均制作了专题或专版,有的还连续追踪各方面的反响。"天涯论坛"的"《读书》问题"大论战则从另一个角度诠释了这一事件对中国知识界的震荡。有人甚至断言:"这次《读书》换帅的筹划和实现,是政治斗争的实力运作使然。"而"新自由主义"阵营对这一事件的欢呼,更让有些人认定这是一次政府宣传部门与部分知识分子的合谋,目的是区别对待不同派别的思想阵地。有的人则把这件事视为自由主义抢夺话语阵地,钱理群则认为这是将舆论空间体制化、官僚化的一次收编。

媒体在《读书》杂志换帅风波的报道中基本上维护了主流意识形态的声音和态度,外界的种种猜测最后以三联负责人的解释为最后盖棺论定,各方面的显现和讳莫如深的评说反映出当代知识分子内部的矛盾和嫌隙,也验证了意识形态对公共领域的粗暴干预。

---

① 杨早:《〈读书〉换帅是个"阴谋"吗?》,http://culture.people.com.cn/GB/70806/108892/108896/6561032.html。

小 结

无论是哪种论争,都是发生在同一种刊物上的,它是文化权力机构(杂志社)的组织之下展开的,因而某种程度上折射了中国文化权力机构在特定历史时期所持有的特定的问题观,也体现了学者们的问题观。

第四章　接源"旧学"，采纳"新知"
——对中国文化的建设

在提倡海外新知的同时，《读书》更注重的是学术文化工作者去做"旧学"新知的工作。编辑们多次强调"我们不摒弃传统学术，也不认为全部'西学'即为新知，更不主张'全盘西化'，然而旧学应当贯以新知，新知应当用于旧学，这是明显的"。① "《读书》的任务只在介绍、引导、汲取，它的主要工作不是在学术上进行创建和建树。如果还可另立一个名词来表达《读书》的性质，也许可以勉强称它为桥梁文化，即人们也许能通过它而到达'精英文化'之彼岸，但它本身并不是彼岸。"② 这表明《读书》不是以倡导精英文化为旨趣，而是致力于搭建一座通往"精英文化"的桥梁，但这个桥梁并非独木桥。《读书》包纳了广泛的思想文化、历史地域、现实生活的种种方面，因此，我们或许可以说，就包含的书写内容而言，国内杂志涉及面之广能与《读书》相比的又微乎其微，因此，《读书》杂志涉及的内容可谓包罗万象，琳琅满目，我们实难穷其形尽其象。

一　对中国学术思想的讨论

"文革"十年，学术思想遭到空前禁锢。1978年后，随着噩梦时代的结束，学术思想复苏，也带来了知识分子独立学术意识的苏醒，激发了解放思想的潮流，越来越多的学者大胆冲破"左"倾思想禁区，逐步把自己的研究

---

① 《旧学新知》，《读书》1986年第5期。
② 《编后絮语》，《读书》1987年第4期。

重心由"历史"转到现实,由传统的文史哲转向经济学、法学、社会学等与现实联系比较紧密的学科,由偏重于研究"过去"开始关注"现实",着力于研究和解决社会主义现代化建设中出现的新问题、新情况。

1. 对文艺理论的关注

从"文革"政治梦魇中挣扎出来的知识分子,在80年代再度获得失去的学术和知识权利,打破僵化的生存环境和文化专制主义的启蒙心境。从70年代末期开始的人道主义思潮成为了中国当代思想解放的标尺,直接测量着80年代思想解放的深度。于是恢复人的尊严、重建人的主体性、对个体存在的意义的追求构成了80年代的知识话语,演化为知识分子对历史和自我的反思批判,对民族现代性道路的重新探索的基本思路。80年代思想解放运动对于不同思想体系的臧否,它"刷新"了作家和批评家的价值立场,和"文革"明显不同的是,既往的"阶级"立场逐渐被扬弃,"文学是人学"以及与其密切相连的关于"人性""人道主义"等等问题,成为这一时期文学批评领域炙手可热的探讨话题。

新时期对于学术的关注首先开始于文学理论。从"歌德""缺德"之争到"寻根"的刍议再到有关文学主体性的论争,《读书》在中国文艺理论界也是一个不可忽略的领军人物。呈现特定社会群体(知识分子、知青和受批判的官员)在"文革"中所遭受的摧残,批判那种人的生存权利被漠视、个人尊严遭践踏的社会状况,成为文学的普遍主题,自然也是这一时期《读书》杂志最为显赫的标志性话题。它可以作为《读书》杂志一个时期的象征与思想"地标"。

1986年中国学界出现了"本体论"热,从方法论层面推进到本体论构架,关注存在、价值、对话、心灵交流等一系列哲学、美学、文学问题。一方面理性使一切事实都成为值得怀疑的问题,甚至连理性本身也遭到了怀疑,另一方面,感性存在的意义危机问题进入了人们的视野。

1985年底至1986年,围绕当时社科院文学研究所所长刘再复在一系列文章和论著中①提出的一个长期被忽视的重要课题——"文学主体性"问题,文艺理论界为此爆发了一次颇为激烈的论战。论域分为捍卫马克思主义文艺

---

① 刘再复:《文学的主体性》,《文学评论》1985年第6期、1986年第1期;《文学研究应以人为思维中心》,《文汇报》1985年7月8日。

理论的"老左派"和支持"文学的主体性"理论两派。

刘再复曾在《读书》上撰文扼要地指出80年代初文学研究方法的四种发展趋势：一、"由外到内"，从文学外部规律研究转移到文学内部规律的研究；二、"从一到多"，从政治或哲学的单一角度的研究移向美学、心理学、人类学等多角度的研究；三、由微观分析到宏观综合研究；四、由封闭体系到开放体系。① 这一预设无疑开启了一个新的时代。

1986年，上海译文出版社出版刘再复的《性格组合论》，在该书出版之前刘再复在《读书》上发表文章："我们身外是这么一个神秘的浩茫无际的宇宙，而我们身内不也有一个难以认识穷尽的、充满着血的蒸气的第二宇宙吗？"他强调："文学创作不应当把好人写得完全好，把坏人写得完全坏。人，具有灵性与创造性的人，并不这么简单。"② 刘再复提出"人物性格的二重组合原理""主体性理论"，他的思维动机也是出于对原有文艺理论的缺陷和不足而进行言说的。刘再复的文章在全国引起了很大反响。

为此，文艺理论家陈涌发表《文艺学方法论问题》③ 一文，评价了刘再复的文学研究工作。他认为刘再复所关注的"不是枝节问题，也不只是个别理论问题，而是直接关系到如何对待马克思主义的基本原理的问题，是关系到社会主义文艺的命运的问题"。他质疑刘再复"把文学艺术的特殊性规律和它所具有的社会意识形态属性割裂开来，孤立地进行研究"，"在理论上是不成立的，在实践上也会带来有害的后果"。

王逸舟发文《马克思主义是指南还是公式？》又对陈涌的文章提出批评，就刘再复关于人的"主体性"这一问题的提出发表评论，指出这一问题的提出是为了"搞活"人的观念，强化人的自主性、进取感和创造精神。"人不能满足于充当客观条件制约下的一个'螺丝钉'，人可以在历史提供的各种可能性中作出自己的选择，成为历史的主人。"④

林兴宅在《我们时代的文艺理论——评刘再复近著兼与陈涌商榷》把刘再复的性格组合论和文学主体论联系起来考察，发现，"刘再复的整个理论构架回荡着一声高昂的呼唤：重视对人自身的思考和研究。刘再复所阐述的文

---

① 刘再复：《文学研究思维空间的拓展》，《读书》1985年第2期、第3期。
② 刘再复：《艰难的课题：写在〈性格组合论〉出版之前》，《读书》1986年第6期。
③ 陈涌：《文艺学方法论问题》，《红旗》，1986年第8期。
④ 王逸舟：《马克思主义是指南还是公式？——评陈涌同志的〈文艺学方法论问题〉》，《读书》1986年第9期。

学中的人学原则的核心是强调人的个性价值和非自觉意识的创造功能，也就是强调人的个体活动和精神世界（包括非自觉意识）在文学活动的各个环节中的价值和功能"①。主体性问题的核心是个性的价值和非自觉意识的创造功能。过去时代的道德实际上是跛脚的道德，是一种以牺牲个人为前提的道德。在道德的领域内，人的主体性便在社会理性规范下失落了。文学的主体性的失落与文学的道德化是紧密相连的。林文指出正是"这种历史的迷雾遮盖了人们洞察文学的内在本质的视线，使人们看不到文学活动中个性的价值，只看到社会群体的利益、需要、愿望的制约作用"。

到了1989年，赵小鸣和王斌在《"三体"论的盲点及其限度——刘再复学术思想探讨》②中则对刘再复的观点重新考察评介："主体性原则的提出往往只是从历史表面的单一的现象中所得出的一种合乎逻辑的推论，即从人的自由权利受到践踏、个性被压抑和扭曲的现象中推导出主体性原则的必要性，并对这种现实本身提出控诉。但是当它面对更为复杂的现实状况时便可能失去这种批判的效力。至少它不能同样有效地批判那种以大多数人的自由为口实的而对本应同样有权利享有自由的少数人施以专政的所谓'群众运动'。"指出"主体论"的局限。此次关于主体论的论战改变了80年代前期的话语格局，显示出马克思主义作为一种理论/话语的疆界被跨越，并不如人们想象的那么艰难。③进入90年代以后，本体论问题虽然不再具有思想解放的功能，但是却有不可忽略的学术史价值建立功效。

80年代对文学研究和批评影响最大的概念莫过于"20世纪中国文学"④这一概念的提出，可以说这一概念在某种程度上成为影响至今未衰退的一种研究范式。从1985年第10期到1986年第3期，连续六期的"20世纪中国文学三人谈"（黄子平、陈平原、钱理群），"20世纪中国文学"概念的提出，标志着"重写文学史"这一新话语的出现。三位作者是以甘阳为代表的学术"新生代"

---

① 林兴宅：《我们时代的文艺理论——评刘再复近著兼与陈涌商榷》，《读书》1987年第1期。
② 赵小鸣、王斌：《"主体"论的盲点及其限度》，《读书》1989年第6期。
③ 贺桂梅：《"新启蒙"知识档案——80年代文化研究》，北京大学出版社，2010年，第106页。
④ 这一概念由黄子平、陈平原、钱理群在1985年提出。"所谓'20世纪中国文学'，就是由上世纪末本世纪初开始的、至今仍在继续的一个文学进程，一个由古代中国文学向现代中国文学转变、过渡并最终完成的进程，一个中国文学走向并汇入'世界文学'总体格局的进程，一个在东、西方文化大撞击大交流中从文学方面（与政治、道德等其他方面一起）形成现代民族意识（包括审美意识）的进程，一个通过语言艺术来折射并表现古老的民族及大时代中新生并崛起的进程。"他们在《读书》杂志连续发表六篇相关学术对话。后来都收入《20世纪中国文学三人谈》，人民文学出版社，1988年。

群体——"文化：中国与世界"编委会的重要成员，而其论述也正是"文化热"的主要部分。"很多人对《读书》上的'三人谈'的印象，远远超出了作为主体的《论'20世纪中国文学'》——那是我们的主打产品。"同时由于采取了不同的学术思路"对话"和漫谈而非"正儿八经写论文"的形式，"很能代表80年代的风气"，这种"侃大山式的学问"使得《读书》上的"三人谈"甚至可以被视为"80年代学术的一个象征"。① 有的读者认可这种方式："我们渴望见到更多的未加过分整理的'学术对话录'的问世，使一些述而不作者的研究成果社会化，使一些'创造性的碎片'得以脱颖而出，并养成一种在对话中善于完善、修正、更新自己的理论构想的风气。"那种真诚的思考方式以及那种直白、清爽的表达方式，也成为一代人心中永远的记忆。

2. 对中西比较文化的可贵探索

《读书》杂志从创刊时起，就致力于从当代学术文化领域中抽绎出较具普遍意义的思想文化内容，将它们呈现给读者，其目的，则是致力于形成一个以相互批评、相互交流、共同探讨为特色的知识分子文化，为培育、充实和发展当代中国的文化软实力，奉献自身的一分心力。

拥有深厚中西学养的金克木先生，在自己的暮年时大放光彩，他在《读书》上发表了100多篇文章。幽默与诙谐已然成了他对待生活、审视生活不可或缺的态度。金克木在表现自己的思想时，时常闪现出唯有大智者才有的智慧。金克木先生在"会通"东西文化思想时，既不崇洋媚外，也不妄自菲薄，他既尊重西洋文化的成就，也肯定中国文化的辉煌，既不妄自尊大，也不故步自封，时刻表现出对五千年华夏文化的自豪感以及对中国当下文化出路的冷静思考。

冯友兰先生把对历史的反思视为比较文化研究的前提，认为只有通过历史的探索来把握中国文化的传统，才能谈得上进行比较研究，这种研究方法对于我们今天进行比较文化的研究仍然是具有借鉴作用的。

就对学术和治学问题的讨论，还着重表现在一系列对钱钟书先生的研究文章上，其中有影响的有柯灵的《促膝闲话中书君》、郑朝宗的《但开风气不为师》、钟元凯的《借得丹青写精神——〈谈艺录〉方法谈》等等。那时对钱钟书的研究属于开发性阶段。

---

① 查建英：《八十年代：访谈录》，生活·读书·新知三联书店，2006年，第126–132页。

杨念群的《"常识性批判"与中国学术的困境》①质疑了中国学术界延续多年的"以道问学"（重识字）的批评方法的合理性，批判了中国学术界以识字功夫为挡箭牌长期拒斥或悬置西方研究成果，表达了此法有可能遮蔽乃至封杀极富创见之研究的申辩和伸张观点的权利的忧虑。辜振坤的《外来术语翻译和中国学术问题》②指出翻译作品与中国的学术研究的密切关系，但是存在术语"有的译得比较准确，有的却似是而非，有的则根本就是错的"的现象，"为了学术研究本身的精密性和准确性，我们的首要的工作就是对所有的学术术语（尤其是经过翻译而来的术语）进行甄别、校正，否则，根本就谈不到在学术和理论建设上有什么贡献"。

《读书》对围绕当代思想文化问题的不同观点，都给予持续的关注，尽量予以充分展现，不仅让读者通过观察这些思潮的起伏盛衰，理解相关问题的复杂性，也展现了不同思潮不同流派的相伴共生。在今日世界，思想文化已经被提升到一个国家民族软实力的高度来认识。

二 对中国传统文化及知识分子命运的反省

文化，英文是"culture"，来自拉丁语 colore。colore，本义是耕耘、培育、培植、栽培；引申为陶冶、教化、（身心的）锻炼与发展。因为文化修养和种庄稼一样，必须经过辛勤的耕耘，才能获得丰硕的果实。丹尼尔·贝尔在《资本主义文化矛盾》中，将文化的含义置放于人类学涵盖一切生活方式的宽泛定义和贵族传统对精妙形式和高雅艺术的狭窄限定之间。在他看来，所谓文化，就是"象征形式的领域"。在此基础上，他对现代文化如此描述：

> 现代文化的特性就是极其自由地搜检世界文化仓库，贪婪地吞食任何一种被抓到手的艺术形式。这种日日买自它的轴心原则，就是要不断地表现并再造"自我"，以达到自我实现和自我满足。在这种追求中，它否认经验本身有任何边界。它尽力扩张，寻觅各种经

---

① 杨念群：《"常识性批判"与中国学术的困境》，《读书》1999 年第 2 期。
② 辜振坤：《外来术语翻译和中国学术问题》，《读书》1999 年第 8 期。

验，不受限制，遍地挖掘。①

由此我们看出，丹尼尔·贝尔视野中的现代化，其驱动力是人的自我实现和自我满足冲动，并广泛地、自由地汲取任何有利于表现和再造自我的形式。

1. 传统文化

《读书》1980年第11期刊出了名为《与传统的封建文化告别》的文章，文中宣称："负着传统文化的沉重枷锁，中华民族将永无振兴之时。"这是"文化"讨论在该杂志中的首次显影。但就在这篇气势宏大的反传统宣言的侧畔，一篇颇不显眼的美学书评传达出了某种相反的意旨：中国人研究美学，不但要总结外国人的经验，当然更主要的还要总结自己民族的经验。这应当从哪里入手？应该从整理我们民族的美学的思想遗产入手，切不可忘了自己的老祖宗。而更有代表性的是1981年第8期上包遵信为李泽厚《美的历程》而写的《迈向自由王国的足印》，包遵信是80年代所谓"全盘西化"论的主将，他在1984~1986年间的《读书》上接连发表了10多篇以"告别传统"为主旨的"文化史比较研究"，其特色是以同时期的西方文化为参照，将通常被认为具有近代解放意义的明清思想家和文艺作品一一否定。

1986年1月开始《读书》陆续发表关于传统文化研究的笔谈（陈平原、靳大成、王友琴）。"近年来，创作界和评论界都十分关注文化问题，注重从宏观的文化角度去追寻历史、审视现实。为此，我刊编辑部以'当代文学中的文化意识'为题召开了座谈会，并准备陆续发表一些文章，以引起进一步的探讨和思考。"

第一篇文章为陈平原所写《文化·寻根·语码》："寻根文学则努力挖掘形成地域文化的历史原因和风土人情积淀着的社会心理。""应该提醒作家注意的，首先是坚持寻根过程中的批判意识。……作家的文化意识不应停留在风土人情、文物古迹这一浅层次。作家跟文化学家不同之处就在于他注重的不是一般的文化问题，而是积淀在社会心理中的文化历史内涵。社会心理才是作家关注的中心，文化只是作家切入这一中心的特殊视角。"②

---

① （美）丹尼尔·贝尔：《资本主义文化矛盾》，赵一凡译，生活·读书·新知三联书店，2003年，第58页。

② 陈平原：《文化·寻根·语码》，《读书》1986年第1期。

"寻根"是在对西方现代派甚至中国现代化进程的某种疑虑或批判的意识下发生的。它尝试通过对民族文化资源的重构,来重新确立中国文化的主体位置,并形成了某种或可称为文化民族主义的新的表述形态。与现代化诉求中"反封建"或"反传统"的姿态不同,这种文化民族主义表现出了某种试图跨越由"五四"或"文革"所造就的本土文化传统"断裂带"的姿态,进而期望由此形成新的文化主体认同。

甘阳作为卡西尔《人论》的译者,在《读书》上发表《从"理性批判"到"文化批判"》①,是《人论》这本书的序言。此文明确地点明卡西尔思想的旨趣,为中国学界文化反思的热情推波助澜。当时人们普遍从学术中汲取热情,又用热情去把握学术。学术的支持成为热情的依据,就像人们在诗的感召下热血沸腾一样。甘阳断言"中国传统文化恰恰是一种没有逻辑、没有语法的文化",他为人们提供一种理论,让人们能深刻地把心中对传统文化的怨恨说出来,在当时是相当有影响的。他在《传统、时间性与未来》②反复说明的一个问题是:"中"与"西"的问题其实就是"古"与"今"的问题,任何一个民族的文化在进入现代的时候,都会产生一个转换的问题,也就是说西方的现代化也并非古已有之,而是同样经历了一个漫长的现代性转换的过程,而我们在讨论中西文化比较时,"中国文化与西方文化之间的地域文化差异常常被无限突出,从而掩盖了中国文化本身必须从传统文化形态走向现代化形态这一更为实质、更为根本的古今文化差异问题"。文化讨论的根本问题并不在于中西文化差异有多大,而是在于中国文化必须挣脱旧的形态而走向"现代化形态"。所以他得出"继承传统的最强劲的手段就是反传统"的论断。

陈来《孔子与当代中国》一文算得上是心平气和谈孔子、儒学的现代意义(及未来)的较好的文章,文章指出:"儒家思想既不能归结为历史的过去式遗存,它的超越历史的意义也不仅限于文化心理结构的存在,它还有文化传统和文化资源的意义。"而作者将80年代以来的中国政治、文化定位为"再中国化",认为"自觉地汲取中国文化的主流价值资源,正面宣示对中国文明的承继,更充分的中国化,以应对内外现实的复杂挑战"。③王元化"赞同以羼入海外新理论(只要是推动理论前进的)的新观点来诠释古人著述,

---

① 甘阳:《从"理性批判"到"文化批判"》,《读书》1987年第7期。
② 甘阳:《传统、时间性与未来》,《读书》1986年第2期。
③ 陈来:《孔子与当代中国》,《读书》2007年第11期。

但不可流入比附，强古人以从己意。我虽然曾被目为所谓'反传统'者，但在上述风气下，深为传统将绝惧"。①

《读书》1986年第7期发表了崔之元的《追求传统的创造性转化》，该文是对哈耶克弟子林毓生的《传统的创造性转化》命题的推介：所谓创造性的转化，是把一些中国文化传统中的符号和价值系统加以改造，使经过创造地转化的符号与价值系统，变成有利于变迁的种子，同时在变迁过程中，继续保持文化的认同。尽管作者强调传统的创造性转化与儒家文化第三期发展的主张并不相同，但现代化过程中的文化认同问题显然是林氏与新儒家的共同关注，海外新儒学的代表人物杜维明在《读书》1985年第6期发表的访谈中指出，理解中国的传统文化，特别是儒学，可以有两个层面，第一个层面即所谓封建意识形态，另外还有一个层面，就是中华民族的文化认同，即代表着中华民族优良传统的文化精神。值得玩味的是，1986年第3期上李遥评述本土思想领袖李泽厚的文章也使用了相似的两个方面的修辞：一方面，我们面对着正在进行新的科学技术革命的世界历史进程；另一方面，作为具有独特文化—心理结构、拥有丰富文化成果的民族，我们又要在历史行程中展望历史的未来指向，我们不仅必然而且应当保持着中国人之为中国人的心理平衡。

引起如此大的争论的原因在于学界和文化界已经深切体味到了现实的危机。是学人们力图拯救社会、树立知识分子的价值规范的明证。它在两个方面陷入了难解的困境之中。首先，这种"人文精神"的追寻一方面强烈地批判和否定五四以来知识分子对"知识"把握的巨大局限，另一方面却又以"人文精神"作为保证获得一套"真理"，一套自由的、不受拘束的获得知识的天然条件。其次，从当下中国的具体语境来看，"人文精神"也成为一种对文化"普遍性"的祈求，也是对西方中心主义的臣属以认同的结果，它急于强调"人文精神的失落是今天人类面临的共同问题，那么通过对话达成一定的共识并非不可能的"。

王小波在《国学与智慧》②中说："洋鬼子在物质堆里受苦，我们享受天人合一的大快乐，正如在天堂里的人闲着没事拿人间的朋友磕磕牙，我们也有了机会表示自己的善良了。说实在的，等人来这点事还是洋鬼子给我们找

---

① 王元化：《致邵东方君书读》，《读书》1992年第7期。
② 王小波：《国学与智慧》，《读书》1995年第11期。

的。"这引起了盛洪先生的反驳。他的《为什么要容忍异教徒》①是以维护文化尊严,维护文化生存权利的姿态进入论争的,他给我们展示的,是一种摆脱了近代史情结的、相对平静的文化共时结构:一种无胜无败、无强无弱、共存互补的当代文化生态景观。而王小波先生的文章中,则仍然带着一个多世纪以来中国文化人很沉重的近代史情结——以中国(乃至东方)近代"历史失败"为背景的文化自审情结。在这样立场分明、尖锐对立的论争中,我们看到了"互补"。他说:"现代社会的前景是每个人都要成为知识分子,限制他获得知识就是限制他的成长。"

王振忠"日出而作"文化随笔至今已发表多年,篇篇关涉徽州,或云风俗人情之变异,或究胡适先生的学术根脉等。有趣时,会讲几则《笑林广记》里的荤笑话,《徽骆驼》之始即翻出"扒灰"的历史渊源,用正经文本如此考证着"谐谑文化"。作者对徽州文化的解读,不满足在各色文物文献上"纸上谈兵",曾数度亲涉黄山白岳之间,走向历史现场,采访耆老踏勘史迹,置身于历史人物活动和历史事件发生的人文场景之中,加深和改变了对历史记载的理解。他栖身高高马头墙下感受当年贞妇的寂寞,倾听着当年胡适同乡人的土语,吃着千百年来当地人吃惯的徽菜……但身倚徽州人顺流千年的日常,受着"亲历亲闻"和"古徽人手泽"的双向浸润,终于脱化出了卷卷溢香的《日出而作》。

30多年来,《读书》,作为中国学人的公共领域,它重视独立思考、兼容并蓄。它倡导:读书是一种生活方式,并非象牙塔里的事。它通过书,体现生活,表达思想。在用文字和思想营造的这个开放空间里,呈现中国社会、学术……各领域的成就、现实、特色,体现中国知识分子的探索和时代的云影。

> 今天,儒学披上传统文化和传统美德这两件绚烂的外衣,迷惑着人们的思想和公众的舆论。在一些文学作品和电视片、影片中,宣扬三从四德、忍辱负重或忠孝节义,是司空见惯的事情。这些都是封建思想、封建道德,却受到了社会的普遍接受,还给它加上一系列善良、正义等等美称。现在看来,如何从思想上、行动上摆脱儒学的束缚,还需要走一段漫长而艰巨的路途。但愿不要永远走下去。②

---

① 盛洪:《为什么要容忍异教徒》,《读书》1996年第7期。
② 钱伯城:《儒学古今谈》,《读书》1992年第6期。

洪子诚所分析的："80年代东西方文化'碰撞'，使文化比较和不同文化的价值观的评价重新凸现。一些作家不仅体验到'文革'等现实的社会政治问题的压力，而且猝不及防地遭遇到'现代化'进程和中西'文化冲突'所产生的令人困惑的难题，感受到更为广泛、深刻的'文化后果'的压力。他们会认为，如果以'现代意识'来重新观照'传统'，将寻找自我和寻找民族文化精神联系起来，这种'本原'性（事物的'根'）的东西，将能为社会和民族精神的修复提供可靠的根基。"①

这一时期知识分子热衷于对公共文化和社会事务发表见解，他们所谈论的话题偏向于公共性和跨领域，从国家的政治生活到中西文化比较、科学的启蒙等，无所不谈。并且，他们构建的"精英文化在获得了国家权力的认可后，在相对比较宽松、自由的政治、文化环境里，拥有了自身的生存条件和话语空间，逐渐按照自身的逻辑与机制发展，走向独立。在这一阶段里，精英文化已不再仅仅是从政治层面上，而主要是从学术的文化的层面上介入社会与历史，'思想解放'已经突破了国家文化意识形态的框架，而从现代西方思潮中吸取了更多的资源。一批思想独立、精神自由、视野开阔、思维活跃而又具有中国传统知识分子的使命感、责任感和忧患意识的知识分子构成这个阶段精英文化的主体，他们在哲学、经济学、法学、社会学、历史研究和文学艺术各个领域，都作出了远比第一阶段更深刻、更丰富的思考和研究，发出了许多'心声"②。

"一旦文化理想中人的理想（观念）遭到怀疑和重新认识，发生人的信念的解体和失落，整个文化没有不出现全面危机的。这种危机表现为该文化过去确立的人生意义、价值信念、历史文化价值、精神追求以及心理平衡相继会发生危机。因为文化的这些方面，都是直接或间接地从该文化的人的理想中汲取价值和意义的。"③

2. 对知识分子自身的反省

从创刊以来，《读书》就没有停止过对知识分子自身命运的追问和反省，其中既包括从中国自身的历史、政治等角度谈知识分子，也包括以国外为借

---

① 洪子诚：《中国当代文学史》，北京大学出版社，1999年，第323页。
② 黄书泉：《文化转型与小说嬗变》，安徽教育出版社，2004年，第19页。
③ 殷鼎：《中国文化和解释意识的双重危机》，《知识分子》1987年第3期。

鉴反观中国的知识分子。与其说《读书》是一部当代学术史或思想史，不如说是一部知识分子心灵史。

对知识分子心态、人格及忧患意识的讨论是《读书》一以贯之的本色之一。《读书》往往是从个人角度反思知识分子社会角色和历史命运，而这种反思和表述，则又无不烙上时代的痕迹。

《读书》杂志最早于1988年第9、11、12期分别推出三篇文章：许纪霖的《商品经济和知识分子的危机》、卢平原的《迎接中国的"企业家时代"》、周彦的《我们能走出"文化低谷"吗》，暗示"文化精英"走入"议论低谷"。用甘阳的话说，知识分子的历史以"光荣的怀想与辛酸的回忆"交织而成。"从思想改造的'洗澡'到反右的'戴帽'到文革的'牛棚'以至今日之'倒挂'，是否恰恰与那种时时以天下为己任的强烈'社会责任感'本身有着某种内在的关联？"① 甘阳在1989年五四运动70周年之际的发问，对五四以来知识分子深信不疑的"个人自由"提出了反思。而个人自由问题，又深刻而广泛地与80、90年代中国社会文化中的自由主义问题纠缠在一起，牵动着无数知识者的神经。10年之后，他又在《自由主义：贵族的还是平民的》② 中，转而强调"弱者的民主，不幸者的权力，穷人的权力，雇工的权力，无知识者的权力"，强调"自由主义权力理论的出发点是所有人的权力"。由1989年谈论"个人自由第一原则"到1998年强调"所有人的权力"，巨大的理论跨越，与其说是理论上的机会主义，不如说知识者的理论立场，或者说中国的情势发生了急剧变化。知识分子不得不在戏剧性的社会变革中，戏剧性地转换理论视点。

1993年《读书》发表了两篇文章《文人还会被尊敬吗》③《最是文人不自由》引发了一系列关于知识分子的相关讨论。吕澎的《最是文人有自由》④ 认为知识分子无论在"从政""述学"还是"文化批判"方面，自由都够多了，并且知识分子经常滥用这种自由。谢泳对这种认为书生议政是多余、幼稚之举的说法给予了辨证，他说："书生议政的幼稚是谁都能见出的，但这种现象的可贵之处不在于议的如何，而在于能不能议，敢不敢议，议了以后又怎样？这里要紧的是一股'士'气。政治常常是不透明的，在其中的不议，不在其中的想议。你在暗处，我在明处，本已没有平等可言，所以幼稚自然

---

① 甘阳：《自由的理念：五·四传统之阙失面》，《读书》1989年第5期。
② 甘阳：《自由主义：贵族的还是平民的》，《读书》1999年第1期。
③ 雷颐：《文人还会被尊敬吗》，《读书》1993年第1期。
④ 吕澎：《最是文人有自由》，《读书》1993年第3期。

难免，但在幼稚之下，却也常有终极的深刻之处。"①

陈平原在《学者的人间情怀》② 中提出了几个假设："一、在实际生活中，有可能做到学术归学术，政治归政治；二、作为学者，可以关心也可以不关心政治；三、学者之关心政治，主要体现一种人间情怀而不是社会责任。"

徐钧尧的《知识分子和现代社会——从葛兰西到新左派的思考》，此文回顾了知识分子理论发展的过程，提出了知识分子最重要的意识和职能莫过于是社会批判的意识和职能的观点，同时也肯定了中国传统文化中知识分子以天下为己任的社会批判精神，表达了对现代知识分子担忧

薛涌《知识分子与中国政治》中，他提出在现代社会，知识分子所扮演的角色完全不同了，它不是专制的辩护士，而是民主的先行者。在这种角色转换的过程中，某些传统性格就必然会成为它致命的弱点。

"近代中国险恶的政治环境与一九四九年以后连绵不绝的政治运动，使得许许多多知识分子失去了真性情，聪明者以'外圆内方'的方式处世，而更多的人则流于乡愿，如孟子所抨击的'非之无举也，刺之无刺也，同乎流俗，合乎污世，居之似忠信，行之似廉洁，众皆悦之，自以为是，而不可与入尧舜之道'。多少过去是那么自负的知识分子经历思想改造、尤其是暴风雨般的政治大批判之后，早就失去了狂气，也就是那种'富贵不能淫、贫贱不能移、威武不能屈'的大丈夫气概，在权势面前只剩下谦卑和怯懦。"③

王小波 1993 年在《读书》第 6 期上的一篇文章叫《摆脱童稚状态》，借"性"问题在中国社会和文学中的表现状态，嘲讽了我们社会中的文人和知识者仍然处于理性的"童稚状态"。文中的一段话是这样的：

> 改革开放之初，聂华苓、安格尔夫妇到中国来，访问了我国一批老一代作家．安格尔在会见时问：你们中国的作品里，怎么没有写性呢？性是生活中很重要的事呀。我国一位年长的作家答道：我

---

① 谢泳：《不是责备文人的时候》，《读书》1993 年第 12 期。
② 陈平原：《学者的人间情怀》，《读书》1993 年第 5 期。徐钧尧：《知识分子和现代社会》，《读书》1988 年第 5 期。薛涌：《知识分子与中政治》。《读书》，1985 年第 5 期。
③ 许纪霖：《狂出真性情》，《读书》1994 年第 12 期。

们中国人对此不感兴趣!这当然是骗洋鬼子的话,实际情况远非如此。但是洋鬼子不吃骗,又问道:你们中国有好多小孩子,这是怎么一回事?这句话的潜台词就是这些孩子不是你们捏着鼻子、忍着恶心造出来的罢。当然,我们可以回答:我们就是像吃苦药那样做这件事!但是这样说话就等于承认我们都是伪君子。事实上性在中国人生活里也是很重要的事,我们享受性生活的态度和外国人没有什么不同。在这个方面没必要装神弄鬼。既然它重要,自然就要讨论。严肃的文学不能回避它,社会学和人类学要研究它,艺术电影要表现它;这是为了科学和艺术的缘故。然而社会要在这方面限制它,于是,问题就不再是性环境,而是知识环境的问题了。

这样的文字读来不是既让人会心失笑,又启人反省深思吗?按照王小波的逻辑,限制知识获取和思想表达的自由无异于敌视人的正常理智、伤害人格的尊严,"现代社会的前景是每个人都要成为知识分子,限制他获得知识就是限制他的成长"。《思维的乐趣》① 一文中,他止自己当知青时受到思想钳制的例子说起,嬉笑怒骂地抨击了各种名目和旗号下的思想文化专制。孙隆基在《中国文化的深层结构》里也指出,目前中国人面对的知识环境是一种童稚状态。

郑也夫《"皮毛理论"与知识分子》② 运用曼海姆的观点来阐释阶级社会学说"皮毛理论"。"相对不受束缚的阶层"。其二是他们是受过教育的人。现时的知识分子能做些什么呢?曼海姆认为:"他首先应该认清自己的局限性和潜在力。"他的阶层并不凌驾于阶级与党派之上。相反,阶级与党派过去、现在都是社会生活中的重要内容,历史发展的主要动力。而知识阶层"所共同关心的唯一事情是智力过程:继续致力于清点、诊断、预测当选择露头时发现它,理解和确定形形色色的观点的位置而不是拒斥它们或被它们同化"。"知识阶层发挥着阶级、党派所不能发挥的社会职能。而当他放弃了自我意识与独特的思想方法之时,他的知识分子的角色便行将就木。"

陈思和在《另一片风景》中呼吁"如果这商品经济大潮是一个'海'的话,我愿意看到在茫茫商海中依然行驶着学术之舟和依然屹立着知识分子人

---

① 王小波:《思维的乐趣》,《读书》1994年第9期。
② 郑也夫:《"皮毛理论"与知识分子》,《读书》1993年第2期。

文传统的'绿岛'"①。赵毅衡《走向边缘》②则指斥了庸俗人格和精神弱化，强调知识分子的独立精神和责任感。

1995年第9期《读书》上的林毓生先生的《略谈思想的作用》和夏彦才先生的《时代呼唤历史哲学》两篇短文可以说是一篇文章的两个部分。前者批评了现在一些知识分子"为学问而学问"的处世观，强调知识分子不能"放弃对民族国家的关怀"。后者进而指出，为根除东方专制主义，知识分子必须把进行"一场文化上的启蒙和革命"以弘扬民主精神当作自己责无旁贷的历史使命。《读书》始终站在问题和思想的前沿，说出了你想说却没想明白，或没想透彻的一些东西。

三　对民间文化的开掘

《读书》自诞生以来便以醇和敦厚见称，介绍中外文化，借古探今。汪晖接任《读书》后，"想做一些改变，这是毫无疑问的。我当时不仅是对《读书》，对整个学术界、知识界以及各种思潮都有些想法，所以希望通过《读书》来展开一些新的讨论"③。

1. 考古学

1996年《读书》组织了关于考古学的讨论，让考古成果与考古学对中国历史的阐释走出专业的圈子，传达给普通读者。在杂志编辑看来："考古学既是现代知识体系的有机组成部分，也是反思现代知识体系的诸多结论的主要途径"，这个讨论在社会上激起强烈反响，以致编辑部不得不再次跟进讨论。从此，一系列以前从未涉及的领域的讨论也渐渐进入汪晖和黄平执掌后的《读书》。他发现考古学为现代人重新书写了中国的历史，它在不断创造"历史"的同时，也在不断地改写"历史"。它既是现代知识体系的有机部分，也是反思现代知识体系的诸多结论的重要途径。考古学的每一次重大发现都导致了中国人文学术的重大的变化和进展。考古学在过去20年里是中国学术领

---

① 陈思和：《另一片风景》，《读书》1993年第10期。
② 赵毅衡：《走向边缘》，《读书》1994年第1期。
③ 甘丹：《〈读书〉十年》，《南方都市报》2007年7月29日。

域发展最为迅速的一个学科,大量的发掘不断涌现。"这些发掘到底对中国历史的解释提供了什么,对古代历史的争论、学术的进展有什么意义?因此,讨论考古问题与当代历史、与我们对于中国和世界的理解是密切相关的。"①

考古学是《读书》很少涉及的领域,看起来离大家生活很远,但《读书》试图把这些看起来很远的东西与对当代中国和当代世界的思考联系起来。于是1996年6月间邀集了陈星灿、孙祖初、焦天龙、杜金鹏、曹兵武、宋新潮、李零等几位考古学者就近20年来的考古成果进行学术座谈,以《考古学与中国的历史图景》为题将笔谈的内容发表出来。

由此标志着《读书》开始打破学科分类,以彰显问题意识为重的办刊风格的转变。

2. 建筑

《读书》关于建筑的文章体现的不仅是建筑本身,还有一种文化品位、文化风格,以及时代的精神。

陈志华《请读乡土建筑这本书》② 将中国乡村的宗祠和欧洲的教堂,通过两者在村落建筑环境的比较,显示中国文化和欧洲文化的差异。"不研究民俗文化,就不可能了解我们这个民族,了解我们民族的文化心理。""对民族文化的研究,绝不可能停留在书斋中的典籍功夫上。"赵辰的《"普利兹克奖"、伍重与〈营造法式〉》③ 提出:"今天,如何重塑我们的建筑文化,一直是困扰中国建筑师和建筑理论学者们的难题。为此,我们必须大量学习西方现代化的许多经验。然而,当我们在学习、吸取西方现代建筑文化之时,往往忽略了一个事实:所谓的'西方现代文明'已经是大量吸收了世界其他文化尤其是中国等东方文明的精粹之后的产物。"这也提醒我们,中国古代建筑文献,有可能成为新的建筑文化发展之源。

1997年《读书》和建筑学界的朋友们做了两次座谈。王明贤等人的《建筑学者如是说》④ 即是这两次座谈的部分言说。1998年第11期《读书》的"文事近录"栏目援引作者的话:"旧城改造是长期的新陈代谢的过程,不可急功近利。"表达了对目前城市建设的一些重要问题的看法。

---

① 《〈读书〉与中国知识界的十年》,《南方都市报》2007年8月14日。
② 陈志华:《请读乡土建筑这本书》,《读书》1991年第9期。
③ 赵辰:《"普利兹克奖"、伍重与〈营造法式〉》,《读书》2003年第10期。
④ 王明贤等:《建筑学者如是说》,《读书》1997年第10期。

2007年,《读书》举办了关于北京城的"拆"与"建"的研讨会。第7期上发表了《城与人——关于北京城》《记忆的保护与错乱》《陈从周的价值》三篇文章①。这三篇文章尽管没有版式上任何"专题"引诱的暗示,然而已足以让笔者将其视为新《读书》新制作的一种范本。

《城与人——关于北京城》一文小心翼翼的介绍了解放前老北京城城市建设管理水平的落伍,一个"基本停留在中古时期的水平"加之史料记载,几乎可以反证呼吁保留一个完整的"老北京"的主张是何其无知和搞笑。所以,《城与人——关于北京城》这篇文章继而提出忽视城市历史个性和渊源而在建设思想上的机械化,都值得反思,许多教训在今天并不只是历史的教训,也继续成其为现在的问题。接着指出,如果说新中国建立之后在城市改造建设方面付出过代价,但今天对50至80年代城市建设历史的全然漠视同样也是问题,那段历史及其代表建筑同样也已是历史、民族、时代的象征,为什么现在又要一切向伪古董拼凑全盘西方风格的方向看齐,继续大拆大建呢?"我们城市的记忆空间里难道就没有另一种积极的属于我们自己的历史?我们必须正视20世纪50至80年代的城市历史,或许对它们的保护与更新才会带来宽阔的想象与创造。"

王德威的文章结尾时感慨:"《东京梦华录》所描写的东京,早已荡然无存。北京梦华录所描写的北京,又有多少痕迹留得下来?瞬息京华,求诸他日,惟有梦寐,惟有文章。"②正所谓:城犹如此,人何以堪?没有什么敌得过历史的力量。

3. 中医药

中医药是中华传统文明的重要组成部分,为中华民族的发展做出了重要贡献。中医的基础理论是阴阳五行等传统哲学思想,与传统文化息息相关。近代,在西方思想文化论的冲击下,中医已经"落后"将要被"废除"等说法喧嚣其上,一时间成为社会争论的热点。

在当代西方语境中,中医现在所面临的问题,正是中国传统文化面临的问题。中医的命运和中国社会发展的基本问题也是密不可分的。中医药如何

---

① 吴焕加:《城与人——关于北京城》,杨旭《记忆的保护与错乱》,河西:《陈从周的价值》,《读书》,2007年第10期。

② 王德威:《北京梦华录:北京人到台湾》,《读书》2004年第1期。

破茧而出,化蛹为蝶?2005年第9期的《读书》杂志组织了"中医药的传统与出路"的讨论,邀请了陆广莘、朱清时、曹东义、柳红、邓正来、罗卫芳、吕松涛等中医领域的专家,并以《中医药的传统与出路》将讨论的结果发表出来。

这些讨论,表明一个现象,由于中医赖以生存的传统文化正在渐渐消融,曾经在中国沿用了几千年的传统中医,不得不落入想方设法来证明自己的合法性及合理性的尴尬境地。在中医药现代化过程中,创新和发展比任何时候都要严峻。中医药能否融入社会,是其能否发展的关键。一定要坚持中医药本身的规律,完全、最大限度地发挥中医药自身的特点,克服各方压力,建设以中医为主,中西医并重的医疗保健体系。

4. 口头传统

《读书》2003年第10期做了一期民俗学论坛"口头传统专辑",包括郭于华《口述历史——有关记忆与忘却》和社科院民间文学研究所4位学者撰写的"口头传统"(Oral Tradition)研究专论。他们从不同的研究取向上阐述了口头传统的诸多学理性问题。刘宗迪的《文字原是一张皮》为我国主流文化中的强势语言和汉文书写的学术反思;巴莫曲布嫫的《口头传统与书写传统》为讨论处于"边缘社会"的少数民族本土个案;朝戈金的《口头·无形·非物质遗产漫议》和尹虎彬的《荷马与我们时代的故事歌手》,分别涉猎了"口头传统"研究的学术史钩沉和西方口头理论经典著作的专题评述。

该期的《编辑手记》从中国历史上的"言文之争"到专栏引出的口承——书写问题,对专栏文章进行了概要性的评述:

> 中国历史中围绕圣人经典的微言大义的争论是人们熟悉的故事;在 *19* 世纪的民族主义浪潮中,民族主义的理论家、文学家们利用自己的方言、口语对抗帝国的普遍语言,最终通过确立自己的民族语言建构民族的认同。这个过程并不仅仅发生在欧洲,日本、朝鲜、越南等亚洲国家的近代民族语言的形成也经历了相似的过程。朝戈金的文章提及的"浪漫主义的民族主义""文化进化理论""太阳神话学说"等理论的出现大概都与这一民族主义的历史有关。从"五四"时代收集民歌的运动,到*30*、*40*年代倡导大众语、民间形式的过程,现代中国的文化运动不止一次地将注意力集中到口语、方言和各种各样的民间

艺术形式之中。就像巴莫曲布嫫所描述的，在现实中，口语和书写语言总是相互纠缠，前者包含了对后者的模仿，后者包含了对前者的吸纳。例如，互联网和手机上短信息中的语言比报纸、书籍和其他印刷文化更接近口语。她对凉山彝区文化的发掘和分析，为我们展示了一幅生动的历史画卷。与这个口头传统仍然起着极大作用的社会相比，中心城市的教育体制和社会传播极大地依赖于书写文化。在大量的历史著作中，精英阶层总是能够占据自己的位置，而那些普通人的记忆却总是消失于日常生活的流逝之中，以至于许多历史叙述看起来就像没有背景的皮影戏，芸芸众生成了一片衬托几个影子的白色背景。因此口语与书写的关系也是文化权力问题。……20世纪的语言运动曾经以"言文一致"为目标，但在我们的书写文化中，这个目标至今没有实现。……一位出租车司机的生动议论虽然切中时弊，却必不如大报或中心媒体更能引起注意。但为什么恰恰是这样的口头文化能够告诉我们更多的真实呢？①

　　这或许就是口头传统研究在当下社会话语权力问题上，带给我们的现实性启发之一。鉴于相关学界对"口头传统"研究尚有一些模糊的认识，尤其是容易将之与"口述史"（Oral History）研究混为一谈。正如郭于华、巴莫曲布嫫的文章提示给我们的："言文一致"并不只是一个语言问题，而且也是一个文化权力问题。

　　和其他同类刊物相比，《读书》显示出更多的对文化的"终极关怀"，使自己更加具有深度———一种明白晓畅而非深奥难解的深度。《读书》所做的是尽力从中国知识分子的立场出发，继续探索、反映、认识中国的种种事情。

四　对历史和人物的书写

　　以历史文化和人物为主要题材的文章，多年来一直在《读书》中占有很大比重。

---

① 《读书》推出民文所学者的"口头传统"研究专栏，http://www.cass.net.cn/chinese/s16_sws/snkx/dushuzb.htm。

1. 对历史的追问

柯林伍德说:"一切的历史都是思想史。"杂志是一个时代的历史,它所承载的,既是"一切的历史",也是思想史。从对社会的价值和意义来说,杂志是时代的呼声,也可谓是思想库、文化库。杂志又是传播各种文化科学知识、进行思想交流的载体。

《读书》借助稳定强势的作者群体,开展了对历史文化问题的专题性反思回顾,角度全面、系统性强。主要涉及法国革命、戊戌百年、北大校庆、前苏联解体等重要历史问题和事件。陈立群《忏悔的缺欠》[①]一文,提到某些"文革"中的成年人至今仍认为十年浩劫是"某些有权势的个人或集团直接设计的结果",颇有些感慨。正像我们所知道的,任何历史事件的产生都不是一两个人、一群人甚至于整个人类所能左右的,它的背后必然有着深层次的社会历史根源,而"文革",简而言之,是与乌托邦的坚持这一大背景联系着的,因而它的产生就必须从中国的文化传统和这种文化传统所造就的现实结果中寻找原因,必须从整个人类的大角度出发,实际上就是从人性、从生存发展欲对文化的终极决定作用中寻找原因。这也是人性在不同地理环境中衍化运行所造成的不同文化的必然性,文化所造成的贫穷与两极分化的现实后果的必然性和文化传统本身的惯性和其他因素所决定了的。从宏观和终极角度来看,"文革"实在是不可避免的命运,个人的必然无非是性格的必然。

思想史

从《读书》上的文字可以清晰地看出作者们对思想史的关注。

最早关注思想史的是葛兆光。在1992年6月写就的《思想的另一种形式的历史》一文中,葛兆光提出:"似乎自胡适以'截断众流'的大气魄讲出一番哲学史以来,人们都已经习惯了哲学史或思想史的叙述方法。当读过一两本这类著作的人闭目回首思想的历史时,出现于脑际的总是睿智清醒的思想家从古到今地列队而来,仿佛古代中国思想史真的如此严肃而高雅地由这批思想家系列构成,而那些曾经弥漫在更广泛阶层的思想似乎不是思想,被剔理出了历史的时间与空间之外。"葛兆光称自己常常怀疑思想史这种叙述的

---

① 陈立群:《忏悔的缺欠》,《读书》1994年第10期。

真实性究竟有几成,也常常怀疑思想史这种叙述的全面性究竟有几分,并逐渐觉得必须写思想的另一种形式的历史。到1994年《置于思想史视野中》一文中,葛兆光继续追问思想史的生成与合法性,"过去的思想史把方术一刀切到了'迷信'一边儿,然后又把迷信一刀切出了思想史的地盘,这使得思想史变得很干净很纯洁,但也使思想史变成了'理性发达史'或'文化人思想史'",这一思考过程持续了七八年,直到1998年,他才在《读书》上一口气刊发了《一般知识、思想与信仰世界的历史》《知识史与思想史》《道或终极依据》《连续性:思路、章节及其他》,宣示了重写思想史的思路。在他心目中,新的思想史需要描述的一般知识、思想与信仰世界,其构成与影响大体在三方面:一是启蒙教育的内容,二是生活知识的来源,三是思想传播的途径。作者并没有按照人来设立章节,无论是孔子还是老子,无论是董仲舒还是王弼;在这部书中,也没有特别精确地把某种思想或某种说法算在某个思想家的年代,可能年代尺度是比较宽泛甚至是宽大的,总是只在比较长的时间段中描述着思想史的流程。①

关于思想史的写作中朱学勤的《思想史上的失踪者》② 一文震动颇大。所谓"失踪者"是在1968年前后上海的一些高中生。他们与现在电视、电影、小说中描述的红卫兵很不一样,至少不是打砸抢一类,而是较早发生对文化大革命的怀疑,由此怀疑又开始启动思考,发展为青年学生中一种半公开半地下的民间思潮。作者把这群人称为"思想型红卫兵",或者更中性一点,称为"六八年人"。但后来这些人都渐渐杳然无闻,用作者的话来说:"历史苦难积累起来的思想史资源,在起飞之前就已经坠落,进入了一种令人难堪的流产状态。"作者发出"寻人启事",寻找当年曾是民间村落的"思想家",而今"被专业吸干""被功名掏空"或"被职称腌制在某一层书橱里"的"思想史上的失踪者",寻找那些游弋于体制内外尚未被"除"尽的思想"余数"。他甚至堂吉诃德似的寻找一位12年不见的思想朋友,然而一无所获,只好"放弃希望,放弃寻找"。面对知识分子思想史的习惯性流产,他怆然浩叹:"俱往矣,数风流人物,不看今朝。"

本文刊出后风行一时,甚至连"失踪者"也成为流行词汇。《读书》随

---

① 葛兆光:《思想的另一种形式的历史》(1992,9)、《置于思想史视野中》(1994,10)、《一般知识、思想与信仰世界的历史》(1998,1)、《知识史与思想史》(1998,2)、《道或终极依据》(1998,3)、《连续性:思路、章节及其他》(1998,6)。

② 朱学勤:《思想史上的失踪者》,《读书》1995年第7期。

即在 1996 年第 2 期发表了 14 篇来信并统名为"失踪者说",这在 90 年代以来的《读书》历史上极为罕见。来信中各种声音都颇为激烈,赞成者暂且不论,不以为然者说此事"不需'寻人启事',也不必烦恼",反对者已开始奉劝作者"走下你的知识分子的精神阁楼,融自己于自然,于社会,于必然"。《思想史的寻踪者》① 与之呼应。并提出"每一代'人'何以可能失语失踪"的疑问。王乾坤的《思想史上的又一位富有者》② 说:"大浪淘沙,思想史永远是公正的。该失踪的,无论如何凭吊、挽留、哀叹,终是一缕泡沫、昙花一现、过眼烟云。而不该失踪的,真正超越了那个时代的,有沉甸甸思想果实遗留后世的,纵然一时蒙冤,尘封多年,总有重新发现的一刻。思想史所崇敬的,永远是那些智慧的先知,那些真正拥有思想遗产的精神富有者。"杨念群的《学术空间与权力话语》一文③ 就此话题得出:"思想寻踪就这样被诠释为形式美的追踪,变成了对逝去如斯的历史遗迹的迷恋。可是如果我们不从'思想者'的思想前提本身入手去寻绎历史的真正价值,那么其形式化的东西之真正意义何在也是令人怀疑的。"

大学史与教育制度改革

90 年代以来,《读书》刊发了大量关于老北大、老清华、西南联大的文字,既有大量的回忆,也有不少研究成果的摘录。通过不断的重复叙述和有选择的考证,它们基本上重构了民国大学的形象,并开始将大学史从革命史和救亡史的叙述框架中独立出来。

结合北大百年校庆,以陈平原所开专栏"老北大的故事"为核心,展开了对教育理念、现代大学精神和高等教育得失的热烈讨论。陈平原的《北大校庆:为何改期?》④ 由于涉及"学潮"等敏感问题,曾被一些大刊物婉拒,但是《读书》却显示出其独有的胆识与胸怀,分为两期毅然给予发表。此文表达了作为知识分子的忧虑:"北大之修改校庆纪念日,固然有利于弘扬五四新文化运动,却开了个危险的先例。生日的确定,本来只是考据问题,一旦转化为价值判断,过分追求'思想深刻',反而可能出现令人尴尬的局面。"一经发表,即引起国内外传媒的大量关注和评价。陈平原说考辨"老北大的

---

① 王乾坤:《思想史的寻踪者》,《读书》1996 年第 7 期。
② 许纪霖:《思想史上的又一位富有者》,《读书》1997 年第 5 期。
③ 杨念群:《学术空间与权力话语》,《读书》1997 年第 6 期。
④ 陈平原:《北大校庆:为何改期?》,《读书》1998 年第 3 期。

故事",并非出于政治讽喻,可也不是纯粹为了好玩。谈"老大学"当然是有感于近在眼前的"新大学"……我所真正关注的,其实是蕴藏在"故事"背后的思想史线索。①

何炳棣在评论苏云峰的《从清华学堂到清华大学》时认为:"从清华学堂这小小的一隅,最能看出一个内外积弱的古老国家,在救亡图存的过程中所呈现的一线曙光。"费孝通则在《清华人的一代风骚》中对汤佩松先生笔下的西南联大赞叹不已。钱理群在北大百年校庆时发表《想起了七十六年前的纪念》,认为与老北大相比,在当下的北大中,办学的人均忙于创收,无力真正关注教学与科研。"经营之道取代办学之道的结果,是教学质量与科研水平大幅度滑坡,导致教育精神价值失落,这正是当前北大存在的突出问题。"钱理群曾说"翻开当年的《北京大学日刊》,想从历史的回顾中,寻一点做庆典文章的材料",不料这一翻,就将那点凑趣的雅兴给打掉了,但到了清华90周年校庆(2001年)时,曾昭奋已经直白的批评:"梅贻琦时代的清华,走出来一批全国有名的大师。蒋南翔时代的清华,盖起了全国大学中最高的主楼,主楼升起的时代,正是不出大师不要大师的时代。"不过曾昭奋早在清华83周年校庆时即发表《清华园里可读书?》②,对"不出大师"的清华也多有回护。他认为清华80多年的历史,可粗分为两半,"前一半,它出了许多大师大家。像陈寅恪、梁思成那样,他们后来的遭际,是民族的厄运和悲哀。这后一半,它出了许多大官。像上海市副市长倪天增那样,为人民服务,鞠躬尽瘁,是民族的骄傲和进步。都不容易"。对高等教育功能和水准的迅速退化,曾先生这样描述:"大学越来越像工厂。教师不过是技工,教室不过是车间和流水线,毕业生则需要面向市场的广告和推销。大学不再像旧时书院那样相信'全人'或'通才'的神话,以工业为蓝本,实行越来越细密的分工,把学生训练成适销对路的专业技术。它越来越被人们视作一个有效的工业投资项目,被纳入利润的核算和规划,学会对市场拉拉扯扯表示亲近。"

《读书》的作者多为高校和科研机构里的知识分子,教育问题是他们最为熟悉也是最关注的话题。1998年起,《读书》开始持续地讨论教育改革

---

① 陈平原:《与〈读书〉结缘》,《读书》1999年第4期。
② 曾昭奋:《清华园里可读书?》,《读书》1994年第7期;贾孝通:《清华人的一代风骚》,《读书》1991年第6期,何炳棣:《想起了七十六年前的纪念》,《读书》1998.5。

问题①。内容涉及基础教育和社会公正问题；教育质量的评估问题及扩招中出现的腐败现象等等，目的是反思中国目前教育改革的路径和策略。《读书》2005年举办"反思教育产业化"座谈会，也制作了"大学人文教育专题"，表达了知识分子对当前教育的看法和观点。

2. 人物书写

作为一个思想、学术探讨的重要平台，《读书》从创刊伊始，就开始了对历史人物的追寻。《读书》对人物的书写首先是从介绍外国人物开始的，也许就从这里开始，《读书》奠定了与所有有价值的科学与文化传统接轨的开阔视野。

1979年创刊号上即刊出了邓蜀先生的《林肯这个人》，第二期刊出了赵萝蕤先生的《批判现实主义杰出作家狄更斯》和陈应年先生的《有志气的女科学家居里夫人》。主持创刊的老一辈出版家们清楚地知道，每一个被书写的人物身上携带的历史和文化信息，对他们，也对当时满目荒芜的中国文化意味着什么。接下来，《读书》继续编发了闻家驷先生的《忆一多兄》和卞哲先生的《郭沫若——中国新史学的开创者》，开始了对20世纪中国知识分子的述说。这一以文学为中心的写作传统从此延续下来，创刊至今的百多期刊物上，古今中外的人物数以百计以至千计，成了《读书》不可或缺的一个特色部分。②

多年来，这些文化名人在《读书》中反复被提及：胡适、鲁迅、陈独秀、周作人、梁漱溟、陈寅恪、蔡元培、闻一多、朱自清、殷海光、冯友兰……还有当代的周扬、聂绀弩、吴晗、俞平伯、胡风、储安平、顾准、张中晓、梵澄等。他们大多数人曾被历史歪曲和埋没，多年沉冤，经过《读书》的发掘而重放异彩。《读书》凭借其独特的眼光，网罗了一个个现当代历史上意味深长的人物。

以1998年第9期的《人间鲁迅》谈话集为起点，关于鲁迅和胡适的争论迅速展开，一时论者纷纭。钱理群认为"鲁迅和胡适最根本的区分就在于，

---

① 陈平原《北大交庆：为何改期?》(1998, 3)，汪丁丁《教育的问题》(2007, 11)，刘铁芳《小心守护学校的历史》(2007, 1)，《乡村教育的出路》(2001, 12)，王丹《教育平等在于各得其所》(2007, 6)，周勇《激进的教育》(2007, 3)、《教学的荣耀》(2007, 11)，易林《阶级、名校、不平等》(2007, 10) 等就教育产业化所带来的一系列问题进行了探讨。

② 《读书》杂志编：《不仅为了纪念·后记》，生活·读书·新知三联书店，2007年。

鲁迅是体制外的、批判的立场，胡适是体制内的、赴台的。胡适从某种程度上说是维护体制（包括大学体制）的，而鲁迅……追求彻底的个性精神自由"；林贤治觉得"对中国现代史上的自由主义知识分子（比如胡适）的评价不宜太高，与此密切相关的，就要联系到对鲁迅的评价"；王得后说"鲁迅和五四一代文化人，和胡适，在一般文化的选择上是一致的，或相近的，在政治文化、现实政治的选择上才相对立"；王富仁认为不要否认胡适们的贡献，但"只要想一想左拉对德莱福斯事件的态度，想想西方同类知识分子的现实表现，就知道中国学院派知识分子与真正的自由主义知识分子的区别了"。① 牛汉认为"鲁迅在各个时期都被统治者看作是一种政治势力。同时鲁迅又总是被某种政治势力利用"。李森随即撰文认为鲁迅不是在野党的一员，胡适也不是执政党的跟屁虫，"把鲁迅划到胡适等人的对立面，正是鲁迅被长期利用的出发点"②，并认为我们今天对胡适的评价，至少不能低于鲁迅。从史实层面而言，这可能会被认为是个伪问题，两人的处事风格和人生遭际都有所不同，本没有"鲁迅道路"还是"胡适道路"的分野。但由于它的象征意味及其所牵扯到的感情波动，使得这一问题拥有巨大的阐释空间，至今仍被不时提出。

杨念群等人的《智者的寂寞》一文，③ 介绍五位清末民初的学者和一位外国学者。文章并非着意约写，编前也无既定设想，更无弘扬国学、贬黜西学乃至张扬激进或保守等宏伟意图。只是一些位作者不约而同地写了一些过气文人，描述了他们生前或死后不同类型的寂寞。中外古今，智者不免寂寞。

李泽厚说，90 年代是"思想家淡出，学问家凸显"，他说的学问家，就是王国维、陈寅恪。他们的被重新提起，而且成为了一种象征，学术史几乎成了"显学"，同时也成为重要思想资源。④ 那时读陈寅恪也成为了一种潮流，陈寅恪的人格魅力、治学态度也影响了许多学者。陈寅恪最初是一个文化保守主义者，从他的著述里就可以看出他对中国传统文化的热爱，他的许多观点、想法也都是站在文化本位的角度和立场展开的。陈寅恪用实际行动书写了历史。但由于陈寅恪学问艰涩，故只是作为"独立之人格，自由之思

---

① 林贤治等：《人间鲁迅》，《读书》1998 年第 9 期。
② 李森：《小议鲁迅与胡适》，《读书》1999 年第 1 期。
③ 杨念群等：《智者的寂寞》，《读书》1994 年第 4 期。
④ 陈平原：《学者的幽怀与著述的体例——关于〈陈寅恪集·书信集〉》（2002，1）、刘浦江《正视陈寅恪》（2004，2）、罗志田《知人论世：陈寅恪、傅斯年的史学与现代中国》（2008，6）。

想"的标本众说纷纭,问学论道的知音反倒不多。反映到《读书》中就是谈人多(谈诗也是在揣摩陈寅恪本身用意),谈学少。

《读书》最早发了多篇关于顾准的文章,直至后来结集出版。① 顾准所写的《希腊城邦制度》,被称为"在看来已有定论的学术领域,他另辟蹊径,对古代希腊和古代中国做了比较研究",② 顾准对希腊文明和中国史官文化做了比较研究,得出中国也要实现民主的结论,这是他在"文革"期间得出的结论,这是何等的勇气?如果说萨义德所关注的焦点是西方的文化霸权主义,而顾准全部思虑的中心却是东方专制主义。处境的不同决定着人们的思考方向。顾准的深邃之处,在于他视野特别宽广,对古今中西的文化、社会结构、政制、思维方式等领域进行了系统的考察,他的批判"东方专制制度"可以看成是"五四精神"的延伸。顾准个人被王元化称为"在造神运动席卷全国的时候,他是最早清醒地反对个人迷信的人;在'凡是思想'风靡思想界的时候,他是最早冲破教条主义的人。仅就这一点来说,他就比我以及和我一样的人,整整超前了10年"③。朱学勤指出,顾准是自1957年之后唯一一个在中国代表独立精神的人,唯一一个能与西方学者如葛兰西、卢卡契、哈耶克和帕克等对话的人,是以一人之功顽强凿通了那条阻隔中、西思想对话的黑暗隧道的人。70年代的中国有了顾准,就足可弥补多数中国知识人在漫长岁月里蒙受的羞辱。并说:"幸亏有了顾准,才挽回了我们这个民族的思想界在那个可耻年代的集体名誉。"④

虽然旷新年点出了此类文字的意识形态背景,认为陈寅恪、吴宓、顾准、胡适等人物"在自由主义的题材下被炒爆了",被"戏剧化,轶事化"了⑤,但毕竟这些文字将学术与人性捆绑在一起,是《读书》中最性情、最引人的。当陈独秀、周作人、梁漱溟、冯友兰、傅斯年、黄仁宇、黄万里……这些重要的具有复杂精神世界的历史人物浮出历史水面,他们被还原被重新评价,是因为他们代表了一个时代知识分子的精神高度。

---

① 石泠:《你无法不面对顾准》(1995,5),旷为荣、旷新年《把顾准还给顾准》(2003,4),石鹏飞《读顾准》(1995,9),靳树鹏《顾准与卢森堡》(2004,5),旷新年《还是要把顾准还给顾准》(2004,8),高建国《顾准最大的理论贡献是什么?》(2005,6)。
② 《顾准文集》,贵阳:贵州人民出版社,1994年,第62页。
③ 《顾准文集》,贵阳:贵州人民出版社,1994年,第226页。
④ 朱学勤:《愧对顾准》,学术批评网,http://www.360doc.com/content/11/0626/19/155881_129736957.shtml 2005年7月3日。
⑤ 旷新年:《中国现代思想史上的胡适》,《读书》2002年第9期。

小　结

　　《读书》文章所记多为作者亲身之交和亲历之事，无论追忆还是慨叹都是历经风雨之后的沧桑感悟，也蕴含了许多对自我的真诚反思和灵魂拷问。这些历史人物书写的作者的笔是含蓄的，他们并没有试图用一个作者的结论去代替读者应有的思考，而以其宽广的襟怀和沉郁的思绪将历史风云尽收笔端。20世纪的中国，仍有许多重要的人物没有被认真地客观地描述。而对他们的研究，必将大大丰富我们对已结束的世纪的认识，同时，也就会大大加深对知识分子本身的认识。《读书》就其传统而言，恰恰是不避大题目，反而是对这类大题目表现其"顽固"执著的一面。这就造就了《读书》与那些历史人物的缘分，将他们构成了一个个复杂的文本，从而留给我们解读那些历史及人物的多种可能性。

第五章 "看动静的窗口"——引介西方文化思潮

十一届三中全会后，经历了长期"自我封闭"的中国面对开放的国门和久已疏离的西方世界，显示出了极大的热情。大量西方的新知识、新文化被源源不断地引介和翻译过来。尤其是1984年以后，随着中国对外开放力度的加大，中外经济和文化交流日趋频繁，海外学术思想如潮水般涌入中国。随着中西文化交流的进一步深入，改革开放后培养的新一代年轻知识分子也逐渐步入了中国学术的主流圈，形成了风靡80年代的"西学热"现象。

《读书》创办之初，为了满足读者强烈的求知欲，编辑部认为"所谓观念上的改革，最不容易解决的大概就是把中国放到整个世界规模里去认识、去探讨、去比较。因是之故，我们还是继续从马克思观点出发，在本刊介绍、评述一些新思潮、新动向，期望能有助于扩大改革者的视野"。① 编辑部内部曾经有过这么一个建议："使这个刊物成为一个沟通中外的窗口。尽量使读者通过这个窗口见识一下域外的某些新见异说，来扩大自己选择的范围，增强知识的容量。但是，既然是一个窗口，应当是可以两面看的：室内的人可以通过它看到窗外的动静，室外的人也可以通过它得知户内的种种。"② "这次我们呼吁要多方位地开窗户……开窗的目的既然为了多吸到新鲜空气，则管它朝东朝西，凡于我社会主义现代化有用的，都不应该排斥。"③

自此，《读书》开始大力引进西学，一是通过国内学者、教授大量对学术译介作品、人物及理论的书评文章，领域涵盖人文科学和社会科学；二是通过出国留学或讲学的学者从国外发回的报道和杂记。这类文章或称"旅行纪

---

① 《编后絮语》，《读书》1984年第8期。
② 沈昌文：《阁楼人语：〈读书〉的知识分子记忆》，作家出版社，2003年，第34页。
③ 《编后絮语》，《读书》1988年第2期。

事"(陈原),或名"读史游踪偶得"(朱龙华),也叫"一次动情的旅行"(王佐良)或"访学散记"(萧兵)。"这些作者和文章约略可以分为几类。首先是海外学人,他们出于对诞生自己的国家的一片赤忱,本自己久居海外了解情况的长处,积极为文,……其次是国内的学者、教授,以自己研究国外新理论、新思潮的心得,发而为文章,启迪后进。"① 为此《读书》聚集了一大批翻译名家——冯亦代、王佐良、杨武能、柳鸣九、董鼎山、裘克安、赵一凡、李长声、吴岳添、唐小兵等等。他们为《读书》译介了包括书籍出版、统计数字、文学简史、书商、协会、文学奖金、畅销小说、作家人物等等信息,以及包括丹尼尔·贝尔、霍夫斯塔特、派瑞·米勒、耶鲁批评、法兰克福学派、精神分析、结构主义、后现代主义等多种批评理论,不仅向中国读者提供西方文化奇观,更是给中国学界提供了很多学术参考,开拓了知识分子的理论视野。在对外国学术理论和思想文化引介方面,《读书》的确成了一扇"看动静的窗口"。

一　对西方文学的引介

众所周知,当代文学的发端、发展与大量译介、引进西方现当代哲学文艺思潮有着不可分割的联系。80年代是一个文学极为繁荣的时代,一方面,中国文学空前的蓬勃发展,另一方面,新的文学渴求新的文学形式。《读书》的编辑们意识到:"有足够的理论做出如下结论,即文学作品通过共鸣作用表现为默化的舆论形态,比发生体之间的共鸣更为神奇。"② 在长期禁锢之后,人们迫切想了解外国的思想文化,所以,思想解放所倡导的社会价值趋向通过对外国文艺的引介而表达出来。"《读书》认为文化学术领域必须对外开放,只有广泛了解、汲取、分析国外的新成就,才能走出中国人自己的路子。"③ 当代文化中的众多思潮和现象的生发不可否认也是西方思潮直接或间接影响之下的结果,这是继"五四"新文化运动以来西方文化冲击的又一个最重要的时期。

---

① 沈昌文:《阁楼人语:〈读书〉的知识分子记忆》,作家出版社,2003年,第48页。
② 刘建明:《社会舆论原理》,华夏出版社,2002年,第116页。
③ 沈昌文:《阁楼人语:〈读书〉的知识分子记忆》,作家出版社,2003年,第58页。

《读书》与西方文学思潮，可以从两个方面来进行考察：一是外国文学作品；一是西方理论。

西方文学作品

在西方文学的介绍上，《读书》很注重专栏的作用，开设了众多介绍中外文学和思想的专栏，这些专栏大多由著名学者撰写，《读书》并不要求专栏作者每期都写。董鼎山开设的"纽约通讯""纽约航讯"和"西窗漫笔"等专栏介绍美国文学；留学生赵一凡的"哈佛读书札记"评介欧美文化思想名人及新思潮；冯亦代的"西书拾锦"专栏发表了11篇文章；亢泰开设了"英伦通讯"介绍英国读物和刊物的发展变化；吴岳添的"远眺巴黎"侧重写的是法国文学；柳鸣九的"巴黎鳞爪"介绍法国著名学者和文人；梯姆的"纽约传真"发表了关于纽约的7篇文章，介绍美国文学和文坛；铠蒂的"文伦文事"介绍了英国当代的知名作家和文艺圈轶事；李长声的"日知漫录""东瀛孤灯"介绍日本文学和见闻；王佐良的"读诗随笔"；俄罗斯文学则有蓝英年的"寻墓者说"讲述前苏联的文坛；周启超的"莫斯科读书札记"介绍了俄罗斯文学；董乐山的"译余废墨"……这些栏目覆盖了中、美、英、法、日、俄文学以及文学出版界人物和轶事，它们都强调一种时效感、新鲜感，或是介绍文学作品的故事梗概、文坛趣闻逸事，或是品评性质文章，都是比较通俗易懂，令读者耳目一新。

《读书》强调对眼界知识的拓展，对思维空间的拓展，以强大的信息量冲击国人的头脑，是《读书》的一个特点。由于当时旧的政治意识形态的阴影尚未散去，要想翻译介绍西方文学，首先要划定这些作品的阶级成分。像《黄色、色情、爱情》①是对《茶花女》的评介，《简论〈红与黑〉》，《批判的现实主义杰出作家狄更斯》，《〈简爱〉——小资产阶级抗议的最强音》，《雷马克的〈里斯本之夜〉》，《漫话〈维特〉》……这些文章往往强调所评论外国文学作品中对于资产阶级的批判，挖掘其能够被无产阶级接受的合理性，通过将作家与其统治阶级分家的办法来确立其被译介的合理性。这是当时《读书》的选择策略，也是《读书》作者们的写作策略。它一方面打破禁区、

---

① 林大中《黄色、色情、爱情》（1979.2），赵萝蕤《批判的现实主义杰出作家狄更斯》（1979.2），辛未艾《简论〈红与黑〉》（1979，5），朱虹《〈简爱〉——小资产阶级抗议的最强音》（1979.5），朱雯《雷马克的〈里斯本之夜〉》（1980.3），《漫话〈维特〉》（1980.4）。

介绍进来；一方面澄清误解，为这些作品平反。曾经被当作"毒草"的大量西方古典文学作品被重新定位，重新解读；同时，《读书》开始大量刊载对于西方现代文学作品的介绍与评价。

《读书》创刊号上发表了张英伦的《略论大仲马的〈基度山伯爵〉》，"由于一种不可靠的传说，使一些读者对是否能够肯定这部书产生了疑惑；有人甚至简单地推论说：如果敌人说它好，那么它想必坏。"文中指出的这种传说不仅是针对《基度山伯爵》一部作品，这也是许多西方古典文学名著在那个时期的共同遭遇。在这篇文章中，作者强调这部小说是马克思非常喜爱的一部小说，而且《基度山伯爵》通过主人公的赏善罚恶，反映了广大人民对七月王朝赏恶罚善的不平世道的忧愤，表达了他们对实现社会正义的渴望，具有积极的社会意义。这样，作品就有了阅读的合理性。

随着思想解放的进程，人们打破禁区，开始对西方现代派文学进行译介与研究。1980年，袁可嘉等人在上海文艺出版社的支持下开始选编一套大型的《外国现代派作品选》。在此书出版不久，《读书》上曾有文章介绍："西方现代主义文学在文化专制时代曾被视为令人毛骨悚然的怪物，不分青红皂白地斥之为一堆腐朽的'垃圾'。实际上，现代主义文学是一个总称，其内涵错综复杂，既有一些具有进步倾向的作品，也有不少反动的颓废的作品，更有大量介乎其间的、在不同程度上以不同方式反映了现实生活的作品。从这个意义上说，这个选本是值得大大欢迎的。""同古典文学相比，现代派呈现出更为纷繁的特点，不仅支派多，作品繁杂，而且不少支派在创作方法上有所革新，技巧不断发展。……如象征主义、表现主义、未来主义、意识流、超现实主义、存在主义、荒诞派、垮掉的一代、黑色幽默、新小说派等。这些支派中产生了一大批颇有国际影响的作家及作品，成为世界文学的重要组成部分。"[①] 从这以后，《读书》开始大量刊载对于西方现代文学作品的介绍与评价。荒诞、绝望以及背后的人道主义，这些概念成了《读书》上出现频率比较高的词语。

80年代早期，《读书》对外国文学作品的介绍是以西方18、19世纪古典文学名著为主的。《读书》开始重拾那些曾经令人激动的外国古典作家作品，莎士比亚、歌德、狄更斯、罗曼·罗兰……其中关于莎士比亚的文章最多，据统计1979年至1989年累计就达到14篇之多。

---

① 万奉祥等：《品书录》，《读书》1981年第5期。

对于这些西方古典名著，《读书》的评论着眼点更多的集中于平等与自由的人文精神。无论是对亚利克斯·哈利的《根》的时代意义、"黑人"问题的思考，还是对儒勒·凡尔纳的科学幻想和探险小说魅力经久不衰的探索；无论是对狄更斯、雨果这样的批判现实主义作家的评论，还是对勃朗特这样的女作家意义的重新发掘；无论是对作品中的歌颂小人物同情穷苦人的肯定，还是对其尊重人的感动，都有恰如其分的评论。

方非的《劳伦斯的颂歌与略萨的控诉》①，用比较法来谈三部涉及性描写的作品：中国的《金瓶梅》和英国作家劳伦斯的《查泰莱夫人的情人》以及秘鲁著名作家——2010年诺贝尔文学奖获得者马里奥·巴尔加斯·略萨的《潘达雷昂上尉与劳军女郎》。作者说："《查泰莱夫人的情人》是一本好书……《金瓶梅》总给人一种'津津乐道'的感觉，《潘达雷昂上尉与劳军女郎》的字里行间，却处处流动着一种无以复加的悲愤。"无论作者是否对这三本书做出科学的价值判断，但能在那个时期评说这些被视为淫书、坏书的作品也是需要勇气的。该文中有这么一段话："事实证明，以女性为本位和以男性为本位都是片面的。对于性来说，只能是以男性与女性的共同和谐为最高标准。"下面加了着重号，间接地表达了编者或作者的观点。

柳鸣九是法国文学研究专家，他在《读书》上开设"巴黎鳞爪"专栏，梅里美、司汤达、雨果、巴尔扎克……法国文学大师级作家作品一一被评价。被称为"20世纪人类的良心"萨特逝世，他最早撰文《给萨特以历史地位》加以悼念。面对法国以罗伯—格里耶为首的"新小说派"却没有得到柳鸣九的青睐，原因何在？"促使作者做出那样鲜明的褒贬的，也完全是以'人道主义'这把尺子衡量的结果。"②究竟是捍卫人道主义或者摆脱人道主义？作者分析道："人道主义乃是人类自我拯救的方式。作为自我拯救的方式，人道主义满足了人类许多现实需要，直到今天我们也仍然因此需要它、依赖它，这是人道主义对我们的益处。但是，人道主义也在保护我们的同时大大蒙蔽了我们，特别当我们与自身以外世界进行交流的时候，人道主义成为一切虚伪假象的制造者。"这些论争顺应了当时人道主义的思潮。

冯亦代是中国最早翻译海明威作品的翻译家，他身为《读书》的副主编，不仅自己坚持十几年为《读书》供稿，同时还把一些重量级作者介绍到《读

---

① 方非：《劳伦斯的颂歌与略萨的控诉》，《读书》1988年第7期。
② 木弓：《向萨特告别》，《读书》1988年第3期。

书》上来，像杨宪益、董鼎山、柳门、黄裳、金克木等。《读书》最初的品格与风貌，都是与冯亦代等老一辈知识分子分不开的。他在《读书》上率先开辟了"海外书讯"栏目，自此，隔绝多年的异域文化中的一股股奇异之风一股脑地吹了进来。他的"西书拾锦"专栏共发表近90篇文章，狄更斯、厄普代克、德莱赛、亨利·米勒、杰克·伦敦、索尔·贝娄……这些中外著名作家走进了中国学人的视野，他"以朴拙而雅淡的文字，将外国文学的历史与沿革、最新的思潮与作品介绍给当时仍处于封闭状态的中国读者，打开了中国文化与世界的一扇窗子"。①

王佐良"读诗随笔"专栏里将密尔顿、华兹华斯、济慈、哈代、叶芝、艾略特等西方著名诗人的作品都给予了介绍，文章短小精炼，体现出了原诗的精神和气势。从此，许多外国现代文学名家，如尤金·奥尼尔、福克纳、波德莱尔、普鲁斯特、伍尔芙、乔伊斯、劳伦斯、托马斯·曼、帕斯捷尔纳克、叶赛宁、阿赫玛托娃、博尔赫斯等等都在《读书》上轮番登场。另外，西方20世纪60年代以后出现的重要作家：艾特玛托夫、邦达列夫、冯尼格、艾·巴·辛格、约翰·契弗、罗伯格里耶、加西亚·马尔克斯、巴尔加斯·略萨等，也都成为80年代《读书》关注的热点。

西方现代派文论

在对当代外国文艺流及思潮派的译介方面，《读书》是较早的尝试者，其范围之广，效率之高，可谓有目共睹。对当时世界文坛动向的跟踪和掌握，可以说《读书》已与世界接轨了。

《读书》在对西方文学作品进行大量评介时，也将西方的文艺理论带入中国。据不完全统计，从1978年到1982年五年间，在全国各种报刊上发表的介绍和讨论西方现代派文学问题的文章，将近400篇。② 这些对于《读书》杂志对西方文化和学术思想的引介提供了客观环境。

新鲜的空气不断东渐，大量的西方文学作品、文艺理论被翻译介绍到中国，从1981年到1985年，有关西方现代派和如何推进中国新时期文学的现代化，一直是文艺界的一个热点问题，并逐渐形成对西方现代派文艺评介、

---

① 《我将笑着迎接黑的美》，http：//www.jiaodong.net 2007 - 04 - 05。
② 朱栋霖、丁帆、朱晓进著：《中国现代文学史（1917 - 1997）》（下），高等教育出版社，1999年，第74页。

翻译的热潮。如今提起的"意识流""黑色幽默""荒诞派"等外国文艺流派,在当时的许多《读书》的读者看来都不陌生。继延续了几年的"现代派热"之后,研究者们又把注意力集中于评介外国文艺理论的新潮流和新方法,而对如何借鉴、运用这些新理论和新方法来调整我们的外国文学研究,则关注者寥寥无几。"我们还想多介绍一些外国新思想、新成就,不要弄得人家已经人人尽知,而我们还毫无所闻。这是不利于发展我们的科学文化事业的。与此同时,我们还要把重点摆在我们自己的新思想、新成就上去。"①

《读书》上陆续发表了大量外国文学理论和批评观念的评述,张隆溪的11篇"西方文论概览"系列文章,用有限的篇幅介绍了20世纪西方的文学理论,从文论角度填补了我们20世纪西方美学研究上的一个空白,影响颇大。自1983年第4期至1984年第3期,一气连载,先后介绍了精神分析学、原型批评、新批评、语言学人类学批评、结构主义后结构主义批评、叙事学、阐释学、接受美学等等一系列理论观念,深入浅出,有相当的规模效应,几乎涵盖了当时流行于英美所有的文学批评流派。这是其中规模最大的一次有关西方文论的介绍。这些文章主要侧重于对西方文论的知识性介绍、客观描述和概念解读,从文论产生、发展的历史,到基本理论的内涵,再到此种文论的利弊,都有所介绍,基本上做了一个略览的工作。

其中张隆溪的《故事下面的故事——论结构主义叙事学》,是80年代最早介绍叙事学理论的文章。论者尝试上溯俄国形式主义对叙事学的影响,并展示其理论在法国发展的具体情况。从今天的观点看来,该文章虽未能涵盖所有重要的叙事学论述(例如巴特和热奈特的分析),却能准确指出叙述学寻求世界结构本身"普遍语法"(Grammaire universelle)的核心理念:"结构主义者把复杂而范围广阔的文化现象概括成容易把握的基本原则和规范,确使我们更明确地意识到这些现象之间隐含的共性和普遍联系,同时为理解个别现象提供一个可以参照的思考框架。"②"20世纪文论不再那么看重诗人英雄的创造,却强调批评的独立性,乃至宣告作品与作者无关,作品的意义须借助读者(即批评家)才能显示出来。"《仁者见仁,智者见智》③ 一文初步向我国读者介绍了接受美学的基本概念,相当清楚地描绘了接受美学的主要轮

---

① 《〈读书〉两周年告读者》,《读书》1981年第1期。
② 张隆溪:《故事下面的故事——论结构主义叙事学》,《读书》1993年第11期。
③ 张隆溪:《仁者见仁,智者见智》,《读书》1984年第3期。

廓和基本面貌。1985年第2期《读书》又有刘再复撰文据此发挥，谈了接受美学对他的启发。后有赵一凡的"哈佛读书札记"，将丹尼尔·贝尔、霍夫斯塔特、派瑞·米勒、耶鲁批评、法兰克福学派等一并引介，规模也不算小。

由于1989年政治风波之后，中国和外国文化界的交流不畅，《读书》关于海外（包括日本）的稿源也因此受到影响。1992年第10期《读书》的"编后絮语"就呼吁："海内外熟悉洋务的朋友多提供一些来稿。……海外的留学生朋友，三年前来稿较多，近年颇有隔阂，现在恢复联系，快何如之！"

《读书》对知识分子及学术研究的关注起始于对国外现当代学术思想的介绍，比如《〈管锥编〉中的比较文学平行研究》（赵毅衡）是对比较文学最早的介绍，《记〈菊与刀〉》（金克木）在回顾旧书时介绍人类学与比较文化学，《数学、自然科学与哲学社会科学的相互结合》（赵鑫珊）等的观点今日虽不觉为新，但当时却都是对学术界有重大影响的开风气之作。

《读书》对于西方的文学以及文艺理论不遗余力的引介，但是它不仅仅是西方文化的传声筒，它在改革开始初期，成为了引进西学的桥头堡或者说打开了一扇看世界的窗户。

二　对西方政治哲学的引介

《读书》在介绍西方的政治哲学方面，从来就走在前面，其对政治哲学的探讨和关怀在不同时期表现出不同的面貌。

在《读书》创刊初期的几年中，应当时"思想解放"的时代需要，受当时社会上理论界的影响，给予马克思更多的关注。那时的马克思是绝对意义上的"读书权威"，是《读书》的大多数作者和读者心目中的学术标尺，是绝对真理的化身和象征。那时以马克思主义为前提和是非标准来论证自己的主张，引用马克思等经典作家的著述不仅是文章"在思想上正确"的标志，而且还是它"在学术上具有科学性"的标志。[①] 重塑"革命导师"和"真理化身"的马克思，恢复人们在文革中失去的信仰，是当时社会和历史的必然。

为了满足读者强烈的求知欲，《读书》认为"所谓观念上的改革，最不易

---

① 郗戈：《未来不能没有马克思——〈读书〉中的马克思形象》，《北京大学生杂志》2007年第3期。

解决的大概就是把中国放到整个世界规模里去认识、去探讨、去比较。因是之故,我们还是继续从马克思观点出发,在本刊介绍、评述一些新思潮、新动向,期望能有助于扩大改革者的视野"。① 《读书》的编辑和作者借着重读马列经典,在新的语境里寻找和重构符合现代思想的理论依据。"做编辑工作当然要有自己的眼光,但是更要有'手段'。对社会上的不公平,如果不能直接批评,我们可以通过各种材料各种曲折的手段,用马克思的语言去批评现在的现实。"② 《读书》作者们特别关注的是马克思与西方现当代思想之间的密切关联性,凸现出马克思作为西方现当代思想的重要来源这一不可忽视的理论地位。此类文章比较多见,而且有时会在一段时期非常集中,马克思在新的时代背景和思想氛围中被重新诠释和塑造。

从王逸舟的《马克思主义是指南还是公式?》③,沈国明《对马克思理论的再认识》④,到刘擎的《"奇异的沉寂"意味着什么?》⑤,马克思当之无愧地被当作历史上的'公共知识分子'的典型来加以刻画。50、60年代那种"我注六经"⑥式的、从马列主义经典著作中寻章摘句或利用经典著作中的现成答案为我所用的教条主义、实用主义及僵化模式,逐渐被摒弃。从90年代迫使知识分子面对资本主义全球化的挑战这一宏观历史背景中,凸现出马克思对于当代中国的现实借鉴意义的问题。开始了重新诠释马克思的积极尝试,马克思的形象逐步地被塑造为承载着人文主义精神的公共知识分子的典型。《读书》杂志始终对马克思给予了关注和讨论,从《保卫马克思主义》到《未来不能没有马克思》,从"马克思神话"到"公共知识分子代言人"的转变,马克思这个上一个世纪的幽灵仍然在发挥着他的思想的光芒。

80年代中期马克思退隐之后所遗留下的"思想真空",被多种西方思潮如萨特的存在主义、弗洛伊德精神分析学说、后现代主义、尼采直至海德格尔、伽达默尔等等竞相占据,呈一派鼎沸繁荣之势……苏格拉底、柏拉图、亚里士多德等古希腊贤哲,卢梭、康德、伏尔泰、孟德斯鸠、笛卡儿、黑格尔、马克思、尼采、韦伯、海德格尔、萨特、柏克、爱因斯坦、托克维尔、

---

① 《编后絮语》,《读书》1984年第8期。
② 吴虹飞:《沈昌文:我不是知识分子,我是知道分子》,《南方人物周刊》2007年6月6日。
③ 王逸舟:《马克思主义是指南还是公式?》,《读书》1986年第9期。
④ 沈国明:《对马克思理论的再认识》,《读书》1986年第10期。
⑤ 刘擎:《"奇异的沉寂"意味着什么?》,《读书》1998年第7期。
⑥ "我注六经",中国传统的经学研究方法。学者们匍匐于"经典"的权威下,只有"注释"的资格,却不敢稍有改动,更谈不上批评和创新。

杰弗逊、罗素等近现代启蒙思想家，还有以赛亚·柏林、哈耶克、波普尔、马尔库赛、弗洛伊德、伽达默尔等当代学者哲人，作为重要的精神思想资源，对他们学说理论的理解介绍和人格形象的认识丰富，《读书》起到了十分关键的中介作用。像"我不同意你的意见，但我誓死捍卫你发表意见的权利"，"容忍比自由更重要"，"权力导致腐败，绝对的权力导致绝对的腐败"，"民主是人类所找到的最不坏的制度"，"人性是善的，所以民主是可能的；人性是恶的，所以民主是必要的"等等名言警句，日益深入人心。

在80年代初期，对卢梭的叙述是围绕如何评价资产阶级启蒙主义的主题展开的。《读书》最早刊出关于卢梭的文章是严家其的《我们需要有无产阶级的伏尔泰、孟德斯鸠和卢梭》和刘瀚的《封建专制是人类不平等的顶点》，①两位作者皆将卢梭看作启蒙阵营中最激进彻底的反对封建专制和争取社会民主的思想家，而王沪宁的《卢梭政治思想的绵延》②则是以经典马克思主义视点对卢梭政治理论及其历史影响的述评，在肯定卢梭的反封建意义的同时突显其"资产阶级局限性"。而陈维纲的《评卢梭人民主权论的专制主义倾向》，这篇文章不再笼统地将卢梭描述为资产阶级启蒙思想家，而是在17~18世纪西方政治契约理论的思想史脉络当中分析其"主权在民"观念，阐释卢梭的问题意识的变化从一个侧面反映了当时知识界的"总问题"的迁移：反思和批判的对象已由少数人专制转为社会主义国家控制。③

哈耶克在《通往奴役之路》中这样讲道："使精神自由对知识的进步起主要作用的根本之点，不在于每个人都可能有能力思考或写点什么；而在于任何人对任何事或意见都可以争论。只要异议不受到禁止，就始终会有人对支配着他们同时代人的意见有所疑问，并且提出新的意见来接受辩论和宣传的考验。"④《读书》1986年第7期发表了崔之元的《追求传统的创造性转化》，该文是对哈耶克弟子林毓生的《传统的创造性转化》命题的推介。林毓生在《从苏格兰启蒙运动谈起》文中说："中国知识界一谈到启蒙运动，通常都是指18世纪由法国知识分子领导的启蒙运动（卢梭原是日内瓦人，不过，法语是他的母语）。事实上，18世纪另有苏格兰启蒙运动。"这篇文章是大陆较早

---

① 严家其《我们需要有无产阶级的伏尔泰、孟德斯鸠和卢梭》、刘瀚《封建专制是人类不平等的顶点》（1980，12）。
② 王沪宁：《卢梭政治思想的绵延》，《读书》1981年第12期。
③ 陈维纲：《评卢梭人民主权论的专制主义倾向》，《读书》1986年第12期。
④ 哈耶克：《通往奴役之路》，中国社会科学出版社，1997年，第157页。

介绍哈耶克理论与著作的学术随笔,后来,哈耶克自由主义理论在学界传播开来,对中国知识界有广泛的影响。① 柏克被公认为是保守主义的鼻祖。《保守的柏克 自由的柏克》(刘军宁《读书》1993 年第 1 期)这篇文章中作者厘清了对柏克所谓"保守"的指责,强调了经验理性的价值。文章承认"柏克的自由概念是有限的自由,没有限制的自由必然要导致无秩序和放纵。因此,如果秩序是合法的、正当的,自由必须服从于秩序,秩序必须最大限度地保障自由"。

> 保守主义的矛头是针对激进主义的,并不是针对自由主义的,除非这自由主义在哲学上信奉理性主义,在政治行动上追随激进主义。保守主义的关键不在保守与否,而在保守什么。若撇开了保守的具体对象,保守主义便空洞无物。"保守"是任何人都可能具有的一种天然倾向,并不自动构成"主义"。对于"保守"自身的多变性和不确定性,美国散文家爱默生曾有过生动的描述:"我们在春天和夏天里是改革者,在秋天和冬天却成了守旧派。我们在早晨是改革者,在夜晚是保守者。"柏克创立的保守主义保守英国的宪法,保守亲和自由的制度,保守对自由友善的传统。所以,保守的柏克只为特定的传统辩解。柏克的保守主义并不为任何传统(尤其是敌视自由的传统)进行辩护或是提供理论支持。所以,援引柏克为一切传统辩护当属无稽之谈。

王元化、朱学勤等人早在 90 年代初,就开始认真清理启蒙运动源头的理性主义和浪漫主义的矛盾、分歧及它们不同的历史影响。在《笑着的叫着的哭着的》② 这篇文章中,朱学勤以形象生动、诙谐智慧的语言,向读者描述了西方启蒙思想史中以伏尔泰为代表的英美派经验论者和以卢梭为肇始的大陆派先验论者对"同一个历史河床"的争夺。前者推崇经验理性,后者则以价值理性为宗。朱学勤回顾了在不同思潮的影响下所呈现的既悲壮也充满戏剧性的历史画面,尤其是反思了激进理性主导下法国大革命的负面因素。这篇

---

① 冯克利《哈耶克并不沮丧》(1993 年第 12 期)、邓正来《哈耶克批判的前提性准备》(2003 年第 4 期)、张曙光《哈耶克自由主义理论》(2005 年第 7 期)等。
② 朱学勤:《笑着的叫着的哭着的》,《读书》1991 年第 11 期。

文章的深意在于提醒人们，启蒙话语中本身包含不同的价值取向，而每种倾向都有其合理性，单独信奉任何一种理论，于学术信仰无可厚非，将之引入现实则可能就是恐怖和灾难。他在文中说：

> 可悲的是，人类理性有两股源头，社会发展却只有一条河床.当两条大河争夺一条河床时，或是江河改道，或是江河横溢，人或为鱼鳖——这就是法国革命式的悲剧。这样的悲剧当然不该重演了。……你卢梭喝令江河改道，要出大乱子，你伏尔泰占着河床不放，一水独霸，到头来也会水源枯竭，河底焦裂。你们两者齐力，一边拓宽河道，另一边疏浚淤泥，两河并作一水流，方能双源并下，交汇聚合，融入壮阔之海。

朱学勤在这里的反思，可贵的是重新提出经验理性并肯定其对人类实际政治的重要价值。十分明显，中国现代历史从"五四"的激进到"文革"的疯狂，不是同样有着悲剧性的问题——"从道德救赎的高尚起点，走向意识形态的封闭格局"吗？朱学勤在随后的《卢梭二题》一文中不仅提示了这一点，并且指出现实社会和知识界的尴尬局面："我们现在的情况可能有点麻烦。一方面，道德理想主义在该脱钩、该绝缘处尚未脱钩、绝缘；另一方面，道德理想主义却已经在一部分知识分子的价值立场中开始流失，而且大面积流失，形成了某种'价值倒挂'的局面。"

对海外学术思想和方法被引进的同时，其他海外学术研究的理论和方法，也随着与西方学术思想界交流的加强和西方各种学术著作的大量翻译，竞相涌入中国学术界。主要有：经济学界的西方经济学、自由主义学派等学派及其方法；文艺理论界的现代派文艺理论、后现代派、创作方法等西方各种文艺流派；哲学界的存在主义思潮、现象学、逻辑实证主义等等。这些五光十色的西方现代学术思想，备受中国学者、尤其是青年学人的青睐，令人目不暇接。

三 关于后殖民主义和民族主义的讨论

80年代中期"文化热"中新观念新方法层起，凡带有"新"字的东西就会被人们不假思索地狂热接纳。90年代的时候，"后"字又被推崇备至，优礼有加,诸如后新时期、后现代、后结构、后乌托邦、后文化、后殖民、后人道等理论联袂而至。1986年唐小兵对杰姆逊的后现代主义的推介,产生了很大影响,特别是他那本译自杰姆逊在北大演讲的《后现代主义与文化理论》,在知识界掀起了一股后现代热,一定意义上,这本书是让中国学界接触和初识后现代主义和文化研究的始作俑者,它对中国学界的影响可以说是相当深远的。

《读书》杂志于1992年第10期发表刘禾的文章《黑色的雅典》,介绍了美国关于西方文明起源的论争,是国内最早涉及后殖民主义批评的文章。"以美国而论,后殖民主义理论的影响业已覆盖多种学科的领域,包括历史学、人类学、社会学、文学理论(包括新历史主义)、女性主义理论、少数民族研究,还有其他所有冠以文化批评之名的学术研究。目前,代表这些学科最前沿的研究成果往往都有后殖民理论的渗透。"[①] 但当时并未引起重视。盛洪发表于《读书》1992年第12期的文章《东方世界的兴起》则是从经济史角度重新审视西方中心主义的文章。这类文字表明在1993年有关萨义德东方主义的介绍开始之前,中国知识界已经开始探讨西方中心主义问题。一些旅美学者借助各种新理论对于西方中心进行批判和解构,进而在知识界引发了初步的争论。

萨义德的《东方主义》于1978年出版后,在世界范围内引起了极大的关注,成为后殖民主义理论自觉和成熟的标志,萨义德被认为是后殖民主义理论的开创者。这一理论于80年代末、90年代初被介绍到国内,对国内知识界也产生了广泛的影响,一度成为90年代学术界译介和研究的热点,并取得了一系列研究成果。

萨义德的《知识分子论》历来被国人视作对知识分子的最深刻解读,《读书》曾在90年代发表王晓明对萨义德的评论《在低调与高调之间》[②]。文章援引萨义德的话:"知识分子是有能力向公众以及为公众来代表、具现、表明讯息、观点、态度、哲学或意见的个人。"同时,知识分子也是精神上的流亡者:"永远处于不能完全适应的状态,总是觉得仿佛处于当地人居住的亲切、熟悉的世界之外.'此类说法后来常被中国知识分子引以为自况。

1994年至1996年间,《读书》杂志及《天涯》杂志先后发表了数篇文章

---

① 刘禾:《黑色的雅典——最近关于西方文明起源的论争》,《读书》1992年第10期。
② 王晓明:《在低调与高调之间》,《读书》1998年第10期。

介绍萨义德《东方主义》及美国的后殖民主义批评,对于西方中心主义和文化新殖民的现实性和可能性给予尖锐的批评。这一人文思潮恰恰发生在亨廷顿的《文明的冲突?》一文激发的有关民族主义和全球化的讨论之时,《读书》借助稳定强势的学者群体,开展了对西方后殖民主义的专题性反思。①1993年第9期《读书》上三篇文章引起了社会的关注:张宽的《欧美人眼中的"非我族类"》概述了萨义德的两本书的内容,提出了中国学者对西方的非理性的看法和态度;钱俊的《谈萨义德谈文化》,指出了萨义德理论的缺陷是排斥了文化的其他维度;潘少梅的《一种新的批评倾向》介绍了后殖民批评的基本要点。在一期中连续刊登三篇文章介绍西方后殖民批评的理论文章,在中国学界引起了巨大的声浪。

对于那些坚信全球化和市场主义的人们而言,任何对于西方中心论的批评都是民族主义的,而对于西方中心主义的批评也确在现实中呼应了由于上述各种事件激发起的各不相同的民族主义视野和大众文化层面的民族主义。这些讨论与重新考虑传统、本土资源和对现代性问题的理论反思相互激荡,构成了对于1980年代以后主导性的启蒙主义知识构架的系统质疑。

大多数有关后殖民主义的讨论仅限于对西方学术著作的介绍和发挥,讨论本身并没有深入探讨中国在殖民主义历史中的位置、中国现代化过程与全球化之间的复杂的历史关系。更为重要的是,无论是后殖民主义对于民族主义的解构,还是文明冲突论及其他历史事件激发起的民族主义和全球化研究,均未能对"民族主义"作为一种多样的历史现象(如殖民主义的民族主义、反殖民主义的民族主义、文化的民族主义和军事的民族主义、国家的民族主义和大众的民族主义等等)及其各不相同的历史动力做出分析,没有对全球化过程与民族主义的关系给出清晰的解释。讨论在不同类型的"政治正确"之下宣告中止。但这一时期的相关讨论对于中国知识界摆脱西方中心主义的历史观和批判地理解民族主义问题有着积极的意义。

当代启蒙思想从西方的(主要是自由主义的和现代化理论的)经济学、政治学、法学和其他知识领域获得思想的灵感,并以之与正统的马克思主义意识形态相对抗,是因为由国家推动的社会变革正在经由市场化过程向全球

---

① 《读书》1993年9月号同时刊出张宽《欧美人眼中的非我族类》及钱俊《谈萨伊德谈文化》、潘少梅《一种新的批评倾向》等文章,杂志执行主编还以《他们文明吗?》为题发表了一篇后记。此后,张宽在《读书》1994年10月号发表《再谈萨伊德》对此前的观点加以补充论证。稍后一点,刘禾在《读书》1996年8月号发表了《理论与历史、东方与西方》。

化的历史迈进。是在不同程度上利用西方的资源,在西方话语中心的前提下反思中国问题。

《读书》绝不是西方思想知识话语的传声筒。1998年第7期《读书》发表的文章中,罗永生、王东亮、刘擎和曹天宇的文章从不同方面试图对西方知识分子思想做出解剖。罗永生介绍了班奈特和拉夏基斯兰有关福柯和葛兰西的知识分子论述,多少能够让我们了解一点西方知识界有关知识分子问题或人文精神问题的不同观点。也许受到西方有关这些问题讨论的影响,罗永生的写作风格也较为理论化。这从另一个方面说明,西方知识界的争论从未超出大学院校和学术期刊的范围,这和中国人文精神的讨论的广泛性形成了对照。这种对照衬托出知识分子在不同社会中的独特位置。在这场讨论中,占据中心位置的问题是:知识分子究竟以特殊的道德姿态行使体制外的批判职能,还是以一种"局内人"的批判观点进行"具体而微的体制内的反体制抗争"?这一问题的展开还进一步地涉及如下各种问题:知识分子问题是不是一个精英主义的主张?知识分子应该向谁负责?知识分子的社会批评应该着眼于制度和社会关系等中介环节,还是应该更关心社会关系的运动主体?

刘禾发表了《欧洲路灯光影以外的世界——再谈西方学术新近的重大变革》①,文章赞扬弗兰克和《白银资本》的思路和取向,这引起了一些学者的兴趣,也引起了一些人的不同意见,包括徐友渔、秦晖、雷颐等等学者,都写了文章质疑弗兰克的历史分析和刘禾的说法。2007年第2期发表的《哈贝马斯的纸片》文章,讨论哈贝马斯理论在当前的运用;第3期运用福柯的权力理论分析语言与政治正义的关系,探讨政治文化的重建;第5期运用心理学理论分析恐怖主义下时代赋予人们的心理变化与心理积存……

张旭东在《知识分子与民族理想》② 一文中,通过对美国哲学家罗蒂对兴起于上世纪60年代的"文化左派"的批判的分析,观察到美国知识分子心灵中生长不息的强烈的民族国家意识。这种跨文化的比较研究,对中国知识分子中的许多人也产生了影响。

甘阳在思索:一个长期积弱的经济落后国家迅速崛起为经济大国时,如果不能及时实现政治的转型而成为"政治成熟"的民族,那么这种经济崛起将极其危险,"它将加速暴露落后民族特有的'政治不成熟',这种经济快速

---

① 刘禾:《欧洲路灯光影以外的世界——再谈西方学术新近的重大变革》,《读书》2000年第5期。
② 张旭东:《知识分子与民族理想》,《读书》2000年第10期。

发展与政治难以成熟之间的强烈反差，不但最终将使民族振兴的愿望付诸流水，甚至会造成灾难性的结局即民族本身的解体"。①

丁耘在评说甘阳的文化民族主义时说："只有政治民族主义才知道战争仍在持续；只有文化民族主义才知道关乎诸神；而只有政治上成熟的文化民族主义才知道最终的政治不是别的，正是诸神之争。"②

王晓渔的《一场文化的光荣革命》③一文，尤其值得细品。这是此前曾热销的《中产阶级的孩子们：60年代与文化领导权》一书的书评。这篇文章解读原书达到的思想深度，以及对主题的紧扣、文字的可读性等方面远远超越了此前一些报纸刊载的原书书评。为了保持政治上的安全性，"中产阶级的孩子"大量的替换了意识形态词语。王晓渔在文中再次强调了原书的重点，即大量新社会学术语替代了传统的左派术语，看起来社会事件自此都具有"价值中立"的面目，例如"中产阶级"替换"资产阶级"，"白领"替换"小资产阶级"，"蓝领"替换"工人阶级"，"劳动密集型企业"替换"血泪工厂"，"全球化"替换"西方化""殖民化"，这种替换的最大效用就是使贵族文化的反思、歉疚一并抛弃。要保持中产阶级彻底把握过去由贵族阶级掌控的文化定义权，传统、民俗、历史、道德、伦理以及传统的政治观念都有必要纳入解构的范畴，而让消费主义、快餐文化、个性主张和相关生活方式、宽泛的道德和伦理解释成为新的主流意识形态。在这种解构和重构的过程中，推举出一批新的文化精英、文化贵族。他们自我标榜精神独立、主张自由，拥有物质财富但不为之所制。但诡异的情况是，新的文化精英、文化贵族不可能真正摆脱消费主义、轻思想、软物质的基础，他们必定要像传统的贵族阶级一样，逐渐追求品味、品位、品级，将其精心打造成一个个由财富搭建起的身份门槛。复古思潮的重新兴起，使得他们的思想喜好内容重新转向了传统的贵族阶级，只不过他们很聪明的将自己的追捧重新梳理为貌似具有"普适性"的时尚，通过消费主义的包装，让数目更为庞大的"资产阶级"（白领）成为追随者。这就是他们的复古回归。

---

① 甘阳：《走向"政治民族"》，《读书》2003年第10期。
② 丁耘：《文化民族主义，刺猬的抑或狐狸的》，《读书》2003年第3期。
③ 王晓渔：《一场文化的光荣革命》，《读书》2008年第4期。

四 对西方经济社会学的引入

改革开放初期,重读马列经典著作,解放思想是那时的主题。当时有人认为《读书》在已经刊出的各期当中"谈外国的较多,谈文艺的较多"是一个缺点,但是也有人认为"多年闷居斗室,没有吸收新鲜空气,现在多做一点深呼吸似乎也有好处"。最终陈翰伯表明《读书》的态度:还是要力争"多介绍一些外国新思想、新成就","从外界呼吸新鲜空气"①的思路。由于比较偏重文史哲,谈经济类的文章也比较少,即使有也是就马克思主义的政治经济学进行解读。

"70年代末以后,我国经济上开始实行开放政策,就经济科学说,这一开放必然产生了解西方经济学的必要。"②80年代,由于大量西方现代经济学著作和思想被引入,也可以说那时是中国现代西方经济学的"西学启蒙"时期。为了消除以往"西方经济学=政治学"的错误,中国经济学者开始学习吸收并"反思求真",以期找到适合我国的经济发展之路。这一阶段由于与《读书》"启蒙"主题的暗合,使得经济学及经济类文章在《读书》上出现繁荣景象,也涌现了许多经济学研究的学者。

沈昌文担任主编时期利用《读书》将大量的西方社会理论和经济思想介绍给普通民众。梁小民在1985年连续三期对西方经济理论的述评,③可说是对现代西方经济学一个框架性的描述。《经济学的开放》是反映当时中国经济学人面对西方经济学复杂情状的一个绝佳文本。在系统介绍现代西方经济学的主要流派后,作者认为:"当代西方经济学并没有改变其为资本主义辩护的实质,并没有改变其以现象代替本质的手法,也并没有放弃其反马克思主义的立场。这正是我们应从整体上对它加以否定的根本原因。"由于这种"整体批判,个体借鉴"(陈岱孙)的态度,当时的西方经济学才被学术界广泛接受,也使西方经济学有了一个合法的生存空间。

---

① 《两周年告读者》,《读书》1981年第1期。
② 梁小民:《经济学的开放》,《读书》1985年第1期。
③ 梁小民:《经济学的开放》(1985,1);《凯恩斯以前的经济学》(1985,2);《对"凯恩斯革命"的再认识》,1985,3)。

自1986年第10期始，连续10期的由伍晓鹰、张维平两位青年经济学家担纲的"经济自由主义的思潮对话"①，以10部西方经济学代表作品对70年代以来西方的经济自由主义思潮进行了述评，并借此探讨了中国经济改革进程中许多需要面对的理论问题——竞争机制、公平和效率、财产关系等等，并指出其应兴改革之处。其中一些颇具前瞻性的观点时至今日仍然发人深思，引起了广泛社会关注。他们密切结合中国的经济实际，介绍、评述新兴的经济学思潮，其对话体的行文，使深奥的经济学理论能够深入浅出、亲切随意，使不治经济学的读者读来兴味盎然。而连续十期的大手笔，和突破思想禁锢、不囿于意识形态框架的学术评论，也为读者们所称道。

何清涟和汪丁丁两位学者则从人文主义和人道关怀的基本价值立场出发，借鉴西方的经济学理论与发展实践，论证了市场经济绝不意味着放任自流的发展和"丛林法则"的回归，制度、法治、自由、民主，这些都是和真正的市场经济紧密联系的关键词。缺少它们，无论我们抱着多么善良的愿望向市场经济出发，无疑都会沦落到商道市场和金钱经济的冰冷现实中。在《经济学与"屠龙术"》②一文中何清涟引用了诺贝尔奖获得者、瑞典经济学家冈纳·缪尔达尔的研究成果，说明在印度、泰国、缅甸等国家，由于权力渗透分配领域、腐败现象无所不在，其结果是导致了分配的不平等和收入的集中化，最后阻碍了以保护和促进民众利益为目标的改革。她以事实驳斥了牺牲社会平等是改革必须付出的代价的荒谬观点，指出如果坚持这一谬误的看法，只会使国家陷入更大的混乱和贫困之中。

随着社会学学科恢复，《读书》杂志在很大程度上成为引介西方社会学思想、介绍中国社会学发展历史和状况的重要平台。不少读者正是从《读书》

---

① 《经济自由主义的思潮对话——谈哈耶克〈通向奴役的道路〉》（1986，10）；《经济自由主义的思潮对话：消费者主权——谈弗里德曼〈资本主义与自由〉》（1986，11）；《经济自由主义的思潮对话：竞争机制——谈艾哈德〈来自竞争的繁荣〉》（1986，12）；《经济自由主义的思潮对话：经济人——谈勒帕日〈美国新自由主义经济学〉》（1987，1）；《经济自由主义的思潮对话：经济人——再谈〈美国新自由主义经济学〉》（1987，2）；《经济自由主义的思潮对话：创新机制——谈熊彼特〈资本主义、社会主义和民主主义〉》（1987，3）；《经济自由主义的思潮对话——谈乔治吉尔德〈财富与贫困〉》（1987，4）；《经济自由主义的思潮对话：财产关系——谈卡德尔〈公有制在当代社会主义实践中的矛盾〉》（1987，5）；《经济自由主义的思潮对话：开放与发展——谈金德尔伯格〈经济发展〉》（1987，6）；《经济自由主义的思潮对话：动态均衡——谈卢因〈苏联经济论战中的政治潜流〉》（1987，7）。

② 何清涟：《经济学与"屠龙术"》，《读书》1987年第3期。

上知道了"马克斯·韦伯"①"布迪厄"②"福柯"③等西方学者的学术取向，进而思考关于中国的社会问题。张旭东在《韦伯的立场》中，提到韦伯否定用马克思主义的立场、观点、方法指导的必要性以及根本否定马克思主义的党性原则。其"价值中立"的研究方法实际上将科学性和价值性绝对对立、割裂，并非一种科学态度，理论上是片面的，包含逻辑矛盾，实践中则是做不到的，会导致并不客观的客观主义。"卢卡契断言，无论韦伯的社会学为资本主义提供了什么样的形式分析，韦伯的世界观给帝国主义时代的市民阶级带来的，只能是'宗教无神论'。"④这些文章扩大了社会学的影响力，加之文字比较通俗易懂，很适合社会学的业余爱好者们阅读。

> 读者从《读书》这个移动中的窗口里所看到的，不单是中国社会的景观，而且是在全球化中徐徐展开的世界的大景观，而《读书》的当代性也就体现在这里。活跃在《读书》文章里的许多思想，与世界上其他地方正在发生的理论思考不但同步进行，而且其中的有些论述还相当超前。这是因为中国如此大规模地卷入了全球化过程，对世界各国的经济和社会带来如此巨大的影响。这一崭新的格局不能不对已有的理论提出尖锐的挑战，也不能不对生长在中国的知识分子提出前所未有的挑战。无论是城市化、私有化、教育产业、文化产业、大众媒体、科学主义、垄断资本、能源的争夺、生态环境、性别政治、民主危机、移民网络、劳工和流动人口问题，还是医疗改革等等，这些都是各国知识分子都正在关心的话题。《读书》不但及时地回应这些当代的问题，而且它是以知识分子深刻的人文关怀和敏感去关注周围发生的一切。这些正在发生的事情往往没有现成的答案或方案，就像我们在移动的火车上想捕捉窗外的风景一样困难，但理论创新的契机永远是在没有现成答案的地方出现。⑤

---

① 座谈会侧记：《马克思·韦伯：一位思想家的肖像》（1985，12）；冯克利：《时代中的韦伯》（1998，1）。
② 江小平：《皮埃尔·布迪厄社会学问题》（1987，8）；顾昕《布迪厄一席谈》（1997，10）。
③ 李培林：《微型权力专家：福柯》（1989，2）；赵一凡《福柯的话语理论》（1994，5）。
④ 张旭东：《韦伯的立场》，《读书》2005年第1期。
⑤ 刘禾：《读书》窗外的风景，有关《读书》杂志的国际对话——全球视野、东亚社会与中国思想，学术中国网 http：//www.chinese-thought.org/zwsx/004723.htm。

五 对民主等问题的探讨

民主历来是西方思想学术界讨论的基本话题之一。1989年"冷战"结束后,有学者提出"历史的终结"的论点,有关民主的讨论更加深入。从80年代到90年代,中国社会发生了急剧的转型,思想文化也发生了相应的转型。知识分子的兴趣从安身立命的终极价值关怀转向了社会政治制度安排的原理和原则,从人文修养转向了社会科学,社会的中心问题从"要不要改革"变成"要什么样的改革"。

80年代中期《读书》也展开了关于民主与宪政问题的讨论,甘阳、刘军宁、汪丁丁等学者写了不少此类文章。① 这些文章的讨论,后来成为划分所谓"新自由主义"和"新左派"的依据之一。《读书》中以自由与民主为主要内容的讨论文章很多,② 甘阳的《自由主义:贵族的还是平民的?》③一文,作者一反之前的自由倾向转而关注民主与平等问题,表明政治哲学问题已经开始逐渐摆脱学理层面的探讨转与中国当代具体情势接轨。这些知识分子们有的主张民主,有的警惕民主。其实无论主张还是警惕,这都好比是学术彩灯下的轮番表演。反对民主者往往抬出了"文革"作为论证,他们把"文革"中的大众运动等同于民主运动。这种看法如果不是常识的匮乏,就是居心叵测。

---

① 《论新型的社会主义民主》(金作善,1979,1);《一种"民主的社会主义"经济模式》(顾昕,1985,10);《20世纪政治民主主义思潮竞争模式》(郑永年,1988,7);《打了折扣的民主》(冯克利,1993,3);《当民主妨碍自由的时候》(刘军宁,1993,11);《保守的自由主义与激进的民主主义》(陈家琪,1994,5);《经济民主的两层含义》(崔之元,1997,4);《警惕对民主的修饰》(王绍光,2003,4)等等。

② 代表性的文章有朱学勤《卢梭二题》(1992,6)、《让人为难的罗素》(1996,1),王沪宁《卢梭政治思想绵延》(1981,12)、刘浩明《启蒙的两难·柏克篇》(1996,3)、《启蒙的两难·康德篇》(1996,4),盛洪《怎样用自由保护自由》(1999,7)、《不可投票的和不可交易的》(1994,3),张汝伦《旅泰遐思》(1998,1)、《柏林和乌托邦》(1999,7),刘军宁《毋忘"我"》(1995,12)、《善恶:两种政治观与国家能力》(1994,5),李庆西《何谓"自由主义知识分子"》(2000,2),许纪霖《上半个世纪的自由主义》(2000,1),蔡晓《一曲自由主义的挽歌》(1996,8),汪丁丁《"主义"与"科学"》(1994,12),董乐山《自由主义:宽容还是偏执》(1995,5),甘阳《柏林与"后自由主义"》(1998,4),何兆武《天赋人权和人赋天权》(1994,8),王治河《后现代视野中的科学》(1997,2),刘文立《卢梭的社会政治哲学》(1982,12),张维平、伍晓鹰《经济自由主义思潮的对话——谈哈耶克〈通向奴役的道路〉》(1986,10),崔之元《卢梭新论》(1996,7),等等。

③ 甘阳:《自由主义:贵族的还是平民的?》,《读书》1999年第1期。

民主的前提必然是教育的普及,是真正的资讯共享。决策者只给百姓们展示冰川之一角,大众的视野是被规定了的,对知识的接受他们毫无选择权力,现代意义上的民主更无从谈起。

《读书》从1939年起就开始探讨宏观制度问题,并发表了多篇文章。① 崔之元推荐的顾准遗著《希腊城邦制度》,以及李培林《共和国真义考》就在提醒国内学者重视西方本身的制度差异、重视政治学概念及理论的发展和意义,从而发掘能为我们所用的价值所在。

进入21世纪后,《读书》又推荐了英国法学家白芝浩的巨著《英国宪制》,刊登了多篇对美国联邦制度及其民主制度和宪法的演变进行深刻分析的文章,无论从视野上还是思想上都有很大的启发作用,尤其值得一提的是,这些文章的专业性和可读性都很强。王希《活着的宪法》② 介绍了美国宪政发展历史的特点,他指出:"没有一部行之有效的宪法,没有一个具有高度应变能力的宪政体制,美国不可能及时有效地应对历史的挑战,不可能准确有力地把握她所面临的机会,也不可能面对并致力改正她历史上的不公和错误。当我们仔细阅读了美国的历史之后,我们也许会同意这样的说法:没有美国宪法,便没有美国的发展。"崔之元的《"二元联邦主义"的消亡》③ 分析了美国抛弃"二元联邦制"前因后果,告诉人们此举关键不在于"州政府与联邦政府之间的主权分割,而在于地方政府和中央政府都必须保障公民基本权利,都必须民主化"。联想到我国中央政府、地方精英与普通百姓三者之间关系为中心,构思在三者之间形成有机互动的"混合宪法"和"混合制度"的民主方案。他试图从政治理论上构思一种混合性的宪法和制度,建立中央国家、地方政府及资本大户和普通民众上中下三层互动的良性循环,旨在通过将民众的诉求转化为国家的意志,从而抑制新的贵族制度。对我们思考今日中国的政治体制改革有所启发。

《读书》杂志于2003年第4期发表了甘阳、崔之元、夏勇等有关先发和政治改革的文章。王绍光的《从税收国家到预算国家》,从三个方面提出建议:第一,熊彼特区分传统的税收国家及其前的领地国家(领主国家),随着公共财政时代的到来,需要过渡到现代意义上的"预算国家",预算国家要求财政统一、预算监督,统一是前提、监督是关键。第二,实现从税收国家到

---

① 丰雪心:《罗斯福:宪政精神》(1999,7);季卫东 《宪政的新范式》(2003,12);夏彦才:《变革时代的英国宪政经验》(2005,11);任东来:《改变美国宪政历史的一个脚注》(2005,9)。
② 王希:《活着的宪法》,《读书》2000年第1期。
③ 崔之元:《"二元联邦主义"的消亡》,《读书》1996年第9期。

预算国家的转型,有三种途径,一是财政上先统一,后来才出现预算监督;二是先预算监督,后财政统一,最后变成预算国家;三就是齐头并进,慢慢地一边推进财政统一,一边推进预算监督。法、英、美是上述三种途径的不同代表,特别是美国,国内政治民主和预算统一、监督深化是同步的。第三,中国应在财政统一、预算监督两方面齐头并进,逐步转型为预算国家。王绍光的预算国家主张,实际上特别对现阶段中国政府主导型的预算模式有针对性,对实质性控制政府任期政绩冲动、短期思维主导施政、约束利益集团游说分利可以起到非常显著的作用。但笔者认为,某些评论者将这种主张定义为"不亚于革命的伟大意义"、建设宪政国家的理论基础,未免有些心急,因为预算国家的提法压根只有过渡主义的意义。[1]

甘阳发表的《走向政治民族》[2],作者通过对《民族国家与经济政策》《联邦党人文集》等西方经典的研读与体会,提出中国应当成为成熟的"政治民族",自此,"如何走向政治民族"开始成为知识界持续关注的一个话题。孙亮的《雅典的喧哗与骚动:关于民主的另类想象》[3] 则引领我们回到雅典,剖析了雅典公民社会中精英与民众之间的关系,作者书写的虽然是历史,传达的却是对于社会分化和民主之关系的普遍关注。

由于所处新的语境(比如后殖民主义对西方文化霸权的批判)和新的历史环境(冷战后新帝国的形式),不可能不对"窃火"或是"拿来主义"这些往往被认为顺理成章的态度进行检讨。无论在哪一个领域,我们都应该尝试和国外理论建立新的关系。无论怎样,西方对我们来说都是一种可能的思想资源,对这种资源只有经过认真的分析批判之后,才能考虑我们对它的态度,也才能考虑适当进行某种"挪用"的可能性。这就要求对有关理论比较熟悉,有比较深入的了解,能够把这种理论和相关的学科形成史,以及相关的话语实践和社会历史实践,都放在具体的历史中加以考察,分析它们得以形成的具体历史动机,它们针对什么样的问题被提出,它们和社会各权势集团以及统治集团的关系等。

由于对西方中心主义批评的深入,无论在西方国家还是在非西方国家,越来越多的历史研究和理论研究表明,简单地把"西方"看作"现代文明"

---

[1] 王绍光:《税收国家到预算国家》,《读书》2007年第10期。
[2] 甘阳:《走向政治民族》,《读书》2003年第4期。
[3] 孙亮:《雅典的喧哗与骚动:关于民主的另类想象》,《读书》2007年第7期。

之河的源头，把世界近代史看作是这个"现代文明"从欧洲向全世界辐射的过程，把以工业化和现代化为标记的世界历史进程看作是"西方文明"优越于其他文明的结果，这只不过是个故事。实际上，整个现代化的历史从来都是世界各个民族和国家共同参与的历史，它们之间的复杂的历史纠葛一直被种种有利于证明资本主义合理又合法的"宏大叙事"所涂改和抹杀。

90年代兴起的大众文化正是在中国由计划经济向市场经济"转型"时期得到迅速发展的，因此，它又和当代中国意识形态和价值观念的"转型"有着密切的关联。如果这个"转型"已既成事实，那么其结果是什么？如何评价？促进这一转型的机制又是什么？《读书》在这其中扮演了什么样的角色？这些基于中国现实问题的分析研究和理论追索，必然要和对国外相关理论的研究、批判与"挪用"的过程同时进行。能比较快的找到合适的研究方法和批评语言，更为重要的是，是逐渐建立适应现代中国情况的文化研究理论和方法。

在《理论与历史、东方与西方》① 一文中，刘禾更进一步指出："它向我们提出挑战，大大超出了'西方理论'是否适合中国语境的老问题，更不是要不要反西方的问题，它真正的挑战是：中国学人处在当今剧烈变动中的全球化格局里，应承担何种角色？在跨语言、跨文化的学术和学科史研究中，中国学人能做出怎样的独特贡献？""就西方学术成果而言，只有循西方体系的内在发展理路去解读其具体的研究，才能弄清楚其心意所指；必有此理解，才谈得上对话、批评与借鉴。"②

小 结

《读书》对外国文化始终坚持开放的姿态，这样的编辑方针正好与当时人们的心理暗合，也是当下不可阻挡的中西文化交流的客观语境所提供的。一种文化必须通过与其他文化相互比较、相互对照、相互交流，才有可能为自身定位。在学习借鉴西方学术文化的过程中，如果能做到孔子所说的"和而

---

① 刘禾：《理论与历史、东方与西方》，《读书》1996年第8期。
② 葛小佳、罗志田：《东风与西风》（修订版），社会科学文献出版社，2011年，第7页。

不同"，就是最高的境界，而要做到这些，中国学人必须首先分清人我之别，对西方文化及西方文化群体产生真正的"了解之同情"，只有这样，才谈得上与对方对话、批评和借鉴。《读书》提供了一个窗口，记录了中国社会迅速变迁的过程中，知识分子们所做出的回应。正是这些关于西方学术和文化的译介使我们打开了眼界，才具有准现代的某些意识与观念。

第六章 "冷眼观热门"——《读书》的现实关怀

《读书》自创刊以来，从不回避介入"现实"。比如陈原、范用时代，《读书》曾经积极主动回应了"读书无禁区""读书无用论"；沈昌文时代组织了"人文精神大讨论"等社会现实问题。20 世纪 90 年代开始，随着中国改革开放进程不断深化，围绕着所有制改革过程中出现的诸多问题，《读书》杂志对于不断涌现的新问题均给予了相当的关注，除了组织专题讨论外，还发表了许多反映不同观点的文章。内容涉及到了三农问题、国企改革与产权问题、经济与道德、医疗改革和社会保障体制问题、大学改革、民主与法制、民族主义、经济全球化等问题，这些都与转型期中国及其未来的发展道路息息相关。

对待社会现实问题，《读书》的编辑们常常是保持一种"冷眼观热门"的态度，以此间接地表达对社会问题的看法。他们清醒地意识到有热必有冷、有盛必有衰的规律，并没有在社会思潮流行的各种"热点"中迷失自己，而是采取"许多问题看来很冷，你可以去把它们烧热，热到了大家都来关注的时候，赶紧抽身"①的策略，它并不是否定热点，只是做一些小经营，并组写了一些冷门文章，以严峻的态度对社会现实中可以研究的问题开展精神"对话"，这也是《读书》的一种生存智慧。

一 对中国改革推进的关注

从 20 世纪 80 年代开始，中国开始渐进式改革，避免了苏联和东欧"休克疗法"式改革带来的巨大社会动荡和经济的濒临崩溃，保证了国民经济持

---

① 沈昌文：《阁楼人语：〈读书〉的知识分子记忆》，作家出版社，2003 年，第 15 页。

续、稳定的增长,实现了增量改革这一目标。但是,自90年代开始,围绕着所有制改革过程中出现的诸多问题,知识界和思想界的争论十分激烈,分歧很大,尤其是经济特区的建立、技术革命的开展受到了一些人的质疑。针对这个现象,《读书》给予了密切的关注,强调"中国正在进行经济改革,在改革过程中,难免在某些环节、某个局部产生一些问题"①。但是应当在坚持马克思主义的基础上,加强对世界总趋势的了解,"中国应当把自己放到世界规模里去认识,去探讨,去比较"②。鉴于这个需要,这段时期《读书》对政治与社会问题的热诚关怀是通过思想、理论和学术的方式表达的,除了组织专题讨论之外,还发表了许多反映不同观点的文章。

许多中国的知识分子和国外的中国观察家以及社会学家对于中国的改革做出过各种各样的解释,人言言殊,莫衷一是。1997年之后,中国知识界关于此问题的争论达到白热化的程度,在这场经常被简化为"新左派"与"自由主义"的争论中,核心的论题之一是如何估价中国改革的成就和存在的问题。改革这个论题下面,包括以下两类:一是包括房改、户籍制度改革、政府机构改革、城中村改造、民工潮、社会底层等具体问题;二是"三农"问题,包括新农村建设、农民负担、村民自治、农地制度、乡镇企业等具体话题。

汪晖和黄平两位主编认为需要"将有关乡村社会、城市改革和各种现实问题的思考引入《读书》这个传统上更偏重人文领域的思想空间"③。《读书》杂志曾经推动过许多讨论,比如三农问题、生态问题、劳动产权问题、法律移植问题等等,其中三农问题所引发的社会讨论最为广泛深入,它严重地影响着中国改革的成败。

1. "三农"问题

虽然"三农"问题在农业专家中早有议论,但是这一问题成为公共讨论的话题却是从《读书》杂志开始的。从1996年,《读书》就开始邀请一批社会学家讨论乡村问题,并开辟了"田野札记"专栏,持续地发表相关文章,引起了强烈的社会反响。《读书》对于"三农"问题(农民、农业、农村)的首先关注,凸显了《读书》对于社会议题的敏锐度以及知识分子对于弱势

---

① 《编后絮语》,《读书》1985年第9期。
② 《编后絮语》,《读书》1984年第8期。
③ 《代编辑手记》,《读书》2007年第5期。

社会群体权益的竭力捍卫。因此可以说"三农"问题是在一种国家现代化极其危机的框架下才受到如此重视的,而其他极为重要的问题却无法引起媒体的高度关注和大规模参与的讨论。

关于"三农"问题的文章,在《读书》发表的达数十篇。

时间	《读书》对农民/农村问题的关注	作者
1996.10	《乡村中国的现代图景》	郭于华、释然
1999.12	《"三农问题":世纪末的反思》	温铁军
2001.1	《"农民真苦,农村真穷"?》	陆学艺
2001.10	《市场失灵+政府失灵双重困境下的三农问题》《中国农民何以"不善和"》	温铁军、吴思
2001.12	"乡村教育的问题与出路"专题	
2002.1	《社会等级制度与"三农问题"》	
2002.7	《我的困惑—"三农"寻思录之一》	李昌平
2002.8	《我的困惑—"三农"寻思录之二》	李昌平
2003.7	《关于"农民工问题"的系列访谈》访陆学艺、温铁军	
2003.9	《关于农民工问题的系列访谈二》	
2003.11	《关于农民工问题的系列访谈三》	
2004.6	《取消农业税将引发一系列深刻变革》	李昌平
2004.9	《农地制度安排与交易成本》	温铁军

在诸多文章中温铁军的《"三农问题":世纪末的反思》一文①,产生的影响最为深远。此文把农民、农业、农村问题作为"三农"概念首次在《读书》提出,这个话题甚至影响了学术潮流和思想潮流,并成为国策依据。作者认为,中国的"三农"问题源自两个基本矛盾,一是人口与资源关系紧张的基本国情,一是城乡二元结构的基本体制矛盾,这两个矛盾在相当长的时期是无法化解的。对中国这样一个劳动力过剩的农业大国来说,城市化不但解决不了"三农"问题,其自身反而要面临因农业人口的大量流入而带来的社会不安定因素和人口贫困问题。"三农"问题的浮现,与其说是体制弊端的产物,不如说是知识分子对改革开放以来自由化思潮的反思。作者用冷静的分析,朴实的话语提出独特的看法,并引发了学界关于"三农"问题的讨论。直到 2000 年 WTO 之后,这一讨论才深入到普遍性的危机层面,从而产生了

---

① 温铁军:《"三农问题":世纪末的反思》,《读书》1999 年第 12 期。

全面的影响。其中农业问题专家温铁军、陆学艺的一系列文章预示了"三农"危机的严重性。

杜润生先生作为从事农业问题研究的专家，他发表了《为了农业增产，农民增收》①则道出了"三农问题"讨论的最终目的。2003 年《读书》的"农民工问题系列访谈"，杜先生在对温铁军的访谈中，介绍了 90 年代以来农民大量进入城市的原因和背景，指出在新时期的劳资关系中，农民工处在绝对的弱势地位。在对陆学艺的访谈中，他描述了中国农民工的现状和存在问题，指出到 2002 年，离土离乡的农民已经高达 9460 万。农民工为城市建设做出了巨大的贡献，已经成为工人阶级的主力军，但却始终缺乏工人身份、缺乏和城市市民同等的报酬和待遇，并主张改变目前导致城乡二元结构的各项制度设置，特别是户籍制度。蔡昉则认为，解决"三农问题"的核心是要将农民从农村转移到城市；王晓毅则针锋相对，他质疑市场化是否有那么大的力量，并认为在市场化过程中，要在农村为农民留下一块土地作为保障。崔传义则主张破除歧视性的就业政策，保护农民工的权益。白南生认为城市化是个必然的趋势，政府应该帮助农民完成这个转型。这些学者们从政策研究的角度关注农民工的命运和转机，从理论层面给予政府决策提供"政策性建议"。除此之外，讨论还涉及乡镇企业改革、户籍制度、农业税和城市化等问题。

2. 医疗改革和社会保障体制问题

中国的经济飞速发展，医疗体制却不断萎缩，曾经为世界学习的典范如今却成为"倒数第四"的后进国家。早在 2002 年，《读书》上就发表《农民医疗保健的困境》，指出由于社会经济结构的变化，农村合作医疗制度的缺失，致使农民的医疗保障问题日益恶化。

2003 年以后，《读书》发表了对于医疗体制改革的一系列文章。朱玲的《社会医疗保险：非洲和印度的启示》②，"从印度和非洲的经验可以看出，采取市场经济制度的发展中国家完全能够根据本国社会政治经济文化的特点，建立独特的公共卫生制度和医疗保险制度并利用医疗救济手段援助贫困人口，以满足国民最基本的健康需求"。

---

① 杜润生：《为了农业增产，农民增收》，《读书》2000 年第 4 期。
② 朱玲：《社会医疗保险：非洲和印度的启示》，《读书》2003 年第 8 期。

李昌平的《一个不为人知的医疗合作社》①肯定了中国农村合作医疗的作用，对于新形势下如何恢复合作医疗制度，提出了三条建议：国家支持；社会化；以保障重大疾病为主；以此来完善公共卫生保健体系。

王绍光发表了《巨人的瘸腿：从城镇医疗不平等谈起》②长文，他谈到经济改革深刻改变了城市医疗体系的基础，政府应该通过医疗筹资和服务提供方面提高效率，以促进医疗资源的公平分配，重建一个廉价而公平的医疗保健体系，使基本医疗保健普遍可及。他从一个学者的角度，反映了我们社会公众普遍关注的话题。看不起病，已经成为众多国人尤其是广大低收入人群的噩梦。文章通过一连串触目惊心的数字，印证了我们在日常生活中的"小病熬着，大病等死"的伤痛、无奈、凄绝，揭示了医疗改革问题的严重性。下面这段话里，比喻作为一种修辞显示出了力量："中国在过去25年里已经成长为一个巨人，但这个巨人拖着两条瘸腿。一条是本文讨论的医疗体制；另一条是同样千疮百孔的教育体制。……我们不禁要问，拖着两条瘸腿，中国还能走多远？"

中国老百姓当下"看病难、看病贵"的集体性焦虑，很大程度上正源于现今的医疗体制"既远离传统又落后现代"的双重断裂。如果身后有传统的维系，有一个基本医疗服务体系的保障，"落后现代"是不足以使人焦虑的；如果眼前有现代的召唤，"远离传统"也没有什么。如今，传统丢了，现代又接轨不上，中国医疗处于"既无公平又无效率"的改革双输境地，使老百姓产生了"无所依赖"的焦虑。这也说明了医疗体制改革和医疗保险制度改革势在必行。

3. 经济与道德

从1995年开始至今，《读书》持续保持了对经济学的高度热情关注，平均每期都有2~3篇经济类文章，每年都有将近30多篇的发稿量，经济类问题以及需要经济学介入的社会讨论的现实问题也增加了许多。

吴国盛《豁出"生存"搞"发展"》③指出无"度"的发展主义就是癌症。许宝强《发展主义的迷思》④强调了人的本位意识及对发展至上主义的忧思："作为一种意识形态，各类发展主义学说都没有去（或没有能力去）反

---

① 李昌平：《一个不为人知的医疗合作社》，《读书》2005年第9期。
② 王绍光：《巨人的瘸腿：从城镇医疗不平等谈起》，《读书》2005年第11期。
③ 吴国盛：《豁出"生存"搞"发展"》，《读书》1999年第2期。
④ 许宝强：《发展主义的迷思》，《读书》1999年第7期。

思一系列的基本问题：究竟为什么要发展？经济增长是否就等于改善人们的福利、提高人们的生活素质？经济增长过程中，不同社群所付出的代价又是什么？对弱势群体（如原住民和女性）的影响又如何？除了'现代化'和'工业化'以外，有没有另类的发展（或'不发展'）轨道，能更直接改善人们的生活？这些都是发展主义忽略了的重要课题。"甘阳发表的《中国道路：30 年与 60 年》，运用经济理论对改革开放前 30 年与后 30 年的争论进行了梳理，分阶段剖析当时现状与改革进程，并在此基础上探讨改革共识。

在经济学领域分为何清涟为代表的现实派和以盛洪、樊纲为代表的学院派两个派别。何清涟认为，中国的现实问题与全球的资本主义问题有密切关联，中国必须在反思西方资本主义的基础上，走一条超越资本主义和传统社会主义的"制度创新"道路。在经济上，要求与计划体制对立的市场机制，认为中国目前在建立市场机制的过程中所出现的腐败与严重的社会不平等，并非是跨国资本入侵和全球资本主义体系所引起的，而是中国的市场体制"受权力机制牵制，经常是'看得见的脚'踩住了'看不见的手'"①，解决这些问题的途径是权力从市场退出和更为彻底的市场化，自由主义者必须为处于弱势的市场机制辩护；在政治上，自由主义要求代议制民主和宪法政治，既反对个人或少数人专制，也反对多数人以"公意"的名义实行群众专政，呼吁落实和保障个人的"消极自由"，尤其是财产权。

将《读书》发表于不同时期关于道德问题的文章结合起来读，就能引起很多的联想。茅于轼先生的《何必较这个真》②一文选取日常生活中一个小小的案例，透视了被传统文化浸淫甚深的中国人无视"经济效率"一味"较真"讨说法而浪费时间的文化心态，并进而指出此乃中国贫穷之根源。此文对中国传统的"道德立国"的"泛道德主义"文化的大加挞伐，的确引人深思和警醒。四个月后，《读书》刊发的另一篇文章——《道德批评的错位》③则对此持有异议，该文认为，目前中国现实中存在的功利主义、拜金主义泛滥、"道德真空"的出现等现象恰恰表明中国人目前缺少的正是这种"较真"精神。两种观点孰是孰非，读者自有公论。《读书》上刊登的另一篇文章——《道德主义的代价》④，该文以美国为例论述了文化转型过程中的代价和成本，而中国与美国相

---

① 何清涟：《现代化的陷阱—当代中国的经济社会问题》，今日中国出版社，2001 年，第 121 页.
② 茅于轼：《何必较这个真》，《读书》1996 年第 2 期。
③ 杨增宪：《道德批评的错位》，《读书》1996 年第 6 期。
④ 忻寒：《道德主义的代价》，《读书》1994 年第 3 期。

比，其转型的方向正好相反，即从"道德主义"转向"经济原则"。

樊纲的《"不道德的"经济学》① 认为道德问题有两个方面：一是道德是非的理性判断，二是道德实践的价值判断。樊纲没有区分这两个方面，把道德问题全部归结为价值判断问题，因而陷入了片面性。张曙光出来论证《经济学（家）如何讲道德》②，接着，又发表《批判规则、交往理性和自由精神》③ 对姚新勇的《不道德的经济学的道德误区》④ 做了"猛烈抨击"。姚新勇又以《纯学术何处寻》为自己做了辩护。《读书》对经济与道德的讨论，为改革开放下的社会呼唤公正。盛洪在题为《不可投票和不可交易的》⑤ 强调了个人价值和自由的不可交易性。他指出人们认为投票和市场不过是与计划经济不同的另外的社会选择方式，从而也具有超出个人的价值，显然是将计划经济对个人价值的观念简单地套用在市场与民主的头上了。

汪丁丁的《经济学的关键词》⑥《再谈经济学的关键词》等名篇，就是在《读书》上发表并得到了不少经济学的门外汉的欢迎，正是通过他的文章，使人们理解到经济学的精要。诚然，他的文章旁征博引，大气磅礴，没有广泛的阅读背景难以彻底了解，但每读便会有所得。而他对道德、知识、自由的关注，则是经济学者中少有的。《经济学的"关键词"》一文从学理角度论证了契约、制度、理性和道德对一个完备和健康的市场社会的重要性，他认为，"格物明德"方可"止于至善"，理性的制度才能保障市场各方权利和利益的正当实现，即社会总体利益的最大化。也就是说，即使仅从利益的角度考量，"己所不欲，勿施予人"的社会道德基础也是永远不可抛弃的。社会制度"必须建立在人们关于彼此权利的共识上"。"契约主义者从正义可以推出道德。""道德的败落在任何时候都是可悲的。我指的是使社会之为社会的那些道德共识，他们构成一个社会制度的基础。同样，一个新的社会要想站得住，也必须找到自己的道德基础。"

以此相呼应，何清涟于 1996～2000 年间相继在《读书》上发表了《经济

---

① 樊纲：《"不道德的"经济学》，《读书》1998 年第 6 期。
② 张曙光：《经济学（家）如何讲道德》，《读书》1999 年第 1 期。
③ 张曙光：《批判规则、交往理性和自由精神》，《读书》1999 年第 10 期、2000 年第 3 期。
④ 姚新勇：《不道德的经济学的道德误区》1998 年第 11 期，《纯学术何处寻》，《读书》2000 年第 3 期。
⑤ 盛洪：《不可投票和不可交易的》，《读书》1994 年第 10 期。
⑥ 汪丁丁：《经济学的关键词》，《读书》1995 年第 7 期，《再谈经济学的关键词》，《读书》1995 年第 8 期。

学与"屠龙术"》《"适者生存"与"有闲阶级"——面对财富与贫困的思考》等文章，不遗余力地抨击正在发生的国有资产流失、权力肆意寻租、社会诚信紊乱、底层利益受损等现象。何清涟的《经济学与"屠龙术"》说："经济学在中国还处在拓荒阶段，西方的经济学产生于那个特定的社会，其理论在很大的程度上只对解决本土的社会经济问题有效，生吞活剥地照搬到中国，除了能在纸上'新论'迭出之外，未必能解决实际问题。中国经济学界现在需要的是在借鉴西方经济理论的基础上，切实研究中国社会转型期的政治经济学问题。""有了真问题，才有真学问。"① 这是秦晖在评价何清涟专著《现代化的陷阱》时的文章标题，盛赞何清涟对当时经济改革的分析是切中要害的声音，找到了"真问题"。他在文章中对"姓'社'与姓'资'""'私有化'还是'公有化'"等林林总总的伪学问、伪问题做了驳斥嘲讽，再次强调"权力垄断财富""腐败阻碍公平"才是学术界应当面对的真问题所在。"一方认为平民私有化决不可行而权贵私有化可以放手大搞，另一方认为平民资本是洪水猛兽而官僚资本则不足虑。这不禁使人想到历史上那反复了无数次的'抑兼并'与'不抑兼并'之争：一方要厉行国家垄断而防止'阡陌间巷之贱人皆能私取予之势、擅万物之利'，另一方要放手让权贵聚敛私财而唯恐使'官品形势之家与齐民并事'。这样的争论用一句很不'学术'的话说，不是拿老百姓寻开心吗？！"

6.1.4 环境生态问题

时间	篇　名	作者
1996.10	《环境的起源》	唐晓峰
1998.12	《环境污染：经济学的思考》	王跃生
2000.2	《南山纪要：我们为什么要谈环境—生态？》	
2000.3	自然科学环境	
2000.5	《环境主义者的盛世危言与末日诅咒》	乐钢
2004.9	《环境经济学》	靳敏
2005.2	《环境生态问题与科学发展观》 《可持续发展背景下的生态阅读》	汪永晨等 章海荣
2005.10	《泡沫产生的宏观经济环境与政策》	王晋斌
2006.2	《为什么环境保护中自然主体缺失？》	杨润高

---

① 秦晖：《有了真问题，才有真学问》，《读书》1998年第6期。

《读书》2004年第1、2期分别刊登雷启立先生《坚持一种可能》和王诺先生的《"生态整体主义"辨》的文章。两文介绍的均是从生态、环保角度反思工业文明、资本主义和消费主义生活方式的著作。雷文介绍的书的作者是一位中国学者；王文则把西方发达国家的一些关注生态的学者的观点做了简介。

现代社会中公共领域与利益集团之间的关联是一个值得注意的现象。要想对社会整体进行思考和辩论，必须有像《读书》这样介于专业性学术刊物与大众文化刊物之间的刊物才能承担起理论性的论争，同时也将专家学者的讨论公共化。知识分子的争论和公共讨论，能够一定程度地转化到公共领域，改变一些取向。

4. 底层问题

90年代，随着国企改革的步伐加大，下岗工人大量涌现，"三农"问题的日益严峻，社会各阶层之间的贫富分化越来越突出。"底层"作为"弱势群体"逐渐受到社会的关注。底层艰难困苦和令人触目惊心的生存现状，刺激了知识分子的良知，激发了知识分子重新为人民代言的心理诉求。人文知识界对于"底层"的关注更多意味着关于平等、自由、民主、公平的意识形态诉求，而这种诉求应视为90年代以来"人文精神""民间""新左派"与"自由主义"论争等话题的延续和变奏，是90年代思想史内部逻辑的延伸。① 由于社会各方面的积极响应，"底层叙述"已经成为当代社会的一种"热门叙述"。

《读书》是较早对"底层"问题给予关注的杂志之一。它最早译介了一批国外关于底层研究的理论文章，如查特吉的《关注底层》②，作者认为很难寻找底层自主意识的佐证，底层史观是不存在的，因此作者呼吁关注底层问题。随后《读书》还发表了《关注社会最底层的社会学家》《底层研究 他者眼光 历史的可能性》③ 等文章。这些文章借助外国底层理论，对90年代以来中国社会在转型中出现的社会分层的趋势的现实进行讨论。讨论的重点放在了"真实的底层是什么""我们如何表述底层"这样的问题上。戴锦华《在"苦涩柔情"的背后》④，对电影《漂亮妈妈》把下岗女工的严肃的社会问题

---

① 季亚娅：《"底层叙事"言说的理路与歧路》，《江汉大学学报》2006年第6期。
② 查特吉：《关注底层》，《读书》2001年第8期。
③ 姚洋：《关注社会最底层的社会学家》，《读书》1999年第3期；李里峰：《底层研究 他者眼光 历史的可能性》，《读书》2002年第1期。
④ 戴锦华：《在"苦涩柔情"的背后》，《读书》2000年第9期。

转化为传统的盈盈母爱的普遍表达表达了不解。

2001年第8期的《编辑手记》对"底层"表示同情，批判了两重极端的态度："但是，如果他们说出来的意愿是要走私，要贩毒，要卖淫，要污染，我们又当如何应对？或者真的必须经过这么一个自发的过程？"——这样的论调我们都不能同意，我且不说最大的走私、污染者绝非底层民众，我们要强调，编辑们在这里忽略了一个最为关键的问题：底层无论是被视为暴民，还是被抬举为"常有理"，他们都是被决定、被命名的。在这中间，民众真正自主的历史是不存在的。在所谓"民主"的金字塔的顶端，恰恰是对各种理论"主义""思想""理论"驾轻就熟的利用与改造者。由于对"资本主义现代性"的批判和弱势群体的关怀使"新左派"在道义上获得了"底层代言人"身份，并将"自由主义"作为"中产阶级"代言人加以批判。

纵观整个《读书》发表的关于社会问题的文章，只有那些对于整个中国社会各层面都有广泛影响的问题，才会进入《读书》的视野。由此可见《读书》关注的是整个中国社会的发展，其现实关怀的所有角度兴许可以浓缩为两个方面——国运和民生，这二者相互联系，往往同一个选题涉及到这两个角度。而关注底层民生，关注弱势群体，体现知识分子的道德取向，让《读书》也因此不同于一般的杂志，而超越于一般的杂志。

二 对当代文学艺术及媒体文化的研究

30年来，《读书》除了对社会经济问题进行持续的思考，同时也创造了一个思想的批判空间，对中国头绪纷纭的各种问题——各个文化和思想层面，各个话语领域，各个专业和文学艺术门类，都给予了广泛关注。当代戏剧、当代诗歌，还有当代电影、建筑、摄影、考古等等这些既是学术圈的也是紧贴现实的问题都以《读书》为平台实现了相互对话，从而为中国知识界乃至社会引进一个世界性的视野。这种影响如果放到整个中国的转型时期去看，《读书》所具有的贡献的确是不可取代的。

《读书》中关于戏剧、音乐、艺术和文学的讨论受到了许多读者的好评，也受到了一些创作者的关注。《读书》的作者们满怀着对文化的热情，以自己的标准和立场，对于现代艺术进行了严肃的、不留情面的审视。通过艺术的视角展开了思想和感情的世界的讨论。

1. 对于文学艺术的关注

《读书》是一份思想文化类杂志,文学作品所占版面较少,但是,《读书》杂志却发表了大量关于文学的文章。80年代当文学大繁荣之时,《读书》也与文学保持了一段关系比较密切的时期。上世纪80年代初有人统计,《读书》杂志已发表的较有水平的各类文章大约有四百多篇,其中文学方面(包括古今中外文学作品和作家评介及文学理论等)占60%左右,哲学、美学、心理学、政治经济学、历史等社会科学方面约占27%,国际文化交流约占10%,其他如自然科学等约占3%。① 文学的突出契合了当时整个时代文学作为启蒙先锋的地位与效应。

现当代文学

与80年代现当代文学学科"复苏"同步,《读书》上也对此阶段的文学给予了关注。主要是以作家作品研究为主,常采用序跋、回忆性散文、书评的方式。

《读书》对于现代文学的贡献,莫过于重新发掘了"九叶诗人"群体。1981年江苏人民出版社出版《九叶集》,此书出版之前,袁可嘉为其撰写的序言就提前发表在1980年第7期的《读书》杂志上。围绕《九叶集》和"九叶诗人",《读书》上陆续刊发了6篇文章。② 同时也出现了一些重要的论文③,这些文章促成了当时重新评价和认识"九叶诗人"的热潮,复原了一个在现代文学史上本应得到重视的诗群的面貌。

1982年王蒙发表《一个值得探讨的问题——谈我国作家的非学者化》④,刘心武《在新、奇、怪面前——读〈现代小说技巧初探〉》⑤ 即是预示新时期文学创作大潮将起的先声。80年代曾经盛行一时的那批作家都被《读书》给

---

① 黄进雄:《我订〈读书〉三年》,《读书》1983年第1期。
② 袁可嘉《〈九叶集〉·序》(1980,7);杜运燮《怀穆旦》(1981,8);巫宁坤《绿色的希望的旗帜——读〈九叶集〉》(1982,4);辛笛《〈辛笛诗稿〉自序》(1983,9);曹辛之《面对严肃的时辰——忆〈诗创造〉和〈中国新诗〉》(1983,11);蓝棣之《有追求、有欢乐、有苦涩的诗》(1986,12)。
③ 袁可嘉:《西方现代派文学的边界线》(1984,10、11);袁可嘉:《西方现代派与中国新诗》(1985,5);袁可嘉:《西方现代派文学的由来、发展与趋向》(1985,6);王佐良:《谈穆旦的诗》(1985,4)。
④ 王蒙:《一个值得探讨的问题——谈我国作家的非学者化》,《读书》1982年第11期。
⑤ 刘心武:《在新、奇、怪面前——读〈现代小说技巧初探〉》,《读书》1982年第6期。

予了关注,从而把当代小说创作推上了高潮。此时期《读书》发表了对王蒙、张洁、刘心武、宗璞、谌容、张辛欣、刘索拉、贾平凹、张抗抗、陈建功、柯云路、张承志、王安忆等作家作品的评论,配合并推动南北方文学理论、文学批评大潮的涌动。同时《读书》也对大量外国文学理论和批评观念进行了评述。

《读书》不是纯文学期刊,也不是专门的文学评论杂志,但是它仍然对80年代文学理论的"人的文学"提供了一种声音,突出了对人的关怀,进而使那个时代的思想界更加多元化。

李以洪在《人的太阳必然升起》① 上发出关于人性论的最强音:"我要宣扬人性,我要宣扬人道主义。离开了社会主义人道主义,就没有社会主义;抛弃了社会主义人道主义,所谓'社会主义'只能是现代迷信和封建法西斯专政。"紧接着,李树声发表《时代弯弓上的响箭》②,对近期写改革的几篇报告文学进行总体评述。这些文章并不是以最热烈的激情和最坚定的信念传达那些昂扬乐观,它们以一种更深刻的角度去发掘改革及其利弊。

1985年,一部被认为是"宣传爱国主义"的从维熙的长篇小说《雪落黄河静无声》正当走红的时候,却受到了美学家高尔泰的言辞激烈的批评。③ 高尔泰之所以对这部小说严加批驳,就是因为他认为作者"从逻辑上来说是混淆了祖国的概念与不同时期政治路线的概念"。从而"把祖国派做了极'左'路线罪恶的承担者"。他指出,陶莹莹的越境潜逃,不是对祖国的背叛,而是对极左路线的反抗。所以并不能认为陶莹莹不是个爱国者。他认为中国知识分子即使饱经政治苦难也不与恋人一道去异国他乡苟活,小说明显赋予了移民以强烈的意识形态色彩,将其置于爱国主义与民族主义的对立面,这种失之简单化的政治—道德叙事模式,在很大程度上妨碍了80年代移民叙事走向繁荣与深化。

《读书》的铁杆作者金克木、张中行、王蒙等人的学者散文,是《读书》引领的一个延伸,同时,思想加审美这种艺术追求也培养了一个文类(学者散文)消费的市场。

---

① 李以洪:《人的太阳必然升起》,《读书》1981年第2期。
② 李树声:《时代弯弓上的响箭》,《读书》1981年第8期。
③ 高尔泰:《愿将忧国泪,化作丽人行》,《读书》1985年第5期。

港台及海外华人文学

港台及海外华人文学是既认同于中国文学，又区别于大陆文学，是中国文学中别具一格的成员。从创刊起，《读书》就对港台及海外华人文学给予了密切关注，使读者对港台及海外华人文学有了较为全面的了解，同时也拓宽了中国现当代文学研究的范畴。

首先是对於梨华、李黎、白先勇、聂华苓、林语堂、张爱玲等海外华人作家作品进行研究，① 受意识形态的影响，那时更注重他们作品的政治意蕴，乡愁文学比较受到重视。显示国内学界思想解放的大拓展与大深入的是张爱玲的重新被认识，对于这位80年代以后深刻影响了大陆和台湾文学的先驱与大师，《读书》上一共发表了8篇文章。其中柯灵的那篇《遥寄张爱玲》② 一直被认为是内地文坛为张爱玲"平反"的第一声。柯灵率先提出"偌大的文坛，哪个阶段都安放不下一个张爱玲；上海沦陷，才给了她机会"。他又说："往深处看，远处看，历史是公平的。张爱玲在文学史上的功过得失，是客观存在；认识不认识，承认不承认，是时间问题。等待不是现代人的性格，但我们如果有信心，就应该有耐性。"这些评价将长期被遗忘的民国才女张爱玲复活了，但是柯灵先生把《金锁记》《倾城之恋》和《秧歌》《赤地之恋》相比较，认为后者的"致命伤在于虚假"，沿用意识形态话语来评说张爱玲的创作，无法认同张爱玲对政治的超越的写作，显然是极左思潮遗患使然。柯灵先生最后强调："我近年来有一种越来越固执（也许可以说坚定）的信念：像政治、宗教这一类有关信仰的问题，应当彼此尊重，各听自便，不要强求，也决不能强求。"这一点还是比较客观的。

从1979年创刊到2008年间，《读书》登载与香港有关的文章共54篇，其中专论文学的46篇。最早的一篇见1981年第10期，是苏叔阳为福建人民出版社编辑《香港小说选》写的评论，题为《沙漠中的开拓者——读〈香港小说选〉》。他以那个时代意识形态的观点指出香港文学整体水平有待于提高，并且断言高度资本主义化的香港社会不利于文学的发展。香港左派作家罗孚（笔名是柳苏），他比较早的介绍了香港文学的状况和发展历程，打开了一扇了解香港地区社会的窗口。从1986年12月发表《曹聚仁在香港的日子》开始，到1992

---

① 晓立：《在谎言与欺罔中寻求真理——读李莉〈西江月〉》，《读书》1980年第12期；《白先勇短篇小说的认识价值》，《读书》1981年第7期；倪文兴：《不要忘了林语堂》，《读书》1988年第10期。
② 柯灵：《遥寄张爱玲》，《读书》1985年第4期。

年10月的《杂花生树的香港小说》，罗孚一共在《读书》上发表了20篇推介香港文学的文章，最密集时是1988~1989年间，每期都刊出一篇。被他论及的作家先后有曹聚仁、亦舒、金庸、梁羽生、三苏、唐人、叶灵凤、林燕妮、梁厚甫、西西、侣伦、岑凯伦、刘以鬯、小思、董桥、李辉英，其视野所及包容了通俗文学和严肃文学，内容包含武侠小说、言情小说、财经系列小说……1992年以后，《读书》登载的香港文学的研究文章数量锐减，即使在"九七"前后也未曾有较大改变，2000年之后，《读书》登载的文章主要是与推介"三城记"系列有关的，香港文学逐渐淡出《读书》的关注视野。

最早研究台湾文学的是发表于1979年第9期一条出版信息，汪德培的关于《日据下台湾新文学》，从此打开了大陆对海峡对岸文学创作的一扇窗户。作者高度评价了"赖和先生是日据下台湾新文学的导师"。随后杨逵、龙应台、陈映真等台湾本土作家逐渐被介绍。1981年《读书》第5期发表武治纯、梁翔踪的《吴浊流及其作品》；2004年第3期聂华苓的《踽踽独行——陈映真》，这些评论文章网罗了台湾文坛颇有影响的大批乡土文学作家，充分肯定其作品的思想性。他们的文学精神在深层次上承续着的中华民族深厚的传统文化精神及其与生俱来的忧患意识，以及在"五四"新文化运动中建构起的人道主义理性原则。①

1987年，台湾当局开放大陆探亲，台湾文学获得新的生命热力和文化视野。台湾乡土作家陈映真，《龙应台论小说》及其他文章，那来自宝岛学人犀利的言之及物、直面对手的文章，使人思考、震动。吕正惠的《30年反思"乡土文学"运动》②，这篇文章全面审视台湾地区70年代乡土文学论战及其流变。以前有人认为台湾"乡土文学"论战使台湾知识分子贯彻"五四"新文化民主科学精神的光荣传统，从实际发生情况而言，这样的断论显得有点可笑。吕正惠一针见血的质疑："'乡土文学'，哪个'乡土'？'中国'，还是'台湾'？'台独分子'凭借乡土文学借以鼓吹"台独"思想的策略相当成功，我们理应有所区别的理清"乡土文学"的派别分野。

刘俊《台湾文学：语言·精神·历史》③，从语言特殊性的角度来认识台湾文学，弥补过去台湾文学在中国文学中的缺席，不再是一个孤立的区域性

---

① 陆卓宁：《历史的"遗漏"：深入杨逵文学精神》，《长江大学学报》2005年第1期。
② 品正惠：《30年反思"乡土文学"运动》，《读书》2007年第8期。
③ 刘俊：《台湾文学：语言·精神·历史》，《读书》2004年第1期。

文学，而是"融"入了中国文学之中。台湾文学中的许多问题原本就是两岸文学共生的问题（如文学与政治的关系问题，"现代性"问题，文学功能问题，文学观念的转换问题等），而台湾文学与大陆文学的历史渊源和精神关联，也使台湾文学只有在整个中国文学的大系统中，方能充分显现其与大陆文学既相联系又有区别的特性。

2. 艺术及新媒体

以"随笔"的风格来评论和思考艺术现象，是《读书》的一大特色。它关注中国建筑、戏剧、美术、电影、音乐等领域，邀请著名批评家和作家，就中外的艺术活动、艺术作品进行分析与评论。

影视·戏剧

《读书》关于电影的随笔，一样的触觉敏锐，视野峭拔，似乎《读书》能够包容世界和时代的每一方变化、每一个机端。这些文章涉及面很广，从好莱坞电影，国际电影节，到台湾电影，亚洲电影，也有关于中国第五代和第六代电影的评论。

刘心武关于"第六代导演"张元的《你只能面对》[①]一文对很多人都产生了影响。他说，再年轻也好，再独立也好，再新潮也好，再"墙外花香"也好，你想进入中国现实社会，也就是进入有规则的游戏，那么，你也就得面对前几代人，面对他们的约定俗成，面对他们的积累、荣辱和即使确可叫作"偏见"的种种东西。在这个过程里，你当然会坚持你那主要的东西，但到头来你也还是要学会妥协，启示中国电影人必须为了面对观众和社会而创作。

2007年第2期《读书》头条发表李陀等人有关电影《三峡好人》的长篇座谈记录[②]。汪晖认为，贾樟柯电影的叙事方式可以与小津安二郎和侯孝贤比较来理解，小津的日常生活的细节、小人物的和历史汪洋中的孤岛般的片断故事，展示渗透在我们日常生活中的深刻变化。李政亮的《十字路口的台湾电影》[③]通过对台湾"新电影"运动的发生、成功的展示，客观地评价了台湾"海外电影节路线"的意义，预测了台湾本土电影的未来。

[①] 刘心武：《你只能面对》，《读书》1993年第12期。
[②] 崔卫平等：《〈三峡好人〉：故里、变迁与贾樟柯的现实主义》，《读书》2007年第2期。
[③] 李政亮：《十字路口的台湾电影》，《读书》2004年第2期。

所思的《只谈风月 不谈风云?》①,针对主流媒体对李安的《色·戒》一片叫好之声时,对该片做了理性的分析。作者说:"从思想层面来讲,《色·戒》巧妙地呼应了当前中国由来已久的主流话语——用个体生命消解宏大叙事,并视之为人的解放。这股思想潮流,本质上就是'不讲政治',不讲人性政治也不讲时代政治,消解历史意识,高扬人性旗帜,认为人性具有先天的超越性,而政治必定局限于一时一地,而且是暴力的、反人性的。……这种'不讲政治的政治',主打的正是'人性'这张牌,它的具体表现方式往往是'情感',并附加审美包装。"作者质疑这种以批判革命的暴力,表达个体的悲剧,来否定所谓"宏大叙事"的合法性。

《读书》曾经组织过好几次关于话剧的讨论,既有关于赖声川的戏剧,也有孟京辉、林兆华、田沁鑫等新锐导演的先锋话剧,分别就"国话版"与"人艺版"的《赵氏孤儿》两台话剧进行了座谈。2000年由黄纪苏编剧、张广天导演的话剧《切·格瓦拉》以强烈的宣传式的形式暴露当代中国生活中的社会不公、贫富分化、社会危机以及世界霸权的结构,采用了对革命的怀旧式的调子和人们熟悉的宣传剧的手段。格瓦拉这个角色在当代中国语境中的出现显然有一种召唤的意义:在当代条件下召唤革命的意识形态,以揭露中国社会的急剧分化;召唤一种新的国际主义,用以批判美国的霸权政策;召唤一种早已丢失的街头"说唱剧"传统,对抗过去20年来的精英化的艺术形式。这部戏剧曾经受到索飒女士1998年发表在《读书》杂志上《切·格瓦拉:永远的怀念》的启发,戏剧《切·格瓦拉》也邀请索飒担任顾问。《39年后的致敬》②,该剧用通俗易懂的形式,将"新左派与自由派"论战的内容以简化的形式呈现在公众面前,并明确地宣告说:知识分子之间的争论也是一场真正的社会斗争。

傅谨《覆巢之下焉有完卵》谈"戏改"的结果,他的《身体对文学的反抗》③是一篇有关戏剧理论的讨论,讨论"表演艺术是为人物服务,还是人物为表演艺术服务"这个在戏剧界争论很久的二元论的问题,他提出从目前戏剧的发展来看,真得重新评价与估量戏剧以后的发展问题,这是关系到戏剧存亡的大问题。这里就不仅仅是京剧的事情,而是整个戏剧界的事情。

---

① 所思:《只谈风月 不谈风云?》,《读书》2008年第4期。
② 索飒:《三十九年后的致敬》,《读书》2006年第7期。
③ 傅谨:《覆巢之下焉有完卵》,《读书》2002年第8期;《身体对文学的反抗》,《读书》2006年第4期。

2005年2月,《读书》编辑部邀请北京的几位戏曲研究学者,就围绕昆曲生存状况的相关问题进行了讨论,"我们如何给传统艺术在当下的生存以应有的尊严?""一个民族对自己的经典艺术丧失了信心和敬意,告诉我们重建文化自信有多么迫切、多么重要。"

音乐·美术

《读书》上面连续发表多个专栏对音乐艺术进行普及。许多读者都是通过《读书》上的"门外读乐"音乐随笔系列了解辛丰年的,又是通过辛丰年发表的文章了解西方音乐的。"门外读乐"专栏"意闲而语健,浅近而厚实,非'专业'而有'专业'的鉴赏力。……其实,他早就具备了'门内'的知识,却永远站在'门外'恳谈。也许站在门外的痴情者,才是'知音'的最佳位置。'门外',使他永远保持一份亲切,'读'乐,则启开'心的眼'——由听觉唤起视觉与思维,由大弦小弦的嘈嘈切切,牵出整个的'娑婆世界'。"① 辛丰年对欧洲古典、浪漫时期以及各国民族乐派和近代音乐做个人阐释,并以其别开生面的闲笔、闲文,使门外乐迷领略了许多音乐之美。

当代乐评家李皖开设的"听者有心"专栏取"言者无意,听者有心"之意,他打破了《读书》与流行音乐的界限。他对于"校园民谣""流行音乐""西方爵士乐""摇滚乐""节奏布鲁斯"等多种音乐类型都做了细致透彻的点评。他指出了音乐评论中的弊病,针对流行音乐评论,指出:"音乐批评的危险正在于作为音乐的行家,他可能听不到声音还没来得及进入那一片人类精神的进出之所,他的警觉和见多识广便已将之转化成了'语言的分析'。更表面的有只见文字语言不见音乐语言者,对歌而言,他们是些越了位的狭隘的文字批评家。"他的文字让人爱读愿读。比如《五月的鲜花》里,展示了学术与非学术研究方法的不同,是启发听者和描述创作者这两个不同的角度。李皖的发现和展示,是相当有价值和个性的。

时任中央美术学院美术史系主任尹吉男,被人称为"敏感而又冷静的艺评家",于1996年在《读书》开专栏"独自扣门",抒发其对书法、摄影、服装、水墨、版画等领域的艺术感悟,相继写了《前卫概念伤病员》《"方案艺术家"的崛起》《手艺·泛表演·细腰主义》《中国油画:正步方块队》等批评性随笔,也给中国当代艺术批评带来了很多妙趣横生的独特语汇。尹吉

---

① 于飞:《辛丰年与symphony》,《读书》1994年第9期。

男关于美术史的研究更多地还是带有文化史角度的观察，他以自己特有的冷峻、从容姿态和辛辣、调侃的笔调特立独行于中国当代艺术批评界。

巫鸿于 2006~2007 年在《读书》开设"美术纵横"专栏，他发表了一系列关于美术史的文章[1]，目的"绝不在于对美术史进行实践和地域的系统整理，而更希望能够成为一个'纵横驰骋，惟意所之'的领域"[2]。就美术史何以成为问题、如何拓展其思考路径、这一问题所置身的波澜壮阔的当代人文场景等等，提纲挈领地阐述了个人的见解。每篇短文的主题或古或今，或近或远，或宏观或微观，从多种视角引出对美术史的反思和想象，同时对西方当代美术史学的研究现状也多有阐述。

新媒体

当我们穿越基于社会思想潮流或政治思想或文化建构的历史大势对《读书》杂志做一扫描，触摸《读书》杂志的成长脉络时，感知到的是《读书》作为媒介本身，急于了解和研究的是这本杂志的信息生产、编辑作者、发行渠道以及它的读者定位和信息反馈。因为正是这些要素所发生的互动意义，使《读书》杂志形成了一个良性的闭合循环系统，导致大量信息的产生，形成这一媒介得以生存发展的注意力经济，发挥其影响力。

90 年代商业文化、大众传媒深刻影响人们的阅读兴趣，《读书》对于媒介表现出回应。"媒介批评"栏目，作者也一直处在变动中，章文峰《新媒介世界中的社会》，"许多人把当今媒体的特征归纳为媒介资源过剩、媒介趋同、大众传媒日益走向窄播、个人化互动媒体出现等等"，[3] 从"媒介是人体的延伸"来看，新媒介"对目标受众的点射"并不是简单的个人化，它使得个体能接触到某一细微共同点的人群，基于某一单一利益细分点的人群势必会在其他异质的利益点上冲突互动。翟永明的《新媒介 新经验》[4] 探讨了女性艺术家的新经验，数码时代新的艺术媒介替女性艺术家们打开了新的想象、突破和探索的空间，她们自身也在努力打破性别和身份以及艺术形式之间的各种界限，并且把目光投向更为现实的生活之中。

新媒体对传统媒体冲击的时候，"视像传媒"以其快速变动的表象性消解

---

[1] 尹吉男《"经典作品"与美术史写作》（2006，6）；《美术史与美术馆》（2007，3）；《重构中的美术史》（2006，10）《美术史的形状》（2007，8）等文章。
[2] 巫鸿：《并不纯粹的美术》，百度文库。
[3] 章文峰：《新媒介世界中的社会》，《读书》2004 年第 12 期。
[4] 翟永明：《新媒介 新经验》，《读书》2004 年第 7 期。

了深度模式，这使得思想的贫乏和人文精神的低落成为了一种新的危险。学者们走出知识的圈子，通过梳理历史文化知识传达出了某种普世的文化关怀或文化理念，读者也在他们那里寻求到了在主流意识形态之外，在谋生知识之外的纯粹智慧，品尝到了一种很浓的文化滋味，从而获得了理性的满足。

三 对世界关系与民族认同的思考

汪晖和黄平主持《读书》期间，他们将一个文人刊物转变成了公共知识分子的平台，并在那里展开了一系列的对于变动中的中国社会和变动中的世界格局的跟踪和分析，为国内外知识分子提供了一个非常难得的思想辩论的空间。"我们希望创造一个空间，这个空间不但能够面对中国政治体制的特殊性，而且也能够面对当代世界的变化，而要做到这一点，平等地参与国际学术对话和思想讨论是非常必要的"。[①]

20世纪80年代末90年代初，东欧剧变、苏联解体，冷战终结。世界格局发生了巨大变化。针对这个变化，来自不同国家和地区的作者，并不是在一个统一的主题下组织起来，所研究问题的深度和探讨的角度，也各不相同，呈现了多样化的面貌。但是，在新的视野下，重新梳理、研究、叙述各个国家、地区及其相关领域的历史和现实问题的努力，却是一致的。

《读书》一方面对西方思想、文化、学术的新发展继续保持高度关注度，及时介绍最新知识和思想，同时又与日本、韩国、美国、英国以及台湾、香港、大陆研究亚洲、东方问题的学者，在杂志上展开了诸如"亚洲的病理""伊朗问题与冷战起源""欧洲统一问题"等学术问题的讨论，并对国际重大事件，如朝鲜核战争、巴以冲突、阿根廷危机、伊拉克战争及时做出学理的回应，发出了中国学者的独立的声音。

《读书》开展关于亚洲、拉丁美洲、欧洲等问题的讨论，是因为觉得知识界的主流都把关注的重心放在自身的处境上，而唯一的参照就是西方，主要是美国。《读书》的讨论在一定程度上提供了一个怎么看待社会转变的知识性视野和话题，表明了中国知识界的视野从以往专注于一极的偏执状态向更广大、更开放领域转移的可能性。"为了构建这种有质量的讨论平台，《读书》

[①] 文韬：《别求新声：汪晖访谈录》，北京大学出版社，2009年，第376页。

为了照顾不同的立场不同的讨论，有些文章质量不是很高，但还是发了，因为它代表着一种立场。"①《读书》希望以一个世界性的眼光来判断中国的状况，也希望通过对中国问题的探讨，理解当代世界的状况。它讨论的范围几乎囊括了大陆知识界讨论的主要问题，大部分都是通过《读书》首先把它们弄出来，然后才引起大众的关注。

自 1996 年起，《读书》开始和国际接轨，陆续刊发了有关亚洲各国和地区、拉丁美洲以及俄罗斯、东欧等地区的专题讨论。国际事件上，《读书》先后关注过亚洲金融风暴（1998，4）、我国驻南斯拉夫使馆被炸（1999，6）、911 事件（2001，11）、美军虐房事件（2004，6）等。其中有关亚洲的文章就发表了 100 多篇，内容涉及南南合作、东亚历史、朝韩问题、俄罗斯改革、伊朗与冷战、朝核问题、日本对东亚发展的反思、底层社会等。关于这些问题的文章，《读书》发表了 100 多篇——从战争与革命的共同反思，到当代世界变化的种种轨迹，从区域内部的互动，到从一种新的事业看待整个世界的变化，这些有关非西方地区的讨论与有关美国、欧洲的分析一道，提供了一种与 80 年代的文化讨论和 90 年代初期的思想探索相当不同的思想图景和知识景观。②

1. 战争与革命的反思

《读书》以其特有的人文关怀深入挖掘战争背后的政治与伦理观，关注战争的合法性，深刻透视战争背后的种种因果关系，体现了中国传统的和平主义思想。此类文章精彩纷呈，③《读书》以其悲天悯人的济世情怀书写了中国知识分子们的战争观。

倪乐雄的《战争的文化透视》一文对富勒的《西方军事史》一书做了精彩的解读。军事学大师克劳塞维茨视战争为政治的继续，而富勒把战争放到社会的大背景中进行考察，认为"自古至今战争一直支配着人类生活"，"在两种文明中（农耕文明和游牧文明），战争的基本原因都是生物性的和经济性

---

① 甘丹：《汪晖：和当代社会更密切的对话》，《南都周刊》2007 年 6 月 8 日。
② 汪晖、黄平：《重构我们的世界图景·序》，生活·读书·新知三联书店，2007 年，第 7 页。
③ 有代表性的比如《广岛轰炸再反思》（甘阳，2000 年第 8 期）、《战争的影像》（顾铮，2005 年第 1 期）、《民主支持下的战争》（李零，2002 年第 9 期）、《平民化战争研究的启示》（李小江，2006 年第 10 期）、《战争之后的正义》（盛洪生，2006 年第 8 期）《战争与革命之于日本人》（沟口雄三，2000 年第 3 期）、《战争的文化透视》（倪乐雄，1992 年第 3 期）。

的"。富勒探讨了马拉松之战、萨拉米斯海战和普拉提亚会战对欧洲文明的早期发育的意义,发现决定性会战对历史进程的深刻影响。倪乐雄以此为立足点,对中西的战争文化进行深入的比较,得出较之西方战争的功利主义观(百战百胜为最高境界),而汉民族的战争观(不战而屈人之兵)更重视以"民本"为核心的伦理主义取向这一结论。剖析战争与社会文化之间关系的重要性,只有这样才能真正地理解文明的兴衰。

知识分子的共同话题,就是中日之间关于战争的记忆和关于历史的想象。《读书》首先提供了这样的空间,让中国和日本的知识分子同时发表关于战争记忆的看法。因此日本、韩国,也包括台湾,在这些国家和地区很多知识分子想了解中国知识界对亚洲的态度,会首先来找《读书》。孙歌的《实话如何实说》① 对于中日两国知识分子如何面对战争记忆,指出:"单纯的民族感情并不能够面对复杂的国际政治关系,也不能有效地进入活着的历史。"并总结中国的日本研究一直处在一个相当低的水准上,也使得中国知识界对日本战争责任问题的讨论要么知识化,要么情绪化……作为被害国与战胜国,中国知识分子对于二战的思考其实并没有达到日本进步知识人的深度。

2. 外交问题

《读书》对于台湾问题、中日关系问题的探讨,目的不是想通过文章去影响决策,而是在知识领域里,介入知识界的争论和分析,然后使这个分析慢慢扩展到媒体,扩展到一些公共性的话题。

钟乔的《冷战封锁下的民众文化》② 则进一步为我们揭示了台湾台独思想"壮大"的由来。作者指出,在冷战时期的台湾省,美式"自由""民主"的价值成为台湾民众生活学习中的一道常轨,并沿着对"现代化"无比憧憬的光景延伸而去,竟而也"接轨"到对日本殖民统治带来文明规范的"景象"之中,这一切都来源于对共产主义中国的仇视。1950年代被国民党政权处决的八千名地下共产党员,不仅被解严之后的国民党、民进党当局所刻意忽略,而且也被知识分子选择性的掩盖,这一方面各方达成了微妙的共识。作者认为其原因是:"共产党不被视作政治受难者……特别和中国共产党有关的这些人……""'二二八'被解释为中国政权欺压台湾人的悲情符号……因

---

① 孙歌:《实话如何实说》,《读书》2000 年第 3 期。
② 钟乔:《冷战封锁下的民众文化》,《读书》2007 年第 8 期。

而，最好利用来反对中国。"对这八千英烈的评价和定位，实际上才是台湾至今走不出冷战心态和斗争逻辑的关键。看到这里，就应该知道编者的专题策划的思路，接下来来自赵京华《殖民历史的叙述与文化政治》①则在前文的基础上更细致的探讨了日本的台湾记忆和台湾对待日本殖民统治的文化批判问题，颇值得一读。《台湾的大陆想象》，作者提出"海峡两岸若不能认真地对这段断裂的历史进行深刻反思，我们今日的症结将是难以解消的。而且不只对台湾的历史进行反思，还要对整个中国二百年来的近代史（以及整个东亚的近代史）进行反思"。②

从 1996 年起，《读书》转向亚洲资源，试图捕捉的是那些我们亦曾经历过但没能将之问题化，而其他亚洲知识分子却将其问题化的部分。"这种尝试不仅仅使《读书》成为亚洲知识分子沟通和对话的一个平台，还为中国读者提供了了解西方之外的世界有益的参照系。"③ 在当时找到学有专攻、又能进入公共讨论的学者非常困难，《读书》的文章为人们了解国际风云变幻提供了一个窗口。

《读书》讨论了与周边亚洲各国的关系和交往，也对如何处理好与其他国家的关系进行了探讨。④ 目的是我们使用不同的地区资源来追问同一个问题：我们怎样建构自己的知识立场？这个立场里面暗含着什么样的认识论主体？有关亚洲问题的讨论开始于 1996 年孙歌为《读书》撰写的几篇关于日本学者的系列学术文集《在亚洲思考》的述评。⑤

3. 反思苏东改革

1996 年起，《读书》杂志组织了一系列关于苏东改革的专题讨论，发表了闻一的"回眸苏联"专栏（5 篇）、蓝英年的"寻墓者说"（10 篇）和黄立茀的《苏联：一九九八年纪事》（2 篇）系列文章，持续地剖析了苏联集权体制衰亡

---

① 赵京华：《殖民历史的叙述与文化政治》，《读书》2007 年第 8 期。
② 郑鸿生：《台湾的大陆想象》，《读书》2005 年第 1 期。
③ 刘宏：《〈读书〉月刊尝试超越西方中心和中国本位》，《联合早报》2007 年 8 月 2 日。
④ 比较有代表性的文章有《60 年来中国与日本》（芝琢等，2006 年第 3 期）、《日中关系为何政冷经热》（津上俊哉，2005 年第 8 期）、《两个 60 年与日中关系》（子安宣邦，2005 年第 10 期）、《起火的世界》（蔡爱眉，2004 年第 7 期）、《伊朗危机与冷战的起源》（李春放，2003 年第 6 期）、《朝核问题的发展与东北亚的和平》（韩，李南周，2003 年第 11 期）。《跨国华人》（项飙 2004 年第 5 期）展示了几代华人的演变和血泪史。
⑤ 更为系统深入的讨论见（韩）白永瑞：《世纪之交再思东亚》，《读书》1999 年 8 期；（日）小岛洁：《思考的前提》，《读书》，2000 年 3 期；（日）沟口雄三：《"战争与革命"之于日本人》，《读书》2000 年 3 期。

的经验，沉痛反思了教条主义和乌托邦意识形态给苏联人民造成的深重苦难。

1997年第1期苏文论述俄国斯托雷平改革的文章《"否则就永远不能讲了"》。19世纪末俄国传统体制发生危机，一个宗法大家庭面临解体，这时最严重的冲突不是"要不要分家"之事，而是"如何分家"之争，"父"夺"子"利，独霸"家产"的斯托雷平改革，使俄国社会的革命因素聚积致变，不公正的"改革"引起"反改革"的"革命"。《读书》开展关于亚洲、拉丁美洲、欧洲等问题的讨论，是因为觉得知识界的主流都把关注的重心放在自身的处境上，而唯一的参照就是西方，主要是美国。

4. 恐怖主义

2009年"9·11"事件之后，恐怖主义成为影响国际关系的首要问题凸显出来。《读书》刊发了乔姆斯基的《恐怖主义、全球化与美国》[①] 一文，他明确地提出了国家恐怖主义这一说法，指责美国的中东政策是导致恐怖主义泛滥的根源。张汝伦的《恐怖主义的本源》[②] 文中说道："'9·11'事件的历史意义在于，它以血腥悲剧的代价，再一次敦促人们正视恐怖主义这个现代的基本现象。"指出"恐怖主义的根源在现代性本身"。恐怖主义的暴行，敦促陶醉在全球化美梦中的人们猛醒。

在《萨义德论恐怖主义》[③] 一文中，萨翁认为恐怖主义一词带有太多的政治偏见，不如"暴力"一词客观。西方无视以色列对巴勒斯坦人民的杀戮，却把恐怖主义标签牢牢地与巴勒斯坦联系在一起，伊斯兰成为了恐怖主义的代名词，这是十分不公平的，并进一步刺激了巴勒斯坦人民，使巴以陷入了冤冤相报的政治困境。作为一名有良知的知识分子，萨翁不得不两面开弓：一方面反对西方和以色列对巴勒斯坦解放运动的诋毁与丑化；另一方面谴责伊斯兰极端组织的行动，指出他们这种做法解决不了问题，只能使本国人民遭受更多的苦难。萨翁指出，美国在阿富汗战争和伊拉克战争之后所实行的"中东改造计划"会适得其反，将遭到阿拉伯人民的强烈反抗，因为美国并不知道阿拉伯人所需所想。萨翁所见可谓高瞻远瞩，但正如作者在最后所说的："政治的困局、顽冥不化的偏见不能在短时间内解决。"萨翁已逝，但其风骨

---

① 乔姆斯基：《恐怖主义、全球化与美国》，《读书》2001年第12期。
② 张汝伦：《恐怖主义的本源》，《读书》2001年第11期。
③ 胡新亮：《萨义德论恐怖主义》，《读书》2006年第6期。

将成为今后知识分子的宝贵财富。

5. 金融危机

1997年亚洲金融危机爆发时，全球化的金融资本与"国民经济"之间的冲突以极为明确的形式展现出来，进而促成了民族国家在全球化浪潮中重构"国民经济"或"国民经济变体"的决心。而中国知识界几乎提不出对于亚洲各国状况真正深入的分析和富有预见性的洞察，也无法解释为什么中国能够从这一灾难中幸免。

《读书》组织的专题讨论在一定程度上提供了一个怎么看待社会转变的知识性视野和话题。① 它几乎囊括了大陆知识界讨论的主要问题，大部分热议话题都是通过《读书》首先把它们弄出来，然后才引起大众的关注。

关于这些问题的文章，《读书》发表了100多篇——从战争与革命的共同反思，到当代世界变化的种种轨迹，从区域内部的互动，到从一种新的事业看待整个世界的变化，这些有关非西方地区的讨论与有关美国、欧洲的分析一道，提供了一种与80年代的文化讨论和90年代初期的思想探索相当不同的思想图景和知识景观。②

《读书》关注外国的强大，实际是为现实的中国寻找借鉴。在过去30年里，正是由于对批判意识和国际主义视野的双重坚持，《读书》才成为一个重要的知识分子的思想园地。80、90年代恰好是国内学者与国外学界开始频繁接触的阶段，也是中国的社会经济经历一场脱胎换骨的变革时期，更是冷战后世界格局发生巨变的年代。在多重变化的夹缝中生存的《读书》，如果没有变化则意味着丧失了对于时代变迁的反应能力。

四 对全球化和区域化的讨论

什么是全球化？贝克认为："全球化指的是在经济、信息、生态、技术、跨国文学与市民社会的各种不同范畴内可以感觉到的人们的日常行动，日益

---

① 《金融危机挑战"经济奇迹"》（何清涟，1997，12）；《对全球金融危机的反思》（张帆，1999，9）；《钉住制度如何酿成泰国金融危机》（王宇，2007，10）；《美国金融危机与我们》（陈彩虹等，2008，12）。

② 汪晖、黄平：《重构我们的世界图景·序》，生活·读书·新知三联书店，2007年，第7页。

失去界的限制。归根结底,无论人们是否相信、是否理解,这些都与可以感受到日常暴力一起从根本上发生变化。一切都被迫适应这种变化,并做出回答。金钱、技术、商品、信息、毒品都超越了国境。这些原来都是无法设想的。甚至政府也情愿让一些东西、人物、思想(毒品、非法移民、对于破坏人权的批评)在国外找出路。按照这种理解,全球化指的是空间距离的死亡。人们被投入往往是很不希望、很不理解的跨国生活形式中。根据安东尼·吉登斯的解释,这是超越距离(由不同民族国家、宗教、区域、大陆组成的似乎是相互隔绝)的世界。"①

世界范围内的"全球化"浪潮,从经济层面上来说,它意味着"国与国之间贸易和资本投资的大量并正在增加的流动";从国际关系和社会学的层面来说,它乃是一种"破除疆域"的过程,使得人们的社会空间不再局限于以往的疆域观念(地方、传统群体、地方国家等等)。②对于"全球化"的概念,至今有许多解释,其核心部分主要是全球经济的一体化,是资本、信息和技术超越国界的结合。而伴随着资本在世界范围内的流动和市场的自由开放,必然会带来经济实力和政治权利的重组,引起一系列的政治、社会、民族国家的变化。20世纪末已经发生和正在发生的许多重要现象和过程,都必须在全球化的框架下来解读和认识。

今日的中国不可避免地被卷入全球化过程中,对于正在加快进入世界一体化过程的中国来说,"全球化"究竟意味着什么?全球化的世界将向我们展示出什么样的图景?这些问题,是许多人在疑惑和关心的,也是《读书》力图弄清楚的。

20世纪90年代初期,中国对于全球化的热情部分植根于对于西方的想象,也是从那个时期开始,一些旅美学者借助于各种新理论对于西方中心主义进行批判与解构,进而在知识界引发了初步的争论,开始讨论和关注全球化问题。与此同时以欧盟为代表的区域化进程也得到了重大发展,北美、非洲、东亚开始效仿,区域一体化进程不断加速,学界对此进行了持续的讨论,《读书》也对此给予了关注。

《读书》时任主编认为中国学者一方面需要超越自我中心的视野,另一

---

① 张世鹏:《什么是全球化》,载陈定家主编:《全球化与身份危机》,河南大学出版社,2004年,第5-6页。
② 徐贲:《中国语境中的全球化、现代化和民族国家》,《社会理论》第2期,南京大学出版社,1994年。

方面又必须用一种平等的心态参与国际对话。于是《读书》提供了一个平等对话的平台，让知识分子们展开思想领域的交流和讨论，它邀请了许多专家学者为其撰稿，也常常和国外的专家学者一起进行座谈、讨论、对话、辩难。

期号	篇名	作者
1995 年第 7 期	秩序还是失序？——阿明和他对全球化的看法	汪晖
1995 年第 7 期	全球化"悖论"与现代性"歧途"	刘康
1998 年第 12 期	《世界》对抗全球化资本主义的构想	孙歌
2000 年第 1 期	全球化的另一面	万俊人
2000 年第 12 期	全球化与文化多元论	万俊人
2001 年第 8 期	怎样全球化	温铁军、戴锦华等
2001 年第 12 期	恐怖主义、全球化与美国	诺姆·乔姆斯基
2002 年第 4 期	村庄民主与全球化	姚洋
2002 年第 5 期	后民主民族与欧洲未来	曹卫东
2002 年第 10 期	三种新的全球化国际关系理念	佩里·安德森等
2002 年第 12 期	单向度的全球化思想	梵当娜·施瓦等
2003 年第 1 期	从世界历史看全球化	纪坡民
2003 年第 2 期	今昔随想	加尔·布雷斯等
2004 年第 3 期	东方主义的全球化	张兴成
2004 年第 7 期	帝国、全球化后社会主义	麦克尔哈特；安东尼奥奈格里等
2005 年第 3 期	全球化：性别与发展	陈光兴；钱永祥
2005 年第 8 期	"中国的全球化"与"跨国的福建人"	李明欢
2005 年第 11、12 期	南南合作走向复兴——雷米·哈里拉等 萨米尔·阿明访谈（二篇）	雷米·哈里拉等
2006 年第 11 期	全球化与多样性	古克礼；刘兵
2007 年第 3 期	全球化之下的中国研究	于治中
2007 年第 7 期	全球化、现代性与中国	阿里夫·德里克
2009 年第 7 期	全球化时代的"山寨现象"	王跃生

温铁军和戴锦华等人关于《怎样全球化》的对话[①]，他们认为对全球化的强烈呼吁其实多是跨国资本的声音，全球化带来的将是对劳动力剩余价值

---

① 《读书》2001 年第 8 期。

的掠夺和资源的占有，这与百姓心目中的世界大同、移民等完全是两码事。

学者们对全球化的论述，从中国与世界的相互关系中衡量中国的国家安全与利益角度，警示全球化可能给发展中的国家带来的消极影响。《读书》对全球化的讨论，不是简单的否定和肯定，而是历史分析。比如研究全球化的历史条件、霸权性构造、移民网络以及文化问题，也研究引起全球化的社会冲突：比如印度的宗教冲突与全球化的关系、俄罗斯私有化与全球化的关系等等。《读书》对美国的霸权和战争政策也不断进行批评，主要是批评那种新自由主义全球化的意识形态，分析当代全球化过程中的垄断和霸权结构，回应的问题却是全球化时代的中国的抉择和当代知识领域的不同声音。

90年代初期被当作克服中国社会自身危机的唯一有效途径的"全球化"命题逐渐失去了光环。如今，全球化除了用于描述全球经济的相互关联、传统国家体制的转变和日益增长的移民网络之外，它还与帝国、帝国主义、支配、限制和垄断紧密地连接在一起。

王跃生的《全球化时代的"山寨现象"》，提出"山寨现象"是全球化和市场多元化背景下衍生的一种独特现象。它不只是体现了边缘和草根对主流的崇拜与向往，而是考验中国经济模式的试金石。这个现象提醒我们国人"只有当我们能在发展中不断吸收一切人类文明的成果，在现有规则、制度与秩序的范围内真正走出一条不同于西方道路的中国道路"，才能真正塑造出中国的良好形象。

《读书》只是一份小小的刊物，但它积极主动地邀请不同方面的学者和知识分子参与讨论，深入地揭示暴力链条之间的相互关系和真正的根源，表现各自的分析、立场和可能的选择。我们期待的是以广泛的民主为目标的真正的公共讨论，它应该能够触及当代世界的扩张主义的基本规则和动力：究竟是什么样的经济和政治机制推动着对资源的争夺、控制和冲突？人类能否找到一条摆脱这一不断滋生出不同形式的殖民主义、扩张主义和恐怖主义逻辑的新的道路？《读书》中有关现代性、发展主义、全球化以及全球伦理问题的讨论全部与这一问题有关。①

---

① 《编辑室日志》，《读书》2001年第11期。

小　结

在当代中国社会激烈的变化中,《读书》能够始终和现实保持对话,主动介入许多重大思想问题的讨论,敏感的回应世界的风云变幻,它提供了一个让各种思想和学说自由讨论的空间,为思想文化界搭建平等交流的平台。

在这30年中,《读书》对公共问题的关心,更多的是通过知识和思想层面的讨论来展现的,而且提供了各种专业知识的背景。《读书》在介入现实性问题时,主要策略还是从思想的、知识的和理论的角度出发,而不是进行直接的公众讨论或政策性辩论,它致力于创造的是一个立足于反思与批评的建设性的思想氛围。

《读书》杂志独特的吸引力不仅在于把上述现实问题引入其视野,表现出强烈的现实关怀,更在于它能够提供多学科的交流平台——具有多学科背景的知识分子围绕相同的话题进行激烈辩论的难得的平台。这样并不是对产生于现代学术分科制度的中国传统"人文性"的背离,而是在新的历史条件下重新发展,是为充实我们的人文传统的努力。

第七章 "不伦不类"——《读书》的美学追求

20世纪的最后20年,《读书》这本专爱发表"不伦不类"文章的"不三不四"的杂志,以博学平静的知识话语为表,内隐着深切的价值关怀和现实关注,给读者留下了思考与品味的空间。

一 题材特点:言在书内,意在书外

《读书》杂志是读书人、爱书人的刊物,它力求做到"开卷有益",成为广大读者的朋友。陶渊明说的"奇文共欣赏"是《读书》出版宗旨之一。创刊时《读书》对杂志的内容做出了具体规划:"要有评论、笔谈、书的评介、新书序跋、作者介绍、读书札记、书讯、书摘、装帧评价、出版界信息以及关于书和出版工作的知识小品等项目。希望能够做到新颖、鲜明、生动、活泼,有文有图。"①

《读书》以"读书"命名,因此它长期以来重视以谈书品书为主题的文章。早期它开设的"国际文坛漫步""海外书讯""西窗漫笔"专栏,使改革开放初期的读者尽快了解世界文化出版动态;其"书人书事"栏,回忆往事旧闻,缅怀前辈学人的治学为人,激励后生学子;"著译者言""编辑者言"栏,是专为辛勤劳作的作家和"为人做嫁"的编辑开辟的园地。"读书献疑""求疵录"栏,侧重问题讨论,指谬匡误。另外,还辟有"书摘""读书小札""读书信箱""读者·作者·编者"等栏目,沟通编者与读者之间的联系。其文涉及中西古今、谈论书林掌故、普及版本知识、记叙书人书事。主

---

① 《编者的话》,《读书》1979年第4期。

要是以书为谈论由头，不论新书还是旧籍，著作或者译述，只要其中的论述足以为今日读书界取法和注意的，均可评介，借以阐述对社会的看法和观点，"言在书内，意在书外"。

"书评"和"新书评介"（即原来的"图书评介"）是这样分工的："书评"是具有研究性的评论文章，能较深入的评论一本书或相同题材几本书的得失，或者由此说开去，评说相关课题的研究状况，阐发评论者的学术见解，字数一般在万字左右；"新书评介"则需简明扼要，介绍值得推荐或应当批评的新书，以三四千字为宜。关于图书的评论，无论长短，都应言之有物，实事求是，勿为空泛溢美之辞；而对于那些以学术著作形式出版的粗制滥造作品给予适当的批评，对作者、读者以及倡导严谨的学风和净化学术、出版界，无疑都是有益的。①

书评，是《读书》杂志的主要栏目，占据大量篇幅。它在为读者筛选公开发行的专业书评，过滤图书信息、提供可靠的购书和阅读指南方面，也形成了一定的公信力。

我国拥有悠久的书评历史，它发源于中国古代笔记、明清小品文等散文体。不过严格意义上的"现代书评"则是近代从西方引入，在"五四"前后才真正在中国建立起来的，20世纪30、40年代，"书评"发展到一个高潮，出现了一批有较大影响的书评刊物、书评家和第一部书评研究专著（即萧乾所著《书评研究》，商务印书馆1935年出版）。其中最有影响的书评刊物是在共产党领导或影响下的"进步刊物"，如《读书与出版》《读书月报》（二刊均由三联书店出版）。

新时期以后，最早出现的书评刊物是三联书店于1979年3月创办的《读书》。今天的"书评风"它的源头应该是从《读书》开始的。《读书》的畅销带动了这股"书评风"。1979年9月由上海人民出版社创办的《书林》（1980年6月停刊）、《世界图书》（1979年）。此后，在中宣部的直接领导下，《博览群书》（1985年）和《中国图书评论》（1987年）相继创办。此外，重要的书评刊物还有《书品》（1986年）、《新闻与出版》

---

① 《历史研究》1996年第1期。

(1988 年)、《书城》(1993 年)、《书与人》(1993 年)、《书屋》(1995 年)等。书评报纸办的较早的是《书评导报》(1984 年)、《文汇读书周报》(1985 年)和《新闻出版报》(1988 年),继之有《中华读书报》(1993 年)、《中国图书商报·书评周刊》(1999 年)。还有许多报纸开辟有书评、读书专栏,如《人民日报》《光明日报》《解放军报》《科技日报》《科学时报》《北京日报》《长江日报》《新民晚报》《北京晚报》等等。甚至连中国人民大学书报资料中心编辑的《复印报刊资料》也有《出版工作·图书评介》专集。《中国出版》《出版广角》《文学评论》《文史哲》等期刊也都有相当的书评版面。有的杂志在编发图书评介文稿时,均表明"可以参考《读书》杂志的经验"。① 总之,读书需要书评,书评首推《读书》,这大体已是当时国内图书界的一致看法。

《读书》杂志的办刊目的正是为的使一般读者更好地理解、领会历来知识精英创造的丰富成果。所以"《读书》杂志本身有意无意间塑造出一种类似文化评论风格的书评体裁,即不必像专业书评那样必须准确概括所评书籍的内容,且所论有时也不一定紧扣原书主旨,常常可以借题发挥"。② 在当代对作家作品的评价由谁做出,用什么样的方式做出,按照什么样的标准,这种评价又如何转化为一个时期的阅读风尚等等问题,《读书》都表现出了它的与众不同的看法。

《读书》的书评大致可分为这样几类:

1. 读后感式

刘小枫的《我们这个时代的怕和爱——重温〈金蔷薇〉》③,表达了他们 50 年代人对俄罗斯精神的一往情深,以及对一个写出兼具思想的光芒和文字的灵动的民族的赞叹。

孙津的《后什么现代,而且主义》④,巧智与调侃虽然十分及时,却没有阻止人们趋新逐异的兴头。或许适得其反,"后现代"却因此文愈加名声大振。直到好事者将后学家们争夺帅位的黑幕揭开,人们才稍微清醒了点。回过头来认真对待"后什么现代,而且主义"这个问题。再加上王蒙先生在

---

① 《中国社会科学》1985 年第 3 期。
② 葛小佳、罗志田:《东风与西风》(修订版),社会科学文献出版社,2011 年,第 2 页。
③ 刘小枫:《我们这个时代的怕和爱——重温〈金蔷薇〉》,《读书》1988 年第 6 期。
④ 孙津:《后什么现代,而且主义》,《读书》1992 年第 4 期。

《读书》上痛说中国的前现代，人们终于应该掂量出孙津此文的分量了。

王蒙的"欲读书结"专栏话题广泛，谈苏联文学，谈李商隐，谈魏晋文人，谈好莱坞电影等，重在自己的读后或观后感想，重在与古人洋人神交即心领神会处，借他人的灵柩哭自己的块垒。①

2. 序跋式

严格意义上来讲，书评与序、跋等是有一定区别的。然而，也不排除有一些序、跋等文章也是对书籍的价值判断，也可称其为书评。黄裳的"来燕榭书跋"系列（从1992年第4期开始至今），则主要是作者把自己所收藏的古籍题跋摘录下来，一则一则排列在一起。主要以文言为主，作者会加案语，把自己的评论简明扼要地表述出来，或幽默生动，或严谨精到，这是中国传统题跋的直接延续。

金克木的《百无一用是书生——〈洗澡〉书后》②，此篇虽是金克木先生对杨绛先生的小说《洗澡》的评论，却无意之中道出了特殊境遇之下读书人的普遍心态。从康有为、梁启超到陈独秀、胡适、鲁迅，一路谈下来是《围城》《洗澡》，读书人在这一个世纪里的遭遇，既可悲又可笑，既可怜又可叹。金先生一句"百无一用"道出了无数读书人的心酸与无奈。

3. 札记式

《读书》上主要有赵一凡的"哈佛读书札记"、李培林的"巴黎读书札记"、樊纲的"现代经济学读书札记"、周启超的"莫斯科读书札记"、王铭铭等人的"田野札记"。

赵一凡的"哈佛读书札记"，作者专治文学，然而文中在"文化"这一总题下，所论极广，这大概反映了国外治学所谓"科际整合"（the integration of inter — disciplinary studies）的特色，而文章之庄谐俱备，更适合《读书》的风格。

"政法笔记"是冯象在《读书》开的专栏，是他对中国法律问题的思考。以英美中古文学博士的笔意，言说国内法治领域的大小故事，从孔夫子名誉权、鲁迅肖像权、婚前财产公证、取名用生僻字、美国大选……涉及到知识

---

① 王蒙：《绝对的价值与残酷》，《读书》1999年第1期。
② 金克木：《百无一用是书生——〈洗澡〉书后》，《读书》1989年第5期。

产权的方方面面，就文章而言，都称得上汉语法学随笔写作的巅峰之作。这些随笔也彻底改变了我们传统的"普法观念"，通过学者言说本身去影响一种现实的语境，以期普法之目的。

4. 征文式

《读书》还间断性的开办征文活动。1980年就举办过"我爱读的书"征文活动。2009年《读书》杂志与香港《明报》世纪副刊和台湾《中国时报》人间副刊共同组织了"炎炎夏读99"活动，邀请北京、台北和香港两岸三地的九位文化人士，为大学生各推荐11本书，共99本书。葛兆光、王安忆等两岸三地的文化界名人纷纷将自己的阅读心得登出来与读者分享，这场在读书危机中坚持读书的社会活动目的是鼓励青少年多读书。

5. 诗品诗话

这种类型的书评既有来自于专业学者细致绵密、洞幽烛微的文本分析，如葛兆光《十八世纪的学术与思想》，罗厚立、葛佳渊《万里长城的历史与迷思》[①]；也有职业作家体贴入微、知冷知热的同感共鸣。如余华的《眼睛和声音——关于心理描写之一》，对海明威的《白象似的群山》、罗伯·格里耶的《嫉妒》、威廉·福克纳短篇小说《沃许》的心理描写进行了细致的剖析。还有王安忆的《残酷的写实——重读〈包法利夫人〉》[②] 等批评文字。

6. 通信式

《读书》上发表的这种形式的书评通常发生在批评家与作家之间，这些文章很少涉及理论，往往就文学创作上的某些问题展开互动，对于创作来说极具指导意义。

新时期一位重要的文学评论家李子云，以一种独具的新锐批评眼光，在《读书》发表了多篇关于创作的通信类文章，[③] 他始终保持着对新作品的密切关注。

书评的意义在于把学术、文艺、文化等有内涵的东西通过公共媒体的平

---

① 分别参见《读书》1996年第6期，《读书》1993年第2期。
② 分别参见《读书》1998年第11期，《读书》1999年第12期。
③ 李子云：《关于创作的通信》，《读书》1982年第12期、1984年第7期；《同一社会圈子里的两代人》，《读书》1986年第5期。

台向社会释放。好书不仅需要,而且也值得通过优秀的书评阐发价值与意义。好书评是独立的作品,是思想的星火,能启迪读者,引发思考,同时,好的书评不能缺少客观、理性的批评。

"书评是一个深奥的头脑对一本书考后的产品。"(董鼎山语)书评是作者人生阅历、知识积累、审美情趣、才情禀赋的综合体现,作者知识能力、人格品质会对书评传播效果直接产生重要的影响。书评作者多为专业领域的学术专家,就其身具备着的很强的专业素质而言,其也有一定的"话语权"。文章能够针对书籍所涉及的学术领域而针对性地对书籍的内容与创新之处提出见解。此外,作者亦能针对书籍中所涉及的专业学术研究状况而展开讨论,这有助于促进我国学术理论研究的进步,有助于促进我国学科的建设与发展。书评的作用在于唤醒读者对以往生活经验、思维成果,感受积累的记忆,将他们带入一种特定的精神状态中,使读者产生对图书的期待。进而达到书评的综合目的。

因此,书评首先要解决的是可读性、吸引力、感染力的问题。对书评而言,真实可信的内容、爱憎分明的态度、真切细微的感受,以及明确的目的、重大的作用等都依赖如何表现问题的解决。需要书评家正确而熟练地处理好内容与形式这一矛盾。只有这样,实现书评美的理想也才有保障。书评应该融知识性、信息性、思想性、学术性和趣味性于一体。还必须刊登与书、与书评、与知识、与文化等有关的以增长阅读者知识,提高其文化知识修养的小文,如书品、书话、书的知识、名人与书等。

改革伊始,《读书》即以自己的资源优势,组织评介20世纪的西方学术名著和新思潮。这些评介,不仅开阔了读者的视野,彰显人文精神,影响了一代知识人,而且延续了三联的风格。凡是涉及欧美各国政治、经济、科学、文化、艺术等方面的问题和有关东西方各种社会思潮等书籍,《读书》都愿意发表文章和译介进行评介。它以思想、人文类文章为主,侧重对人、对国家及民族的人文关怀。《读书》的书评重在推介,并不怎么批评,因而它往往成为人们了解新思想、新动态的一个窗口。在活跃的80年代和比较沉闷的90年代前五六年,它几乎是一花独放,有一大批读者,这与其发挥的独特功能有关。[①] 1986年以后,《读书》相继发表了许纪霖、刘小枫、赵一凡等人在中西文化碰壁中沉思知识分子命运、心态、展望知识分子前途的书评,这些书

[①] 欧阳哲生:《书评与学术批评的规范》,《近代史研究》1999年第1期。

评也以深沉的情趣、睿智的哲思而具有思想史资料的意义。《读书》涉猎广泛学科，也使其书评的理论知识密集性与其他报纸书评版相比具有明显的强势。这不仅为书评读者提供了丰富的"精神资料"，同时也为我国学科研究与建设提供了一个交流的平台。它对大量书籍的介绍或评介，推动和繁荣了改革开放以来的文化事业。

二　文笔艺术：追求学术，出以文章

"文笔"指的是写作的技巧和文章风格。体现《读书》杂志定位与宗旨的重要标志，是其特定的文体风格。对于期刊来说，"文体"的重要性，一点不亚于"内容"或"立场"。"文体"（Style），在我国一般翻译成"风格"。童庆炳先生给它下的定义是："文体是指一定的话语秩序所形成的文本体式，它折射出作家、批评家独特的精神结构、体验方式、思维方式和其他社会历史、文化精神。"① "文体"概念应包涵三个层次：一曰体裁，二曰语体，三曰风格。这呈递进态势的三个层次的完满呈示，标志着一种文体的成熟与完善。

风格是文体的最高层次。文体风格的形成，当是某种文体趋于成熟与稳定发展的重要标志。"读书体"就是一种文化随笔，主要是以审美的方式，在一种非常艺术的姿态中，闪烁着思想批判的光芒。

改革开放之初的解放思想造就了《读书》独特的文体风格。主编陈原要求《读书》文章"切忌账单式，也忌八股文。要有时代背景、要风趣，要看了还舍不得丢，要看了嫌短"②。吕叔湘老先生说："什么是《读书》的风格？正面说不好，可以从反面说，就是'不庸俗'……可是'不庸俗'要自然形成，不可立意求'不庸俗'。那样就会矜持，就会刻意求工、求高、求深，就会流于晦涩。"③ 在众位前辈的提议下，《读书》编辑们大体上形成这些共识："必须鼓励新见，更要发掘新见，但无论新见旧识，着眼点都首先是是否能在思想上促进中国的现代化，而不是其他。"④

---

① 童庆炳：《文体与文体的改造》，云南人民出版社，1994年，第1页。
② 陈原：《我的小屋，我的梦——60年往事：如歌的行板》，浙江文艺出版社，2005年，第121页。
③ 沈昌文：《阁楼人语——〈读书〉的知识分子记忆》，作家出版社，2003年，第21页。
④ 同上，第22页。

关于《读书》的文体，首先可以概括为"四不像"。《读书》既不是专业的学术刊物，也不是大众通俗读物，还非中产阶级白领的时尚杂志，所以，编者时常向作者和读者苦口婆心地强调，本刊"不求深奥，只要深刻"，"刊物性质是严肃认真的，文章形式却要是生动活泼的"，沈昌文说《读书》的办刊方针，就想"有雅有俗，亦庄亦谐，可大可小，且杂且精"；就想办得有情趣一点，有意味一点，甚至非驴非马一点。按他的说法，是要办成"不是书评的书评杂志，不是评论的评论刊物"，是"不是学术的学术，不是文化的文化，不是消闲的消闲"。① 不要太专业，只求能引起外行者的兴趣等等。说难听话这叫"四不像"，说得俗一点叫谈话式随笔，说得玄一点叫神聊体。②

《读书》的这种"四不像"文体也形成了多种小品文亚类。1992年5月，编辑部在《读书》"栏目介绍"中将刊物坚持的文风文体做了明确的界定："言在书内，意在书外"的书评和学术文化"谈片"作为主打文体，并对"谈片"做了界定："'谈片'所谈之学术文化问题，不必过泛过大，力求具体切实。亦忌过于专深，成为学术探讨，总以谈本业而能使隔行的知识者有兴趣为上。主题之选择，如能使读者读后对现实中问题、困境的解决，生活中的情趣、意境之张扬有所裨益，更佳。"③《读书》前有"谈片"，后有"短长书"，紧接着有"读书短札"④ 和"纪行"⑤ 等小品文。如：董鼎山的那些关于美国的生动活泼的小品文，更是直接地向读书人展示了一种没有八股味的鲜活文体，不由得人不爱读。于是，赵一凡、钱满素、张宽、崔之元、汪晖、樊纲、刘军宁等一批学人的独具特色的专论刊登在了《读书》上。

学者陈平原认为："《读书》思想上追慕的是《新青年》，文体上学习的是《语丝》。"关于"语丝文体"，鲁迅先生概括为"任意而谈，无所顾忌"；孙伏园定位于是一种"自由的文体"，它应有较大的包容面，可涉及"替政治问题做背景的思想学术言论等等问题"；周作人则称是"古今并谈，庄谐杂

---

① 朱伟：《〈读书〉记》，《当代作家评论》1994年第2期。
② 孙苏：《读〈读书〉记》，《读书》1990年第9期。
③ 《编辑室日记》，《读书》1992年第5期。
④ "读书短札"，读新书或旧籍后生发的感想，并非书评。一般生动、精悍，不超过两千字。之前曾叫"读书小札"。
⑤ "纪行"，学人出行日众，学术交流日繁。希望通过纪行形式，叙述此种交往之收获和体会。切勿写成单纯的旅行记或散文，徒记山水之美，兴会之高，也勿只是平铺直叙地介绍会议发言，各种交谈。而是以学术为经，使行脚与学术互相穿插，使人由以领会学人之"行万里路"，并非单纯的旅游观光。

出"。《读书》的文体应追求"以学识为根基,以阅历、心境为两翼,再配上适宜的文笔,迹浅而意深,言近而旨远"。故作者之进入《读书》,不只需要"思想"的共鸣,更包括"文体"的磨合。①

其次是擅用讽刺、幽默的语体特色。《读书》的语言风趣、幽默。"书与书之间的关系,往往是相搏相斗的关系,一眼望过书架,听得一片锋刃交接的金属声。"② 作者运用"移就"修辞手法非常细致传神地表达出思想碰撞的效果。它肩扛娱乐的大旗,面带魅惑的讪笑,却意外创造了"文化民主"的神话……它像一颗炸弹,在娱乐文化的地界炸出了一个深坑,而随之腾起的硝烟,又弥漫了整个中国。它又像一支急行军,吹着"PK~PK~"的号角,在"粉丝"昂贵的忠诚中风光而匆忙地开拔,却忘记带上一张地图,终究迷失了方向。因为迷失,它无知无畏地迈出"大跃进"的步伐;因为"大跃进",它又注定踏上迷途。一哄而上,继而戛然而上——这正是中国式选秀的悲哀。③

王蒙对《锦瑟》的钟情不仅仅是借鉴新方法进行意义上的解读,自己还在反复咀嚼的基础上进行形式上的解构与重构,即把它拆解成句、词、字等零件,详细把诗中的实词、半实半虚的词、有典故的人名、较虚的词一一列举,然后通过在大脑里的"布朗运动"后重组成七言、长短句和对联,把它作为对原诗的"解诗"参考。又各以"无端""锦瑟""庄生"打头,分别组合成排比式的连绵句,体味诗的情绪和意蕴,企图破解《锦瑟》之谜。④ 王蒙在评价作家陈染时说:"她有一个又清冷、又孤僻、又多情、又高蹈、又细腻、又敏锐、又无奈、又脆弱、又执著、又俏丽、又随意、又自信自足,又并非不准备妥协,堪称是活灵活现的呼风唤雨,撒豆成兵的世界"。⑤ 以连排的句式准确而活灵活现地描摹出了作家的性格,王蒙沉迷于这种"文字游戏",既显示出他的娴熟的用笔,又展示了他的洞察世事的幽默。王蒙的幽默是一种智慧,从他的文章中可以看出他的"处世哲学",他以"无为"的态度看世事变迁,自然多了一层

---

① 陈平原:《与〈读书〉结缘》,《读书》1999年第4期。
② 马少华:《知识结构与文人关怀》,《读书》1996年第10期。
③ 王蔚:《"选秀"的终结与"PK"的遗产》,《读书》2008年第1期。
④ 王蒙:《一篇〈绵瑟〉难人解》,《读书》1990年第7期。《再谈〈锦瑟〉》,《读书》1990年第10期。
⑤ 王蒙:《陌生的陈染》,《读书》1996年第5期。

常人难以达到、难以理解的深刻。

再次是提倡率性自由的文体风格。许多学者乃至编辑发表言论都是借评书人、书事而评论社会时事。许多文章并不指名道姓，看似任意而谈实则洒脱不羁，让人读来既觉婉转妥帖，又把该点评的内容分析得头头是道，痛快之极。比如金克木的《百无一用是书生》，费孝通的《孔林片思》，刘小枫的《我们这一代的怕和爱》等。对于那些追求文化品位的人，《读书》又有鸦片的味道，尤其当作者随意穿越学科界限、左冲右突做思想体操的时候，让人感觉最酣畅淋漓。类似的"客串"稿、"杂家"谈，都是《读书》最精彩的篇章。这种大学者所写的小文章，其文体特征不易界定，只知道其跨越"文""学"边界，要在淡淡的书卷气中依稀透出几分空灵，蕴藏着某种一时难以言明的智慧。除了"研《红》读'李'"的评论文章之外，还有更多的如《文化传统与无文化的传统》《作家是用笔思想的》《旧体诗的魅力》《相声的文学性》等"一得之余"的学术杂谈。

"《读书》谈的是书，可是所发之文，却往往不是严格意义上的书评。它的一个特色是作者深晓'笑语何妨谈真理'之理，文章力求写得飘逸、脱俗，使人于领略有用知识的同时，得以欣赏文章之美。"① 《读书》杂志有意无意间塑造出一种类似文化评论的书评体裁，既不必像专业书评那样必须准确概括所评书籍的内容，且所论有时也不一定紧扣原书主旨，常常可以解题发挥。作者们在谈论书时，往往联系与之相关的历史史实和历史人物，相互对照品评，借评书人、书事进而评介社会时事。看似任意而谈实则洒脱不羁，不仅摆脱了学术论文通常的严肃和枯燥，让人读来既觉婉转妥帖，又把该点评的内容分析得头头是道，在不温不火中传达出作者的思想观点。"要用敏锐的眼光和深切的注意、诚挚的同情，研究当前一般大众读者所需要的是怎样的'精神食粮'"② 。在学界思想深刻而表达不佳，甚至文笔艰涩蹩脚的研究者，或有人在。"作者像他们身兼学者与作家双重禀赋。不是单纯的学问家，是学问家里会写文章的；也不是单纯的作家，是作家里关注思想问题和有一定学者气质的，这些人都是比较深思熟虑，雍容大气，而又有文采的。"③ 这里文学家谈经济、思想家论文学，知识分子越界现象越来越普遍。它的存在延续

---

① 吕仁德：《读〈读书〉记》，《读书》1990年第3期。
② 穆欣：《韬奋》，北京：人民出版社，1985年，第196页。
③ 查建英：《96年以后〈读书〉没有兼容并蓄》，《南方人物周刊》2007年7月19日。

了知识分子内心的思想成长经历的那部分记忆。

《读书》上发表的虽都是小文章，提出的问题却是很深刻，内容不但要求精彩，而且要用最生动最经济的笔法写出来。"既是散文，又论学术；既见人物，又讲书籍。寓沉重的学术于轻松的描述之中，使人读来不觉其枯燥。这么一来，无论谈学术、读书和人物，都立体化了。"① 由此而形成的语言风格也是独特的：不是美文，不是社论文体；不是矫揉造作妆点出来的华丽，不是盛气凌人的教训口气。是打破老八股、新八股，即程式化的语言，而体现出来的纷纭的个性风格。② 这便是，"有大关怀，却不锋芒毕露，有文人风，却不过分雅致曲折。既有学术功底，又不乏语言才华，是义理、考据、辞章三结合"。③

《读书》造就了一大批文化名人，张中行、费孝通、王蒙、冯亦代、黄裳、金克木、刘小枫、李零、朱学勤、旷新年等。吕叔湘老人曾说《读书》的风格"不庸俗，自然天成。不可刻意追求，否则矜持，求工、求深、求高、晦涩。"④ 因此，《读书》的风格可以归纳为：不媚俗求宠，不趋炎附势，不装腔作势，不人云亦云，将其审美价值推向极致。

文体不仅是形式，而且是思想。《读书》的文章也可以归纳为"思想美文"。十年浩劫之后，知识分子独立文化身份得以回归和确立，知识分子主体精神也得以恢复与重建，这是思想美文写作得以重生的重要原因，是对于知识分子介入社会进行文化建构的可能性的一种探索。目的在于寻找一种知识分子健全的生存方式，一种健康的符合人性的人格状态，力求弘扬一种有益于个体生命及整个社会人文精神的文化形态。

真有学问的杂志难，真有思想的杂志更难；有学问有思想又有文体，这样的杂志，就是难上加难。《读书》的作者们汲取传统散文的滋养，驾轻就熟运用散文文体。无论是对个人生活的日常性经验的理性描述，还是涉及形而上层面的精神性思考，他们都能在其中保持着其作为知识分子的自省和自觉意识。《读书》一以贯之的，就是以通俗的、大众化的方式表达中国知识界、中国人精神生活中最敏感、最重要的问题，这一点始终没变。而所谓文风的差异，是因为不同时期的知识界在改变，因此表达那些重大问题的文风也在

---

① 《编后絮语》，《读书》1985年第12期。
② 扬之水：《〈读书〉十年》（三），中华书局，2012年，第475页。
③ 师力斌：《导言：知识分子的心灵史》，《云梦学刊》2007年第3期。
④ 宫立：《寻找属于自己的风格》，《出版广角》2013年第12期。

改变，从这个角度说，《读书》文风的改变，其实反映了最近20年中国知识界整体思想学术状况的变化。

以《读书》杂志为核心的中国文化人的精神园地，可以说是扭转当代文风的大本营。空洞的、教条的八股文最早在这里销声匿迹。在《读书》影响和启发下，一大批文化散文期刊也纷纷创刊。

三 视觉追求：版式与插图

视觉是一种主动性非常强的感觉形式，积极的选择是视觉的一种基本特征、基本反应。而期刊版式设计通过视觉能够刺激人的大脑皮层，带来强烈的感觉，由视觉所发现的外在美与理性所会意的内在美协调统一，乃是期刊版式设计的一个重要任务。期刊版式的设计风格与字体风格的连贯性，使期刊的风格与格调给读者一种鲜明统一的视觉效果。

1. 版面设计

《读书》杂志的版面设计坚持服务精英到位，基本版面简朴严谨，30年来不论是封面、内文还是纸张装帧都坚持一贯的简洁、雅致的版式风格。与其所追求的宁静淡泊、志趣高雅的严肃、传统的精英品味相契合，展示自己独特的艺术追求，吸引读者的注意力。

杂志的封面体现杂志的精神和编辑的思想，而编辑思想体现的则是社会发展脉动的意义表达。《读书》的封面设计朴素淡雅，由杂志名称、出刊日期、要目、图片这四个元素构成。封面一直采用一般的胶版纸，而非华贵的铜版纸，与《读书》所追求高雅的情趣相契合。采取双色或三色套印，简单朴素。封面坚持以淡色调为主，经历几次变化：1979~1992年期间，《读书》封面设计风格简约，突出"要目"，彰显文章的篇目及作者队伍，注重杂志的内容和名人效应，栏目设置强调读者与编撰者的互动。

从创刊开始，丁聪一直负责《读书》的封面、版式设计和漫画创作直到他画不动为止。前期《读书》的封面设计很少用图片，从1993年第1期开始，《读书》封面采用一幅小而唯美的图片中正而优雅地安放在封面中间，这样的设计坚持至今，而且也非常有特色，这成为了它的一个传统。起初也是用小不用大，因此，基本上只起装饰、点缀作用。现在，图片越用越大，不少图片占 1/4 版，甚至占更大的版面。封面的图片均为非相关性图片，大多为立体或抽象图片，很少人物画。往往通过夸张、变形提炼的艺术手法与醒目的标题和放大的、高质量的图片结合在一起使视觉上有着更强冲击力的视觉效果。在视觉艺术上，更富有时代的美感。这种视觉效果也是现在许多期刊所追求的。图片已不再是纯粹的装饰，而是用以表达稿件的内容，使文字、图片相互呼应、相辅相成、相得益彰，把稿件的内容更直观、更形象、更生动、更具体地表现出来，以增加读者的兴趣，加深读者的视觉效果的印象。

第二次改版，2001 年的封面则打破了这种保守和节制，打破了视觉上的均衡。一件前卫的雕塑或艺术装置安放于偏右的位置，画面不是封闭的，而是敞开的，仿佛预示着无穷的可能性和包容性。还有它向前的姿势，它的不甘寂寞，它的前瞻性、先锋性或者编辑们渴望中的先锋性都在图片中被表达了出来，也传达出时尚的信息。

第三次改版，2004 年至今，图片明显占据版面 2/3 位置，形式主要有雕塑、剪纸、摄影作品，大多为现代派抽象绘画，显示其先锋性。杂志图文并茂，给人以清新宁静的雅致感。

封二和封底 封二多以名家撰文、名家配图的方式构成"画说"这个栏目，文是以杂文、评论或是散文体呈现，画多是一些漫画。封底是各出版社推出的书籍介绍以及条码。起修饰和宣传作用的封面和封底的内容都很简单固定，没有海报、刊例等多余的组成部分，给人一种内敛、实而不华的感觉。

目录 目录在封二之后，作者、标题、页码构成目录正文，没有图说。版权页在内文的最后一页，上下双栏形式，上半部分是期刊的广告，下半部分为版权页内容，篇幅较短。

栏标和标题 栏标一般采用的是黑色背景衬托白色汉字大黑简字体，杂志用了两个栏标。标题横排、竖排都有，采用汉字大宋简。部分文章配有黑白插图。标题字号多为小标宋、黑体，正文除"品书录"采用楷体之外，多采用宋体，很少有花哨的字体点缀，显示了其凝重厚实的内容特质。

除了封面、封底和插页是彩色以外，内文全部由黑白的文字组成。一般采用连排法，在排完某篇文章后将多余的空白版面用来刊登简讯等，不留空白，不登转页内容，从而可增强文章之间的衔接性，提高版面的利用率，而且很符合读者从左到右、从上到下的阅读习惯。文章深浅不一，历史感和现代感并重。大篇幅的文章依然保持了页面的连贯。

《读书》原来是书籍纸印刷，大 32 开，每期 160 页。改版后一直采用小

32标准开本,版心横向居中。这样开本的优势在于轻便,便于携带。每面字数增加20%,价格也略微涨幅。由于小开本的限制,编排上采取了简单的横排和竖排。文字型号对于诠释文化期刊的内涵有着潜移默化的作用。标题的分离排列给人以优雅的视觉效果。

2. 插图

30年来,漫画已经成为《读书》的品牌,成为《读书》鲜明的标志性符号。给《读书》配插画30年,丁聪先生的漫画题材都来源于他对社会、对生活的冷静观察。漫画与杂文类同,是现实社会的一面反光镜。

《读书》的封二图片基本都由丁聪先生绘画,放在内页的一张图大都由赵汀阳操刀。其中丁聪先生的画,总是以"字配画"方式出现,简洁深邃的配画文字都由陈四益完成。该杂志刊登上面两位画家的图画的方式几乎从不变化。由于两位画家的独创性,这种看似万变不离其宗的刊登形式,还是能给人新鲜的观感。后来,丁聪先生画不动了,改用黄永厚先生的图画了,陈四益则继续负责配画的文字。黄永厚的画一般都是彩色的,不以线条刻画见长,但其作为漫画及简洁精美的配画文字所具有的观察生活的深刻性、思辨性与批判性同样脍炙人口、沁人心脾。而赵汀阳的画,无论是笔法还是画风,依旧故我,一直被随意地刊印在内页恰好有空的地方。有很多好文章读来受益匪浅,而看到其中很多简洁明快、蕴涵深远而或是切中时弊、或是耐人寻味的图片时,同样让人爱不释手、玩味无穷,有时让人心如潮涌、思绪万千,有时叫人拍案叫绝、淋漓酣畅。比如赵汀阳的漫画《非礼勿视,非礼勿听,非礼勿动》,利用漫画来表现刊物的文化的含量,是文化类期刊内页设计的重要手段。好的配图不仅是文章内涵的补充,而且能突出文章的主题。丁聪先生"有一双洞察时弊的眼睛",他的漫画与陈四益的文字配合,交相辉映,亦庄亦谐;针砭时弊,一针见血;刻画人物,入木三分;就像病垢社会的一把刀子,把对现实社会的讽刺和鞭笞在嬉笑怒骂间淋漓尽致的表现出来,诙谐幽默与严肃深刻反而碰撞出火花,相得益彰,具有强烈的现实针对性。

《读书》的内页除了少许讽刺性漫画之外,没有过多的图片装饰,简洁到除了学问无一赘物。丁聪的漫画多以线条为主,对内页的简洁处理,表现出《读书》作为一个思想性刊物的严肃性和认真态度。

3. 广告

由于出版家们认为广告和《读书》的格调不一致，所以很长时期《读书》的广告信息常常被当作"冗余信息"①而被忽略。随着经济的发展，编辑们意识到"广告最能说明内容的呈现影响意义以及感染受众的方式。将产品置于一种特殊的象征语境之下，构成许多广告基础的基本技巧，这种特殊象征语境赋予自己没有意义的产品以意义"。②1986年后《读书》杂志开始出现以书和书店为主的广告，那时的广告封底有三联书店的新书预告，杂志的空白处用来推介其他出版社的新书。1988年增加封底之外的"三联之页"，1988年5月出现两张购书券，1989年1月开始，封二、封三开始为其他出版社做书籍广告，1989年3月出现了古籍书店荣宝斋收购名人书法绘画和古旧砚墨印章文具的广告。2000年增加了彩色插页广告，用以出版社推介书籍。彩插页一般四到五页，占总页数（160页）的3%左右。

因为《读书》没有生存的压力，所以《读书》对广告经营始终属于"无意"状态，并不是利用它赚钱。《读书》杂志作为文化期刊，在选择广告内容（一般都是学术性很强的专著和具有较高品位的文化教育产品）和版面编排方面都别具匠心。

内文中的书讯，一般都是只有简洁的文字简介，以补白方式刊登，利用的都是刊登文章后留下的一点很小空间，与当下很多学术杂志在不少文章后留下很多纸面空白的做法相比，显然既是对传播高雅文化尽一点绵薄之力，又身体力行地在出版领域实践着科学发展观精神。

封底的广告色彩运用与封面的风格和色调保持一致，显示出淡雅的一致性。以2009年第12期来看，封面有一幅主要由几何图形组成而色彩相对淡雅的现代绘画（这也是它的传统做法），封底是关于6本学术著作的广告。那6本学术著作的图片是相对机械的几何图形，有关书名、作者、定价和内容简介的文字图形则富于变化，由于那些学术著作的封面设计也都相对淡雅，因此封底整整一个广告版与封面的艺术图片前后呼应，非常和谐典雅，毫不给人以广告通常所有的那种特别张扬与蓄意显耀的感觉。

---

① 《编后絮语》，《读书》1985年第4期。
② （美）戴安娜·克兰：《文化生产：媒体与都市艺术》，赵国新译，译林出版社，2001年，第16页。

杂志封底与最后一张内页之间 2 张（4 面）彩印广告插页，与封三的广告排在一起，很好地保持了内文的严肃性与完整性，而且插页的数量可以随着广告的多寡而灵活调整。广告插页的设计也尽量与封底的色调保持一致，鲜明、大方。封底出现的广告一方面给读者提供出版信息，另一方面吸引出版者。

为保持《读书》杂志的严肃性和独立性，《读书》除了图书出版的广告之外并不刊登其他行业的广告。

四 雅趣与杂趣：小栏目与美文

作为思想文化评论刊物，《读书》面对着的是一个追求高质量的传统、忠实但人数甚少的读者群，所以不论是从内容上，还是形式上、文风上，表现层次都是较高的，严肃之中也不乏风趣。它不但"宏观"知大局，还可以"微观"见琐细。尤其是《读书》编辑们在编好大文章之外，也办了一些小栏目，发了一些兴味醇厚的小文章，在一些小细节上挖空心思，体现出知识分子的雅趣与杂趣。

漫画：《读书》中常以一些讽刺型的漫画来揭露现实不良风气和社会现实。从第五期起，丁聪给《读书》画一幅漫画，从未停止，后来一期画两幅。其他的漫画作者还有华君武、甘周仁、王乐天、沈同衡、赵汀阳等等。风格比照《纽约客》，希望以辛辣的幽默给读者提提醒、敲敲钟。

说画：从 1990 年起，《读书》的封二上定期出现的"陈文丁画"，基本是以讽刺的语调针砭时弊，促人警醒，逐渐成为《读书》的一个品牌。"陈文"是指陈四益先生的文章，他前期与丁聪合作，称为"诗画话"，连载 17 年；后与黄永厚合作改为"说画"。"丁画"是指丁聪为文章所配的漫画，带有插图漫画的性质。包括"新百喻""诗画话""唐诗别解""京都新竹枝""文化杂咏""玩具杂咏""古呆逸事""准花鸟虫鱼"等主题专栏。陈四益先生的文章或文言、或白话，大都是短小精悍、鞭辟入里、针砭时弊、激浊扬清之作，其文笔收放自如，游刃有余，常给人以意犹未尽之感。丁聪先生的漫画风格一如既往：线条优美、细致描摹，同时又高度艺术提炼、寓锋芒于圆熟，表达对社会冷静地观察、善意地劝诫、辛辣地讽刺以及深刻地批判。"陈文"与"丁画"的珠联璧合，不仅成就了文坛一段佳话，也成为《读书》最有生命力的专栏和最鲜明的文化标志，也让漫画的内涵得到了更鲜明的表达、更强烈的彰显。萧乾先生曾说："倘若有人要我列举这最后十年间，我们在文化上有什么特殊贡献，在我所举的众多成就中，会把丁聪、陈四益合作的这些漫画诗文列进去。"①

丁聪画到画不动了以后，黄永厚和陈四益接力搭档的文配画成了《读书》的新标识。

黄永厚先生这些带着朴拙笔法却又充满哲理的文人画，配上或洋洋洒洒、或惜墨如金的注解，呈现出黄永厚先生自己对世事的理解和参悟。言语之间，虽和陈四益先生的理解和看法亦有不尽相合的地方，但是无论是"诗画话"还是"说画"，语言都是通俗易懂，画面形式灵活生动，亦为《读书》增添了活泼感。

补白：通常一篇文章结束之后，如果剩余的版面很大，又不能接排另一篇文章。这时，就必须补充一些短小、精炼的文章，以使版面得到充分的利用。不少期刊杂志利用空白刊登文艺动态、出版简讯、名人名言、作家轶事、世界趣闻、读者建议，等等，使读者在阅读长文、巨著的间隙调剂精神、增长知识、了解动态。《读书》杂志继承《读书月报》不采用转某页的编排法，所以经常需要补白的文字。《读书》的"补白"主要是刊登书刊出版动态和读者的批评建议，借此传播知识、倾听读者的心声。《读书》的补白大多依靠外稿，于是，很自然地，在《读书》周围形成了一批专门提供补白稿的作者队伍。"编补白的难处是必须'削足适履'。好端端一篇稿子，内容完整，文从字顺，可是一计数，要比所余的'白'多200字，只得大刀阔斧，砍削一通——说'一通'往往还不行，有时得砍后数，数后砍，如是再三往复，才能合格。因为现在实行'齐'（稿子一次发齐）、'清'（原稿必须清晰）、'定'（发稿后不再改动），字数多寡都得在原稿上计算得严丝密缝才行。"②在创刊号中的"补白"看似闲笔，其实与文章大有相关，而且前后呼应，颇见用心，属于小兵立大功的点睛之处。

编后记：《读书》几乎每期后面都附有短小精悍、生动活泼的"编辑室日记""编后絮语"或"编后记"。这个小栏目是《读书》的优良传统，沟通了读者与编辑，加强了情感交流，形成了良好的互动。该栏目内容广泛，思想

---

① 转引自雷戎：《权力的力量：关于陈四益"权势圈中"及其他》，《书屋》2002 年第 7 期。
② 《编后絮语》，《读书》1984 年第 10 期。

敏锐，文采飞扬，对中国思想界、文化界、读书界诸多话题都有所涉及，既记录着80、90年代中国知识分子的思想、精神与学术的发展轨迹，也全面反映了一定历史时期的出版、文化动态。进入90年代，杂志的作者、读者面和文化影响力都不断扩大，《读书》自觉适应新的时代环境，倡导学术与思想的融合，催生了大量好随笔作品。其间编辑者的努力和心血历历可见。1991年第11期的"编辑室日记"中坦诚地说："我们有时也曾误'深刻'为'深奥'，在后一方面有过一点教训。深奥并非坏事，但是，对于多数读者说来，并不需要。深奥之学术文章，如有十分精彩的，我们还是会发，但望篇幅只占全期百分之一二三左右，无碍全局。"随后，对如何更好地引导学术与意趣的融会，编辑同仁有着更进一步的仔细考量，1992年第4期的"编辑室日记"中提出："希望通过对某一学科某一专业问题的论述，使我们在思想和方法层面上有所醒悟，有所共鸣。只有这样，文章才能盎然有趣，生动活泼。希望尽量勿发流行长文。此类文章，可能立论正确，主题严肃，观点鲜明，煞是可敬。只是所述内容，或者似曾相识，或者缺少论证，只以名人言论作结，以之断定一切，读后每有怅然之感。本刊也难以避免发表此类文章，只是力求减少就是。"1994年第1期的"编辑室日记"中"卢梭所做之事，从雅处言，是'文化批评'，说得粗俗，无非是'说三道四'。与自己未必相干之事，偏偏要'说三道四'、多管闲事，这是文人即知道分子的长处亦是弱处。'说三道四'，不三不四，编刊之道，在于此乎？"这里能将知识分子和编者分析得如此精妙似乎也只有《读书》可以做到。

这一时期，《读书》杂志进入了最为成熟和辉煌的阶段，可谓神色俱佳、人气旺盛，遥领人文杂志之风骚。由《读书》所倡导的这类思想者文体不但被评论界所关注、研究，也因读者的热烈回应和大量刊物报纸的学习借鉴日渐风行。《读书》的发行量从90年代初的五六万份很快上升到10万份以上，读者则在数十万之间。为满足港台读者需要，一度还在香港印行了《读书》繁体字本，影响之远可见一斑。

《读书》在严肃的话题之外，也为知识分子营造了一些人文情趣。藤花燕子的《蔷薇水调香粉》《词人笔下的女人睡相》《市井的蔷薇架》等文①，钩沉中国古代的历史，引人入胜。永宁《读书》上开辟"记事珠"栏目，发表

---

① 藤花燕子：《蔷薇水调香粉》，《读书》（2007，2）、《词人笔下的女人睡相》（2007，3）、《市井的蔷薇架》（2007，5）。

了一系列的文章,《长夜的熏笼》《贵妃的红汗》《小楼上的栏杆》① 等以深入的考证与精致的文笔,带引读者进入古典情境的旖旎繁华,满足了我们对古典生活的文化想象,告诉我们古人的实际生活是如此生动而复杂。胡晓明有一则读书小札,题为《听雨·看月·弄水》②,"听"字写出凝伫精思,"看"字写出月轮浮沉,"弄"更有推敲的余地,见出戏谑多情。汪政、晓华的关于老作家孙犁的文章《老年的风景》,③ 写出一个不问世事的老闲人(但不是那种无事忙,且不爱在花鸟虫鱼转悠的、尘缘未断的闲人)晚年恬静的心态。这些作者们多字斟句酌,于是给读者奉献出的大多为潇洒飘逸、典雅细腻的语言,在字迹隐现中琢磨文章的品味,体验作品的情趣,领会作者的意图,读来琅琅上口,令人见而生喜。《读书》深得这样的"兼美",始终以深入浅出、雅俗共赏、亦庄亦谐为特征,在文章语言上表现出一种文人的雅趣之美。

《读书》的作者们以学者介入现实的回应方式,以文人的情致雅趣置换了日常生活的粗鄙俗陋,代之以经过个人体悟和文化观照之后的审美表达,从而使得他们的字里行间永远飘逸着"雅趣"。

小　结

任何刊物责无旁贷地都要接受大多数读者的选择。不管编者自己有什么样的艺术趣味,他不得不面对大多数读者,而且也必须像商店把顾客当上帝那样,臣服于读者。这并不是迎合,更不是卑劣。他当然可以,也有某种可能去提高或改变读者的审美趣味,但它不能代替大多数读者在现实水准上所具有的要求,更不能强迫剥夺他们的选择。

---

① 永宁:《长夜的熏笼》,《读书》(2005,5)、《贵妃的红汗》(2007,1)、《小楼上的栏杆》(2007,7)。
② 胡晓明:《听雨·看月·弄水》,《读书》1990年第3期。
③ 汪政、晓华:《老年的风景》,《读书》1990年第6期。

第八章　《读书》的影响

有人曾如此评价道:"《读书》是和改革时代的脉搏一起律动的,它呼应了这个时代提出的主题:启蒙。五四以来的那种启蒙精神长期湮没在历史中,'文革'后才再次涌动而出。这种精神渗透在《读书》中,又通过《读书》延续到新生代的知识分子身上和笔下。于是,《读书》上承五四精神,下启改革思潮。正是这种生生不息的启蒙精神,让《读书》成为知识分子的精神家园,也成为改革时代的思想'风暴眼'。"①

本章讨论《读书》在当代文化建设中的影响和意义,以此作为《读书》杂志研究的结论部分。本章共分三节,第一节从当代文化语境的角度审视《读书》杂志,认识它的历史局限性;第二节分析《读书》杂志对知识分子的影响;第三节从《读书》对出版文化的影响,编选者文化互动和价值立场角度为当代知识分子的文化参与提供有益的借鉴。

一　对当代社会的影响

"文革"结束以后,中国开始了拨乱反正、全面建设的阶段,党的工作重心转移到经济建设上来。1979 年首期《读书》杂志的开篇文章,巧妙地借用改革开放的政治修辞,为"读书无禁区"这一争取"知识自主性"的诉求做出了正当性辩护。

随着改革的持续深入,文化出版业开始步入与国家整个经济体制改革趋势相呼应的轨道,从事业单位向"企业化"管理方向转变,在经济效益与社

---

① 马国川:《〈读书〉干了两件事:解冻和启蒙》,《中国青年报》2007 年 7 月 8 日。

会效益的平衡统一中，越来越重视投入产出的经济效益。在这种形势推动下，文化体制改革也呼之欲出。1980年出台的《出版社工作暂行条例》中提出，既要按照出版工作的任务和规律，努力为繁荣科学文化工作做出贡献；又要按照经济规律办事，要认真执行经济核算。这一规定为出版业的经营性质奠定了合法的基础。

纵观《读书》30年所发表的文章，可以发现其关注点可分三个类型，并通过各种栏目来体现出来。

第一是针对思想界所关注的问题及相关书籍的评论，阅读主体是知识界。"书刊评介"栏力求探索书籍的思想内涵和创作艺术，挖掘深藏在作品中的思想性和社会性。例如：葛兆光的《18世纪的学术与思想》[1]。

第二相对比较大众，像"品书录"这个栏目是品评新书、简短、精要，包容尽可能新而快的信息。主要是增加信息量，给读者推荐新书。

第三是国内外比较权威的一些出版社的作品推荐，还有学界的一些新成果。

被视为"高雅纯正"的《读书》与以"真善美"为基础的《读者》的"清新典雅"，应该只有品位等级上的差异。《读书》开始成为有品质保证的"老字号"。"我们办刊的所谓'时代感'，一是时代需要你这本刊物，一是刊物中的文章反映了当前时代的学术水平，能解决当前时代提出的问题。"[2] 90年代的《读书》回应的是这样的变革，是努力从知识生产本身来反思和批判新时期以来作为"彼岸"的西方想象是如何内在于我们的知识生产中的。这就是为什么90年代以来的《读书》杂志无法再以共识为前提，而是相反，它总是挑战我们作为"共识"的常识。[3]

沈昌文时代《读书》对杂志的角色有清楚的认识："希望能成为读者和作者之间的桥梁。"[4] 汪晖时代的《读书》无论在术语的密度上还是论文化的倾向上，比起沈昌文时代，都要高得多了，《读书》仍然保持较高的发行量。一本杂志长远的品牌建设，文化氛围的营造，文化理念的延续，或多或少会形成一批"理想读者"，阅读杂志对他们来说，既是一种文化消费，又是一种有待实现的"阅读理想"，而《读书》正是这样一本"理想读物"，满足了一部

---

[1] 葛兆光：《十八世纪的学术与思想》，《读书》1996年第5期。
[2] 杨牧之：《编辑艺术》，中华书局，2002年，第17页。
[3] 吕新雨：《书写与遮蔽：影像、传媒与文化论集》，广西师范大学出版社，2008年，第313页。
[4] 《编者的话》，《读书》1979年第4期。

分高端读者的精神需求。

《读书》对社会脉动所表达的声音，"有的是博学的旁征博引，有的是机智的冷嘲热讽，有的是激动的温文尔雅，有的是幽默的打情骂俏，有的绕了一道圈子，有的划了一道弧线。各种各样的叙述方法与表达手段并存，但都以知识与学术为前提，这种通过各自的知识与学术表达的对社会脉动的关注，构成了现在中国真正知识分子声音的集合"。①

30 年历史发展的每一个阶段，这份杂志都在及时回应着时代的变化，完成自己的不同使命。社会在变迁，但是《读书》做过的许多工作已经生根，一切都不会倒转。

1. 对学术的推广

《读书》最直接的贡献，当然是它的学术推广。80 年代"西学热"中，译介西方是《读书》的强项，为此《读书》聚集了一大批翻译高手。它的"选材"大多是以英美等发达国家的文化和学术，而"美国情结"则更为明显。尤其是董鼎山连续 17 年近百篇的"纽约航讯"专栏，仿佛《读书》驻美国记者站，不断向中国读者提供西方文化奇观。2002 年北岛的"纽约变奏"的偶露端倪，更让人捕捉到剪不断理还乱的"美国情结"，也说明一本杂志与大历史的密切联系。

学术方面的译介更是大张旗鼓。80 年代尤甚，作品，人物，理论，滚滚而来，让人感觉到国门初开时知识界的激动、好奇、迫不及待。"我参与《读书》的编辑工作，有一点很明确，就想拓展它的领域。中国素来有一个清议的人文传统，这本来很好，现在也特需要。美中不足的是，文人雅士有时孤芳自赏，保持自己的清高和纯洁，缺点是影响面比较小，对时代问题的敏感比较差。"②

《读书》杂志的人文传统在一个新的时代语境中获得了它的新的意义，关注人、关注人的命运，关注文学和艺术的触角，关注历史和生活的感觉，并以独特的语言和叙事方式将这些关注呈现出来。这才是《读书》的人文旨趣，这才是《读书》的题中之意，这才是中国人文思潮的再洗礼。

布迪厄说："特殊知识场域经验中的历史无意识每时每刻通过我们的嘴

---

① 朱伟：《〈读书〉记》，《当代作家评论》1994 年第 2 期。
② 张弘：《〈读书〉新的十年有时代的烙印》，《新京报》2007 – 06 – 08。

说话。我们要获得一种真正的交流机会，只有控制将我们分开的历史无意识，也就是将知识空间的特定历史客观化并进行控制，我们的认识和思想范畴就是这特定历史的产物。"① 中国当代文化呈现出官方、精英、大众、民间等几种倾向，它们相互渗透、相互影响，共同营造出中国当代复杂的文化景观。

经过十年"文革"之后，狂乱不已的中国终于冷静下来，理智地打开国门。80 年代的、90 年代的文化热中的一部分思潮演变成了"国学热"。在这两次文化热中，各种文化思潮竞相出现，相互撞击，从而出现了前所未有的、深刻的、全方位的文化冲突。主要表现在四个方面：

一是传统文化与现代文化的冲突。新儒学进一步演化为新文化保守主义，或曰当代文化保守主义。"文化保守主义一般来说，是文化激进主义的对立面，新文化保守主义之所以称为'新'，就在于它不仅一般地反对 20 世纪中叶"文革"时期所谓'破四旧''立四新'的文化激进主义，同时特别抵制 20 世纪后期'文化热'中的文化激进主义，因此，新文化保守主义与一般的文化保守主义既有'同'也有'异'。'同'表现为维护传统，'异'表现为重点反对现当代中国的文化激进主义，这则是新文化保守主义的要义所在。"②

二是本土文化与外来文化的冲突。本土文化是指本地区或本民族相对于其他地区或民族来说所特有的文化。

第三种是官方文化与民间文化的冲突。官方文化是统治阶级所倡导的、表达统治阶级价值观的文化，具有权威性、主导性、意识形态性等特点。民间文化则"是指在国家权力中心控制范围的边缘区域形成的文化"，③ 具有人民性、边缘性、自发性、兼容性等特点。二者由于具有不同的价值取向，就必然会发生冲突。

第四种是精英文化与大众文化的冲突。精英文化是指知识分子尤其是人文知识分子所创造、传播和分享的文化，具有深刻性、超越性、小众性等特征。大众文化则是一种以大众为主要消费对象，以现代科技进行生产和传播的文化，具有通俗性、商业性等特征。二者可以相互补充、相互促进、和谐发展。精英文化必须感受大众文化的脉动，否则，就可能陷入自言自语的梦

---

① （法）布迪厄：《艺术的法则——文学场的生成与结构》，中央编译出版社，2001 年，第 400 页。
② 郭建宁：《当代中国的文化选择》，北京大学出版社，2004 年，第 123 页。
③ 陈思和：《民间的浮沉：从抗战到"文革"文学史的一个解释》，《鸡鸣风雨》，学林出版社，1994 年，第 26 页。

吆；大众文化必须接受精英文化的引导，否则，就可能滑入低俗的泥坑。可以说整个中国当代文化发展史就是一部精英文化从启蒙的高台逐渐滑落、消亡，同时大众文化从世俗的旷野慢慢崛起并高歌猛进的历史"①。

2. 推出话题，引起反响

传播学中"在特定的一系列问题或论题中，那些得到媒介更多注意的问题或论题，在一段时间内将日益为人们所熟悉，他们的重要性也将日益为人们所感知，而那些得到较少注意的问题或论题在这两方面相应下降"②。

作为一本思想评论杂志，《读书》杂志往往寓沉重的学术于轻松的描述之中，将作品与学者的书斋著述转化为大众的公共话题，引起广泛的关注并推动讨论。《读书》的大量文章并无一个单一的焦点，而是力图发掘不同领域的话题。这种"从问题入手"的编辑方针，有效地聚集人才与文化资源，以论争推动甚至带动思想革命。

创刊初期至 90 年代中期，《读书》是以"笔谈""通信""座谈"等栏目的形式间歇性地推出话题，此时的话题设置较为分散，规模尚小，是推出话题的初步尝试。1980 年第 8 期《读书》举办了"希望读到更多的外国文学作品"座谈，有十位专家学者，规模明显壮大，然后有一系列座谈，每期突出一个主题成为《读书》的编辑思路。吴彬回忆："我记得《读书》杂志当年就组织过一个讨论，关于区分什么是黄色、什么是爱情、什么是色情，请一些外国文学专家谈《飘》《简爱》等名著写到的爱情片断。在当时的情势下，这种讨论就是涉入禁区的动作了。"③ 当时曾就"读书无禁区"、马恩经典著作进行了讨论，围绕 80 年代轰动全国的"人生观大讨论"而进行的"有些政治读物为什么不受欢迎"的座谈，还有关于薛暮桥的《中国社会主义经济问题研究》，组织了"外国资产阶级的启蒙思想""历史小说"等讨论，这样"座谈"渐成《读书》组稿的重要方式。

从 1985 年第 10 期到次年第 3 期连续六期的"20 世纪中国文学三人谈"，因此"20 世纪中国文学"概念的提出，为文学史研究带来了活力和启

---

① 陈吉德：《中国当代戏剧文化冲突》（1978–2000），南京师范大学出版社，2009 年，第 20 页。
② （英）丹尼尔·麦奎尔：《大众传播模式论》，斯文·温德尔、祝建华、武伟译，上海译文出版社，1990 年版，第 85–86 页。
③ 邹凯：《守望家园——生活·读书·新知三联书店》，生活·读书·新知三联书店，2008 年，第 83 页。

发。1986年第10期至1987年第1期连续五期的"经济自由主义思潮的对话";而1994年发起的"人文精神大讨论",则在文化界产生了更为强烈的反响。随后的中国近代史、西方现代派、新儒学、自由主义、文化研究、东方学和后殖民主义、年鉴史学派,直至新世纪的市场机制、城乡差别、大学教育、国有企业改革等诸多讨论,都显示出话题设置与社会历史间的紧密关系。

汪晖继任《读书》主编后,延续并发扬了专题讨论的特色。"应该说,专题座谈这样一种形式对于《读书》杂志来说还不只是尝试。我们的初衷,是想通过这种方式来开拓读者(和编者)的视野,去知晓来自某些也许我们还不太熟悉的领域的积累和思考,而这些积累和思考本身对我们是不无启发性的。"① 并表明《读书》杂志组织诸种讨论"目的是提出问题,引发思考,深化我们对历史和现实的理解,反思我们的知识前提"。② 随后,《读书》陆续组织了很多讨论,邀请了考古学、乡村社会研究、人文学术、艺术与建筑、科学和科学史、经济学和法学等领域的专家和学者进行座谈,从各个具体的知识领域深入探讨中国在社会、知识等领域面对的问题。部分讨论已经陆续在《读书》上予以刊发。可以说,近些年来中国社会面对的许多重大问题都在《读书》上有所反映。

例如:1996年,《读书》率先把"三农"问题带到公共讨论的视野中,而那时的政府根本不相信中国农村有发生危机的可能性。在关于"三农"问题的讨论之后,政府开始改变政策,加大了对"三农"问题的思考,制定了一系列的政策,促进农民、农业、农村的和谐发展。从这里可以看出,这是《读书》推动政治意见的一个现实例子。通过这种持续化的讨论,最终引起社会的广泛关注并成为国家政治生活中的重要论题,形成一个舆论的导向,促使更多知识分子甚至政治人物能够从不同角度、不同方向关注和思考我国发展的道路和前景,在一定程度上影响了他们的思考,并最终影响了公共决策的形成。

1989年,在"五四"运动70周年时,《读书》发起了关于"五四"运动的讨论,1994年、1995年开展关于"人文精神"的讨论,都引起了很大的社会反响,这些都是社会转型期具有标志性的事件;还有1996年关于

---

① 《编辑手记》,《读书》1997年第6期。
② 《〈读书〉现场》,生活·读书·新知三联书店,2007年版,第4页。

"文革"的讨论。讨论范围从文学到戏剧、从传统到现代、从中国经济改革到全球化,从女性主义到环境保护,以及与国外学者哈贝马斯、德里达、佩里·安德森、马克·赛尔登、麦克尔·哈特和安东尼奥·奈格里等进行的对话等。

1988年底王蒙应邀在《读书》杂志开辟了一个专栏"欲读书结",按王蒙自己的题解所云:"欲读书者,于未读书不读书之狼狈处境而粉饰之谓也。""写一些读书札记、学术小品、一得之余之类"① 的东西。王蒙自称"缺少正规的学术训练,又没有下认真地做学问的功夫",因"思书而不可读便成'情结'。不学而不甘无术,便把浅层次的感想见解写出来,求教于善读多读书者。虽不能至,心向往之"。② 这些写出来的"感想见解",从日常语言到苏联小说,到好莱坞电影,再到思想论争,任意驰骋,植根时代,既有语言快感,又涉思想文化,很开眼界。

《读书》的编者在"岁末的话"中说:《读书》虽无力做时评也赶不上时尚,但也不至于成为桃花源中人,"不知有汉"。又说,许多时候,对广大读者来说问题本身的提出和提出问题的独特角度比所谓"答案"还要有意思得多。又说,《读书》所能展现的,仅仅是复杂性和丰富性之一角。③ 1986年第5期《读书》的"编后记"里说:"声音的大小或新鲜的名目并不等于真正的思想,因为思想永远存在于对具体问题的深入探讨之中,也体现在敢和乐于面对不同意见的胸怀和自信。"它道出了《读书》的真诚、质朴的思想作风。

《读书》始终站在问题和思想的前沿,说出了你想说却没想明白,或没想透彻的一些东西。《读书》以批判性的思考为前提,兼顾多种立场,"对社会脉动所表达的声音,有的是博学的旁征博引,有的是机智的冷嘲热讽,有的是激动的温文尔雅,有的是幽默的打情骂俏,有的是绕了一个圈子,有的是划了一道弧线。各种各样的叙述方法与表达手段并存,但都是以知识与学术作为前提,这种通过各自的知识与学术表达的对社会脉动的关注,构成了现在的中国知识分子声音的集合"。④

---

① 《王蒙文集》第7卷说明,华艺出版社,1994年。
② 王蒙:《欲读书结·题解》,海天出版社,1992年,第1页。
③ 姜洪:《〈读书〉:看得见风景的房间》,《读书》1998年第6期。
④ 朱伟:《〈读书〉记》,《当代作家评论》1994年第2期。

二 对知识分子的影响

《读书》不仅是中国当代思想文化的一个阵地，更是当代知识分子在全球化的语境下确认自我身份的标尺，而这一过程始终与中国近年的改革与发展息息相关。《读书》能够抓住精英团体的阅读需求，倡导中高层知识分子的归属感。在整个当代思想文化界，尤其是知识分子中具有极广泛的影响。《读书》不仅是转型时期宏大叙事的见证，更是把知识分子带入历史视域和现场的一个有力凭借。谈论单面的开放是远远不够的，中国的社会转变以及知识分子的自我认识，需要一个世界性的视野，而且形成新的视野一定要根据变化的形势，以保持思想讨论的批判性张力。

《读书》30年间，中国社会经历了几次大的转型：破"论说禁区"—"新思潮热"—"文化热"—读书人的寻求定位—大众化、商业化冲击……新的社会分化和大众文化的转型导致文化资源的重新分配，中国当代知识分子群体出现了断裂和分化。他们为文化或学问的"主张"之争，大多以杂志和丛书为基地，出版界成为知识分子阶层冲突的重要场所之一。

30年来，《读书》一直致力的就是传播新知、关注历史和现实、积极探索中国的未来。所以，它不仅成为中国知识界最著名的思想平台，同时通过思想的传播而在中国形成了大大小小的知识群落。《读书》的影响远在读书界之外，在20世纪最后20年，以其坚守的人文光芒温暖了追求真知灼见的人们，以其学术的思想理性驱逐了混乱的黑暗。《读书》一度成为中国绝无仅有的思想传媒，它见证了当代知识分子的处境和思想变化。

1. 知识分子的公共论坛

"文革"运动中，许多知识分子被推向社会的最底层，不断地被批斗、改造、下放，成为"臭老九"，人格尊严遭到盘剥与践踏。"文革"结束后，他们终于迎来了新的春天，又重新站立在工作的第一线，兢兢业业地奉献才智和心血，知识分子似乎又重回社会权力话语的中心地带。

当年，《读书》的创办者们设想"办一个讲真话的杂志。办一个不讲'官话'的杂志。开垦一个破除迷信，破除偶像崇拜，有着'独立之人格'

和'自由之思想'的园地"①。他们的初衷是构造一个让读书人抒发他们情怀的公共空间，在这个空间里，知识分子们拥有发言权，可以畅所欲言，借以呼唤被压抑或被扭曲了的良心。这种方针也确实让《读书》迅速成长起来，成为了当时人文杂志的领军式的人物，受到了许多知识分子的青睐和好评。"刊物的创办有些'筑巢引凤'的意思，社会上很多会写文章的人，包括很多有学术研究水平的人都来为《读书》写稿。我们没有想到会那么踊跃，编辑部根本就应付不了。"②

改革开放使知识分子们从计划经济体制走向文化市场，获得了精神的自由和人格的独立。但是，由于经济体制改革，以及一系列的配套改革尚未全面进入实际操作层面，这时期的知识分子更多扮演的是社会关怀和实施新启蒙的角色。由于《读书》从80年代以来在读书界的特殊地位，知识分子们确实把《读书》当成了新时代的《新青年》，来呵护他，保护他，它成了"知识界首选的交流思想的公共平台"，是读书人"共有"的"公共论坛"。

鲍曼认为，"知识分子"一词乃是一声"战斗的号召"，同时也是一种"广泛而开放的邀请"，"'成为一个知识分子'的意向性意义在于，超越对自身所属专业或所属艺术门类的局部性关怀，参与到对真理、判断和时代趣味等这样一些全球性问题的探讨中来。是否决定参与到这种特定的实践模式中，永远是判断'知识分子'与'非知识分子'的尺度"。③

西方近代意义上的知识分子既要有谋生的专业性的知识技能，又必须有相当的社会责任感和兼济天下的胸怀。这种性格与中国古代士大夫文人"先天下之忧而忧，后天下之乐而乐"的人生信条有其相似之处。"士"的主要功能就是"为当时流行的世界观提供理论的根据，为当时的政治、社会秩序做辩护士"。而近代的知识分子"不复具有垄断教化的权利，因而也就不能成为一个特殊的阶级"。"他们现在只有在学术思想领域从事于公平而自由的竞争。"④

如果说古代的科举制为"士"阶层提供了进入社会体制，进而影响和控制社会权力的途径，那么，当代知识分子对社会的影响则主要是通过从事教

---

① 陈原：《〈读书〉起步那几年》，《读书》1999年第4期。
② 《守望家园》，生活·读书·新知三联书店，2008年，第56页。
③ （英）齐格蒙·鲍曼：《立法者与阐释者——论现代性、后现代性与知识分子》，洪涛译，上海人民出版社，2000年，第1-2页。
④ 余英时：《士与中国文化》，上海人民出版社，2003年，第3页。

育和报刊出版来实现的。《读书》的作者很大一部分都是担任高校教职：费孝通（北大）、陈平原（北大）、刘小枫（深圳大学）、甘阳（中山大学）、樊纲（北大）、温铁军（人大）、汪丁丁（北大）……这一高知身份使得他们能够得以进行文化的传播和学术理念的彰显。

70年代，这一代又被某些学人称为"思想中断"或"失踪的一代"。[①] 他们在历经苦难中积累起的精神文化资本，进入一种不断地消散状态，并在学术思想史上抹擦着本来就浅的"踪迹"。陈平原在一次访谈中说："或许可以这么说：80年代没有所谓的公共知识分子；因为，几乎每个学者都有明显的公共关怀。独立的思考，强烈的社会责任感，超越学科背景的表述，这三者，乃是80年代几乎所有著名学者的共同特点。大家都觉得，知识分子本来就应该是这样，无所谓'没有公共关怀'的'知识分子'。那时候，学科边界尚不明晰，学者发言很大胆，因此才有笼而统之的'文化热'。你知道，'文化'是个很模糊的概念，所有学科的人都能参与对话；也正因此，'文化寻根'可以一转眼就变成了'政治批判'。'文化热'作为契机，或者中介，让所有学科的学者，都能够站出来，表达他的社会关怀。这样一来，没必要再制造'公共知识分子'这样的概念。几乎所有读书认字的人，都敢谈'文化'，或借'文化'谈'政治'，体现我们的社会责任感。可以这么说，80年代的中国知识分子，特别像'五四'时期的青年，集合在民主、科学、自由、独立等宽泛而模糊的旗帜下，共同从事先辈未竟的启蒙事业。那个年代的学者，普遍具有社会关怀，也尊崇人格独立，想走官场那条路的不是没有，但不多。这也是80年代学者真诚、单纯、幼稚的地方。当然，那个时候官场的好处也还没有真正体现出来。"[②]

钱理群认为，中国进入90年代，当时的学术界对现实问题有很多不同的看法，而思想上也越来越分化。不同的思想体系，在对待现实问题的看法上存在着很大的分歧。更重要的是，很多学者在面临一些关于中国改革道路、中国经济发展的问题时，还存在迷茫和苦恼，在一些问题上其实本身也存在着很多疑问。而这种疑问就需要像《读书》这样的一个平台来讨论。但随着思想界分歧的扩大化，《读书》上的争论也有些剑拔弩张之势。这种争论，在自由主义和新左派的分化开始之后，达到了白热化的程度。

---

① 朱学勤：《思想史上的失踪者》，《读书》1995年第10期。
② 查建英：《80年代：访谈录》，北京：生活·读书·新知三联书店，2006年，第133页。

从文化实践方面来看，当代知识分子具有独特的求知经历和知识结构，他们以积极的文化态度参与了当代文化的建设。陈平原强调知识分子作为职业学者在从事学术研究和文化积累的本职之外，应当也能够保持一分对世道人心的敏感和对社会民生的关切。这种敏感和关切既与学术职业相关联又具有超越现实利害的非功利性，但不再一味追求知识分子作为"大众导师"的角色，也不再强调某种直接干事、立竿见影的社会效果。他说："读书人倘若过高估计自己在政治生活中的位置，除非不问政，否则开口即露导师心态。那很容易流于为抗议而抗议，或者语不惊人死不休。其次，万一我议政，那也只不过是保持古代读书人以天下为己任的精神，是道德自我完善的需要，而不是社会交给的'责任'。……那种以'社会的良心''大众的代言人'自居的读书人，我以为近乎自作多情。带着这种信念谈政治，老期待着登高一呼应者影从的社会效果，最终只能被群众情绪所裹挟。再次，'明星学者'的专业特长在政治活动中往往毫无用处——这是两种不同的游戏，没必要硬给自己戴高帽。因此，读书人应学会在社会生活中作为普通人凭良知和道德'表态'，而不过分追求'发言'的姿态和效果。若如是，则幸甚。"① 陈平原在这里对知识分子面对现实姿态的阐释，有意与中国文化"士"的精神传统中"内圣外王"的心理情结拉开了一定距离，反映了学者群体在世俗时代里的"自知"和"有为"，有鲜明的时代感和现代意识。

《读书》赖以生存的空间就只有真正读书人历经磨难而独存的"心脉一线"。正是靠这"心脉一线"，读书人才用遥远的心心相印、无形的搀扶携手，陪伴着、支撑着《读书》走过了30年风雨历程。知识分子们在《读书》中找寻思想困顿的出口以及生命疑问的暗示。《读书》确实可以作为了解过去30年改革开放时代中国社会思想、文化与学术变迁的一个切入点、甚至是一个缩影。孙歌认为："论坛是一种独立的知识场域，它是那些敢于走出象牙塔以知性介入现实的知识分子的精神家园，是批评精神和思考习惯得以生长的土壤，也是智慧不受现代学科分化限制而得以成熟的广阔空间。"②

20世纪的中国知识分子，政治上承载着复杂的国际局势和特殊的国内形势变迁，思想上面临着西学与马克思主义的渐入，在经历了一系列的苦难、挫折、探索、复兴之后，逐渐走向了文化思想上一定程度的整合、反思与

---

① 陈平原：《学者的人间情怀》，《读书》1993年5期。
② 孙歌：《论坛的形成》，《读书》1997年第12期。

成熟。

20世纪80年代,在国内人文学术界出现"美学热"的同时也出现了"文化热"。一批学者展开了关于中国文化精神、地域文化特征、中西文化比较等话题的探讨,这种探讨肯定属于广义的文化研究。尽管随着西方现代文论的传入,雷蒙·威廉斯、罗兰·巴尔特、弗雷德里克·杰姆逊等人开始为中国学术界所了解,但是作为意识形态批判、作为话语理论、作为大众文化理论和作为跨学科理论实验的特定学术思潮的文化研究,还没有进入我国的文化学学者的视野之中。

因此,《读书》杂志对许多学者的吸引力十分巨大。由于它过去的"辉煌"历史和它的Popular,在它上面发表文章很容易成名。许多学者获得很大名气,就是因为经常在《读书》上发表文章。《读书》的确是吸引了许多急于成名和扩大影响的学者。

这些问题困扰着知识分子,汪晖写道:"在市场社会和大众文化的氛围中,传统的精英与大众概念已经难以表述当代的文化关系。是放弃我们的传统,追逐新异,加入文化时尚的大潮,或者,追逐学术专业化的趋势,将思想性的讨论包裹在繁琐注释与论文格式的外衣中,还是批判性的面对当代社会不断涌现的问题,创造性的发展我们的人文传统?"①

有人这样说道:"一种五四新文学传统中培养起来的知识分子的精英意识又悄悄的开始滋长,它既表现出知识分子对现实改革进程的急功近利的态度,也反映出他们对重返政治中心的虚幻热情。"②

30多年的努力,《读书》杂志与学院知识有连接却并不学究,尽可能迅速地对社会现实的变化做出一个知识群体所可能有的反应,虽然不一定都怎样深刻,却为日益科学化的学院知识群体提供了"有机"的可能;不让思想和知识的多种面向为西方主流理论所遮蔽,尽可能丰富地引入和彰显各种还在边缘的甚至不入流的思想和言说——而这些思想和言说对于应对当下中国的社会问题有着重要的启示;不让知识和理论为某一个社会阶层和利益群体所占有和利用,而是尽可能深入地让知识和思想渗入到社会各个层面产生作用——事实上也对社会文化的变化产生了主要作用,使不少被遮蔽的问题浮出了水面;不是局限于某一个阶层或者仅仅是中国人的立场提出和思考问题,

---

① 《〈读书〉现场》,生活·读书·新知三联书店,2007年第5页。
② 陈思和:《民间的还原:"文革"后文学史某种走向的解释》,学林出版社,1994年,第61页。

而是表现出了作为一个大国的知识群体对于各种具有世界性的问题所应该有的宏阔视野和对"他者"问题的关心。一句话，它表现出了一个负责任的知识群体的刊物应该有的样子。①

2. 形塑了当代知识分子新形象

将《读书》放在当代中国的历史语境下加以讨论不仅是一桩对近十年社会变革的塑形行为，同时也为描摹当下知识分子的形象提供了一种可能。

自 1979 年创刊之后，《读书》借思想解放之东风，广开言路，冲击禁区，它给知识分子提供了一个相对宽松的言说环境和相对宽广的言说空间。80 年代的学者们积极从事着思想启蒙和社会批判时，他们把《读书》打造成了一个公共话语交往的平台。这是一个平等对话的平台，是一个知识分子而不是专家间的讨论平台。对话平台的建立意味着界限的打破，不仅是学科的界限、派别的界限，还应该包括知识分子自身与传播载体的界限。《读书》努力营造一种追求独立思考、自由精神的气场，尊重各方知识分子表达的自由；各人观点可能不同，但精神上有默契和基本共识。它谦卑地面对"一般读者""一般爱读书的人"，同时又以极大的勇气不断在思想的禁区进行突破，一边写检讨，一边得尽了人心。

当 90 年代以来的学者着重在自己的专业领域中经营着自己的一亩三分地时，他们又把学院中关注的专业问题和写作的艰涩之风带给了《读书》，结果《读书》渐成小圈子化。它的公共性消失了，取而代之的是只能被少数专业人士破译和读懂的学术话语。因此，一定程度上，我们可以把《读书》的问题意识、话语模式、行文风格等方面的变化，看作当代中国知识分子活动的一个晴雨表。

在这剧变的 30 年中，《读书》不仅成为了一个超越学术圈的公共空间，更体现了在 90 年代特殊的历史语境下，中国知识分子的社会角色与历史使命的转变。它在思想层面上所起的现实作用，它所产生的重大影响，实际上已经远远超过了一本杂志。

《读书》造就了一批文化名人，既有复出的老出版家、作家、思想家；也有一批学界新秀，这样一些人至今仍活跃在中国的各个领域里，影响着整个

---

① 《巨变时代的世界观——〈读书〉十年文选座谈会摘要》，http: // citysmiling. blog. hexun. com/ 14404076_ d. html。

知识界。经济学界：吴敬琏、张曙光、汪丁丁、茅于轼、张维迎、樊纲、梁小民、盛洪、温铁军；社会学界：王铭铭、李银河、黄平、冯象、梁治平、季卫东；文史学界：汪晖、秦晖、徐友渔、雷颐、甘阳、许纪霖、葛剑雄、朱学勤、张汝伦、钱理群、王炎、刘小枫、王晓明、何怀宏、韩少功等人。这些人的身份大都是高等学校教授或中国社会科学院研究员，应当说基本来自教学科研机构，都是有着比较系统的学术训练的学者。他们大多留过洋（主要是英美），许多人是在国外获得博士学位，例如：林毅夫、张维迎、汪丁丁、周其仁、黄平、王铭铭、冯象（均为英美），以及季卫东（日本）等，或者许多人就是国家行政部门的决策者，所以这种身份决定了他们的文章某种意义上就是一种政治表态。

被誉为《读书》"十大作者"之一的金克木老先生一共在《读书》上发表了 126 篇文章（其中 25 篇用的是笔名辛竹）。可以说是《读书》产量最高的作者。就读书心态与文章趣味而言，金克木的那套"不拘俗套，发乎性情"的文风与现代学术的专门化倾向很不协调，与当代中国散文之注重叙事、抒情也大相径庭。对于纯粹的"文学"或"学术"杂志来说，金先生的文章都未免过于"边缘"了些。但是他的那些随笔"无所不谈"，每谈必别出心裁，"通古今、通内外、通文理、通雅俗"。① "幸亏有了这'不三不四'的《读书》，欣赏他那些'不伦不类'的文章，这才促使他由功成名就的专家，转而成为 80、90 年代中国最负盛名的杂家。"②

在商品化大潮冲击下，知识分子的失落感、危机感日益深重。刘小枫的《我们这一代人的怕和爱》及以后的"西方现代神学一瞥"专栏，吕叔湘的《"书"太多了》，叶秀山等人的《守护那诗的意境》，赵越胜的《走向无压抑文明》等文章③，都流露出知识分子寻求终极价值，超越现状，复归自我的要求。顾昕的《知识分子的理想国》、金克木的《百无一用是书生》等文章表达了知识分子面对困境的迷惘和无奈的心情。

陈平原说："我的三次学术转折，都与《读书》杂志密不可分。"④ 陈徒

---

① 远飞的博客：《〈读书〉20 年盘点：十大作者》http://blog.sina.com.cn/lc:811201。
② 贾冬婷：《金克木：猜谜的人》，《三联生活周刊》2012 年 7 月 18 日。
③ 刘小枫：《我们这一代人的怕和爱》（1988，6），吕叔湘《"书"太多了》（1988，7），叶秀山《守护着那诗的意境》（1988，8），赵越胜《走向无压抑文明》（1988，8），顾昕《知识分子的"理想国"》（1988，9），金克木《百无一用是书生》（1989，5）。
④ 《我与三联》，生活·读书·新知三联书店，2008 年，第 145 页。

手说:"《读书》给了我一生的写作方向。""他们的点拨和严格要求,才使我有效地找到写作的方式。""《读书》杂志以及它的作者们则雍容大度,他们人情练达,世事洞明,这种超脱于苦难之上的姿态和学术上的优越感深深迷住了我。"① 张洁的短篇小说《爱,是不能忘记的》在社会上引起很大反响,季红真参与了这次论争,在《读书》上署名禾子并发表了《爱情、婚姻及其他》一文,从此走上了文学批评的道路。扬之水说:"是《读书》引导我走上了读书的道路,对建筑、对音乐、对美术,以及其他等方面的兴趣,几乎皆是源于《读书》。"②

万圣书园经理刘苏里这样总结《读书》对自己的影响:"长久以来,我看《读书》不是因其文本和文字有多美,通常是带着问题去看。《读书》总是能提供一些新思潮、新理论、新概念,以及新的解释框架。可以说它一直伴随着我的心智成长。""它影响我从非公民成长为公民。《读书》对中国转型期公民社会建设具有非同寻常的贡献。"③

毫无疑问,《读书》提供给我们这样一个参照系,一个刚好可以丈量出个人话语与公共语境之间距离的标尺,同时它也告诉了我们"知识分子"这个概念在近 20 余年中国社会所经历的曲折变化:从改革开放之初"被侮辱与被损害"的弱者形象,到 80 年代自由主义思潮引领下的"现代化"鼓吹者,再到 90 年代不可避免的分化以及对社会现实的强烈关注,这便是我们不同于西方知识分子的地方。

从《读书》作者和读者自身的文化身份来看,他们集知识分子和学者的社会角色于一身。知识分子的独立精神,对思想的追求和其对社会的批判精神,使他们的文章中融入了知识分子对当下的思考和警醒;人文学者的身份又使得其在"述学"之外对社会保有一份"人间情怀"。他们所关注的一系列问题恰恰就是他们自己的"群体自画像",在他们看来,他们所看重和坚持的正是他们自我塑造和自我养成的"公共知识分子"的形象。

3. 知识分子眼中的《读书》

从创刊起,《读书》旗下即汇聚了一大批知识分子,在他们眼中的《读

---

① 王小鲁:《声音消逝在大海中——"读书"十年祭(1992—2001)》,http://news.sohu.com/27/25/news146792527.shtml。
② 《〈读书〉十年:一个时代的真实印记》,《深圳商报》2012 年 02 月 13 日。
③ 王巧玲:《〈读书〉起了风波》,《新世纪周刊》新浪网。

书》意义非凡。

梁治平说:"《读书》是一份有品位的知识分子的刊物,有学术品格,也有思想,可以说是青年学子精神上的滋养。"[①] 钱理群说:"在我看来《读书》确实是当时思想解放运动的一个重要的组成部分……它是知识分子一个思想自由的象征。"[②]

《读书》把自己定位于文化边际,就是"文化阁楼"。最早提出"文化阁楼"说法的是沈昌文:"我喜欢把出版人形容为阁楼里的单身汉,他从阁楼的窗子里往外看,而窗外的人也看到窗里的灯光。"他在"编辑室日志"里说:"这个'空间',不是'文化殿堂',亦非'文化广场',充其量,'文化阁楼'而已。让知识分子在自己的'文化阁楼'里研讨、商酌",他"很愿意让《读书》成为'文化阁楼'。'阁楼'既小,所容者自然也少,三四个疯女人疯男人而已"![③]

沈昌文将他每期为杂志所写的编后手札结集成《阁楼人语》一书,为我们保留了"《读书》的知识分子记忆"。之所以把这些"鸡零狗碎"的文字叫作"阁楼人语",是因为作者悟得:"在阁楼里可以做大事,中外通例。我等阁楼中人决不可自怨自艾,更不必自轻自贱。要时刻想到,阁楼外有那么多眼睛望着自己,彼此相睎,心灵相通。"读者、编者、作者之间的良性互动及其随和、温馨、友善的人际交往,共同营构了《读书》的文化氛围,这在今天的传媒出版界已成了怀旧的资料,这也是《读书》走向成功的秘密武器——人文关怀的价值诉求和以人为本的办刊理念。书中对此多有阐发,虽不挂在嘴上,字里行间却无不体现。这些文字,就象当年的杂志一样,随意自如、含蓄蕴藉、意味隽永、闲散澹定,不拿腔调、不端架子、不作高深、不唬读者,是一种有感而发的随想。其中,或谈编读往来,或叙办刊宗旨,或述组稿之趣,或说读友所盼,皆是娓娓道来、委婉言说,一如三五知己在茶馆聊天,令人联想到乡野的豆棚瓜架、雪天的拥炉煮茶,是一种骨子中的雅韵,散发着令人迷醉的芬芳气息。

扬之水也说:"并非不问政治,但政治进入《读书》的时候,已被纳入了文化讨论的范畴。也并非没有激情,但激情出现在《读书》的时候,已经是

[①] 马国川:《我与80年代》,生活·读书·新知三联书店,2011年,第251页。
[②] 《旅途中国》,《□国旅友论坛》2008年5月14日。
[③] 沈昌文:《阁楼人语:〈读书〉的知识分子的记忆》,作家出版社,2003年,254页。

冷静思考之后的沉淀。'淡定地面对主义',使它虽身处漩涡中心,却能不失身份。不偏离位置,稳妥、扎实地做它所愿意做的事情。以海派的灵秀与敏锐,去不断发现新的问题,并很快找到恰切的表达方式;又以京派的沉稳与厚实,使思考不致流于肤浅与空泛。它决不'领导新潮流',但在它所营造的文化阁楼里,总是空气新鲜,虽然恒常有一种古典式的庄重。《读书》绝对不脱离现实和放弃人文关怀,《读书》没有这个就没有魂,也就没有了生命力。"①

正是由于《读书》编者与作者的"对流",使一个普普通通的思想文化杂志成了一种口碑不凡的文化品牌。正是这一群"阁楼上的疯男痴女",传续着文化的香火,播撒着思想的种子,让读者收获精神的愉悦、高雅的书香。这些默默无闻、埋头苦干的人,是文化建设的脊梁、出版事业的基石、读者朋友的知音。他们那种礼贤下士、兼收并蓄、民主和谐、温婉诚敦的编辑作风,成了读书人记忆中一段颇堪回味的情境,至今仍被口耳相传、成为佳话。

大众化的学术期刊,或者说准学术期刊,以早期的《读书》杂志为代表的读书类刊物即为此类。它试图做的是把阳春白雪的学术思想通俗化、大众化。它在一定程度上承担了学术普及和思想启蒙的功能。

从90年代末开始,《读书》的编辑思想发生了改变,之前《读书》一直把"思想性"和"可读性"放在首位。从那时起,《读书》在文章内容上逐渐失去了往日的锋芒;在写作风格上放弃原来的通俗性、可读性,越来越晦涩、学术化,离普通百姓越来越远。"《读书》杂志就像一张桌子,它被放置在围着它坐在一起的人之间,于是,那些从未聚首的人们、那些完全陌生的人们,因此有了联系,因此有了可以测量的距离,因此有了生发出他们各自不同的声音的场所。"②

现阶段在继承汪晖时期关注现实和反思现实的传统,作为推动社会文化和反映政治关怀的刊物,《读书》应该把重点放在推动社会变革和进步的内容上。对社会影响重大的现实问题和文化问题进行多方面和多元化的探讨,力求避免出现"新左派"代表刊物的争论的出现,以包容性的态度容纳更多观点的争论。在辩论中,以政治关怀的角度出发,促使现实问题越辩越明,做

---

① 《编辑手记》,《读书》1998年第4期。
② 《编辑手记》,《读书》1984年第4期。

到信息性和思想性的双向发展，突出该刊的学术属性和政治属性。

在《读书》杂志的影响上，钱理群认为，中国那个时候的学术界对现实问题有很多不同的看法，而思想上也越来越分化。不同的思想体系，在对待现实问题的看法上存在着很大的分歧。更重要的是，很多学者在面临一些关于中国改革道路、中国经济发展的问题时，还存在迷茫和苦恼，在一些问题上其实本身也存在着很多疑问。而这种疑问就需要像《读书》这样的一个平台来讨论。但随着思想界分歧的扩大化，《读书》上的争论也有些剑拔弩张之势。这种争论，在自由主义和新左派的分化开始之后，达到了白热化的程度。当然论争最后也顺其自然到了白热化的境地，2007年7月，《读书》换帅，汪晖去职。

"政党伦理是当代中国社会伦理的样式，由政党意识形态为理念基础而形成的一套评价体系、思想和行为规范，它受到政党国家的政治体制给予的社会实在性的有效制约。当代中国的社会实在由政党意识形态、政党伦理和政党国家的社会体制三个基本结构要素构成，政党伦理是介于两者之间的中层形态，不仅规约思想—知识的活动样式，亦规约日常生活的价值评价。当政党意识形态需要转换成政党伦理，以便与政党国家的社会体制同质同构时，'思想改造运动'就会被设计出来。50年代以来，伴随着思想改造运动，知识界、读书界的选择趋于单一化，向社论权威统一，词汇的选择和修辞及论说方式逐渐丧失了私人性格。虽然思想改造运动的实际效力，它一直持续到80年代（至今仍然没有完全失效，只是部分语域的失效），但是《读书》风格的转变在部分程度上表明的是一种单一化的权威的统一开始瓦解。并且《读书》对中国到西方的不同文艺作品的评介，对自由和人尤其是个体的人的重视亦实际地推促了摆脱这种权威的进程。"① 因此，从这个角度看，《读书》是以论争带动了思想革命，进而推动社会的发展。应该说，《读书》杂志的话语权的形成是通过与各个不同层面的斗争而形成的。社论派与自由主义的论争，试图从不同途径解决同一问题，他们之间的冲突正是推动历史前进的契机。

正是由于《读书》的巨大影响力，其个性特点逐渐扩散为整个文化界的个性，并构成一种独特的话语体系。《读书》造就了一批出色的知识分子，成为当代知识分子的中坚。在《读书》杂志为代表的知识分子话语权的形成过

---

① 刘小枫：《〈读书〉与读书人的变迁》，《读书》1994年第12期。

程中，知识分子拥有了自己的自由发言的舆论空间，由此形成了知识分子的话语权。《读书》话语霸权的营造与形成，在于当代知识分子们强烈的社会责任感以及参与社会变革的使命意识，更在于其所逐步赢得的强大的读者影响力和社会推动力，是历史的必然选择。

"我们的方针是渐进的调整，是因为即使介入这些现实性的问题时，《读书》的主要策略还是从思想的、知识的和理论的角度出发，而不是进行直接的公众讨论或政策性辩论，它致力创造的是一个立足于反思和批评的建设性的思想氛围。"① 在论争过程中，《读书》逐渐强化的反思功能也促进了知识分子内部的争议与分裂。团结在《读书》周围的一批作者的"自我塑造"。可以想象，成为马克思式的公共知识分子，同时承担人文精神、批判意识和理想主义的使命与责任，正是相当一部分《读书》作者们的理想：他们为马克思所描绘的这幅"思想肖像"恰恰就是他们自己的"群体自画像"。而且，最为有趣的是，在《读书》的许多作者们看来，马克思似乎已经不再是"体制"中人，而分明站在了他们即正在进行着自我塑造和自我养成的"公共知识分子们"这边。曾经被当作"意识形态符码"而使用的马克思形象，现在被解构并重新建构出来，成为了批判性知识分子的典型。但在大多数人的心目中，《读书》始终是中国人文思想类杂志的风向标，这个角色使得《读书》承载了太多本不该一本杂志承担的责任。

陈平原说，《读书》杂志展示了知识分子的才华，造就了一批名家，见证了思想界的分歧。梁小民了解到《读书》不是一般的学术刊物，它不仅要有高的学术水平，而且要让人爱读，读起来有趣。于是，他努力读好的散文，读《读书》的文章，有意识地在写作时向别人学习。"这种努力使我能写出一些读者喜欢的文章。我写书都沿着这个路子，才有了后来的畅销书。"另一方面，这一时期，一个作者会针对某一个特定问题进行时间跨度较长的历史研究。比如孙歌有关日本思想史的研究，韩东育、刘岳兵对日本的儒学研究，赵京华对日本知识左翼的研究。女性学者可以讨论南京大屠杀，冲绳的历史纠葛问题，男性学者也可以写出"大雁排成人字形从天边飞来，落在花繁如海的荞麦田里……"② 这样抒情的笔法。台湾学者陈光兴表示：孙歌的文章通过《读书》等刊物的传播，特别对年轻一代的学者造成了一定的冲击，让他们被迫从欧美中心的热潮

---

① 《〈读书〉精选·序言》，三联出版社，2007年，第4、8页。
② 董炳月：《荞麦面条的味道》，《读书》1999年第10期。

中看到了亚洲资源的重要性；在日本，特别是东京的批判圈，他不同的思考方式也产生了渗透作用。孙歌关于东史郎先生的讨论发表之后，在中国和日本都有不同的反响。胥光炜在2008年第6期《读书》上发表题为《奶奶眼中的侵华日军》的文章，文中也提道："孙歌的《观察日本的视角》给了他很多的启示，尤其是'如果我们仅仅把一些固定的意象作为历史讨论的话题，那么活着的历史就会与我们擦肩而过……我们便不得不置身于历史之外，而我们的思考，也可能因而失掉历史性'。"在非知识界读者眼中，"《读书》就是他们与知识界相连接的一根神经，他们通往知识的一条脐带"。

30年来，《读书》逐渐成为一种标志，一个符号系统。一些对它怀有深厚感情的人，对它不离不弃，更多的是因为把它当作了抵御现实的最后底限。《读书》杂志梳理知识分子的历史命运，确立知识分子的精神独立性与现实存在的合法性，追索知识分子的自身形象与地位，谋划知识分子对人类文化命脉的守护、传承与开启的可能。

三　《读书》对书业的影响

《读书》杂志是特殊的，30年来没有任何一个思想文化刊物能和它的影响力相比拼。随着改革开放的不断深入，《读书》杂志始终坚持"以书为中心的思想文化评论"的定位，坚持邹韬奋先生倡导的"坚持为读者服务"的优良传统，坚持解放思想、读书进取的风格，坚持面向知识界、服务知识界的高格调、高品位，赢得了知识界的普遍喜爱，成为思想界改革开放的标志，成为我国期刊的一个著名品牌，在读者中产生了广泛影响，享有良好声誉，形成了具有中国气派的期刊文化风格，可以说是延续了上个世纪初《新青年》《语丝》《东方》等著名刊物文化之风。①

1978年中共中央十一届三中全会举行以后，书评期刊出现了一个高潮。1978年11月国家出版局颁发《关于恢复加强书目编印工作的通知》，提出发行部门和有条件的出版社还可编印图书评介性质的宣传刊物。1979年4月，生活·读书·新知三联书店创办了《读书》；同年9月，上海人民出版社创办

---

① 生活·读书·新知三联书店：《三联书店召开〈读书〉创刊30周年聚谈会》，《三联人》2009年第3期。

《书林》；1985年5月，《光明日报》社受出版领导部门委托，创办了《博览群书》月刊；1986年，中华书局创办《书品》（季刊）……在众多书评期刊杂志中，《读书》以其思想性和趣味性在知识分子中间产生了强大的影响。作为一本书评杂志在整个社会系统中受到的制约和影响更大。《读书》作为书评杂志是联系作家、批评家和读者的媒介，同时它也是联系中外的媒介。

1983年6月6日《中共中央、国务院关于加强出版工作的决定》中，虽然明确指出出版事业的性质"与资本主义国家的出版事业根本不同，是党领导的社会主义事业的一个组成部分"，即强调出版业"首先要注意出版物影响精神世界和指导实践活动的社会效果"，但也规定，"同时要注意出版物作为商品出售而产生的经济效果"。因此，出版部门在"不能单纯追求经济利润"的前提下"应该加强经济核算"。①

国务院在1984年发布的《国务院关于对期刊出版实行自负盈亏的通知》中要求，除少数指导工作、推动科学技术进步，以及少数民族、外文等类别期刊外，其余一律"独立核算，自负盈亏"。中国新闻出版业在1985年前后出现的整体"大滑坡"相伴随的，是"新时期"以来新闻出版业发展速度过快、造成供过于求的"宏观失控"的局部反映。据有关统计，从1978年到1985年的7年间，中国期刊种数增长了5倍多。特别是1979年至1981年3年期间，平均每年递增42.5%。这种激增的速度，与编辑能力、纸张生产、邮发能力都发生了尖锐矛盾。②

1988年，根据党的十三大精神，中宣部和新闻出版署联合发出文件，明确要求：在发展社会主义有计划的商品经济的条件下，必须改革政企不分，统得过死，出版单位缺乏自主权，缺乏活力的旧体制，建设政企分开，扩大出版单位自主权，加强宏观管理，具有生机和活力的新体制。90年代，随着市场经济的推进，大众传媒的兴起，"政府拨款的减少直至'断奶'，相当一部分纯文学期刊相继'改嫁'或'关门'，一些期刊开始标举通俗文学，另一些期刊则改版为文化类、综合类期刊，另觅出路"。③

1992年党的"十四大"确立了"建立社会主义市场经济体制"的目标，我国开始步入经济体制转轨时期，这从根本上为出版业走向市场提供了体制

---

① 《当代中国的出版事业》（下），当代中国出版社，1993年，第81－92页。
② 参见高明光：《新中国的期刊出版事业》，《中国当代出版史料》第8卷，宋应离等编，大象出版社，1999年。
③ 黄发有：《媒体制造》，山东文艺出版社，2005年，第30页。

保障，由此促发了出版产业化进程的高歌猛进。代替计划经济的、为推进著作者撰写优秀作品、出版者编印图书精品、读者选择优良读物，从一个独特的视角，进行了有效的舆论督导，从而为新时期文化学术的繁荣，做出了有目共睹的贡献。在这一过程中，以市场为主导的经济发展模式被公开提了出来。其实，在1985年中国新闻出版业整体大滑坡之后，① 政府有关部门就日渐强调对期刊实行自负盈亏的策略。

1986~1996年间，广告、发行等经营理念开始渗透进期刊行业，《读书》也有了自己的经营管理。在其办刊理念的指导下，关注学术界、思想界与理论知识界的前沿动态，刊登优秀书评，坚守知识分子的精神阵地。此外，还

---

① 早在1984年发布的《国务院关于对期刊实行自负盈亏的通知》中就已规定，除少数指导性、科技性刊物和少数民族、外文刊物外，其余一律"独立核算，自负盈亏"。文件的具体内容是：为了促进各类经过批准、在出版行政部门正式登记的期刊提高质量，加强管理，改善经营，实行自负盈亏，以适应四化建设和经济改革的要求，特通知如下：

一、中央、国务院各部门，中央各群众团体，各省、自治区、直辖市机关团体，全国各科研单位、高等院校，办好本部门、本单位指导工作、发表科研论著、推广应用技术的期刊，是自己业务、科研工作的重要组成部分。各部门、各单位对这些期刊要加强领导，促进其努力提高质量，使之发挥应有的作用。这些期刊原则上要做到保本经营，在未做到之前，仍可由主办单位给予定额补贴。一个单位确需同时办几个刊物的，也可以盈补亏。

二、为了繁荣社会主义文艺创作，中央一级各文学、艺术门类可各有一个作为创作园地的期刊，中国作家协会可有两个大型文学期刊，各省、自治区、直辖市可有一两个作为文艺创作园地的期刊，这些期刊也应做到保本经营，在未做到之前，仍可由主办单位给予定额补贴。省、自治区、直辖市以下的行署、市、县办的文艺期刊，一律不准用行政事业费给予补贴。

三、用外文和少数民族文字印行的期刊，仍实行必要的经费补贴。

四、上述各类期刊，属中央一级的，须经主管部委或相当于部委一级的领导批准；属省、直辖市一级的，一律由所属省、自治区、直辖市人民政府批准。各级财政、财务部门，应根据批准文件办理有关手续。上述各类经过批准经济上继续补贴的期刊，均须报文化部或国家科委备案，以便检查。

五、上述各类继续补贴的期刊，要实行独立的经济核算（人员、行政开支均应计入成本），积极改善经营管理，精打细算，杜绝浪费，努力提高质量，扩大发行，逐步减少亏损，争取尽早实现自负盈亏。

六、凡超出本部门、本单位业务、学科范围的期刊，以及本通知一、二、三条规定限额以外的各种期刊，要实行独立核算，自负盈亏，一律不得给予补贴，现有的补贴从一九八五年一月一日起一律取消。

七、鉴于纸张提价、印刷、发行费用增加，期刊可根据国务院批准的图书、报刊调价规定，本着保本薄利的原则合理调介。

八、目前，很多单位用公费为负责人和干部订阅报刊，造成很大浪费。今后除图书馆、阅览室、资料室、文化室、办公室正常需要的部分报刊和职工集体阅览的报纸外，其他任何单位都不得用公费给个人订阅报刊。

九、中国人民解放军系统办的各类期刊，请总政治部根据上述精神，做出相应规定。

为保证期刊能够实现这一目的，1988年3月16日，新闻出版署、国家工商行政管理局发出通知，允许期刊刊登广告，以完成"体内造血"，增加资金收入。

在这一办刊理念的指导下,关注出版界最新动态,评价优秀图书,增强我国出版文化的传播力量。

1. 有关图书、藏书、图书馆的描述

作为一本"以书为中心的思想文化评论"杂志,《读书》一直坚持评介好书、谈好书。为响应"读书无禁区"的号召,《读书》勇闯"禁区",发文控诉"四人帮"极端反动的信息封锁和思想控制行为的危害性。《解放内部书》直指高级干部的文化特权,揭示文革的余孽尚未扫清。《海关这一关》观点鲜明地批评海关禁止外国书籍进入中国的保守行为。每期都要介绍20多本已被评论或参考的书籍,从学科分类上看,涵盖了人文学科、社会学科以及自然学科的经典著作,无论新书或旧籍,著述或译作,还有书人书事,《读书》都给予了详细的描述。其数量之多,质量之高,同类刊物都无法与其相比。它虽不追求面面俱到,逐章逐节介绍内容,而是侧重其社会价值与意义,或是因某书之论述,引发出作者自己的感喟和认识。

从1979年第1期至2009年第12期,总共出版369期中,据《读书》30年光盘检索,以"书"为检索词,发现有1255条记录,这些文章广泛分布在每一个年度之中(见表)。

年度	文章篇数	年度	文章篇数	年度	文章篇数
1979	81	1990	62	2001	16
1980	212	1991	57	2002	16
1981	97	1992	42	2003	16
1982	74	1993	19	2004	10
1983	68	1994	30	2005	8
1984	80	1995	26	2006	11
1985	74	1996	16	2007	12
1986	61	1997	24	2008	8
1987	46	1998	20	2009	6
1988	52	1999	19		
1989	67	2000	21		

不仅有书评、版本知识,还有关于书籍装帧的文章。由此可见,《读书》致力于做读书人、爱书人的刊物,实践着做广大读者朋友的理想工作。

关于图书谈的比较多的是黄裳。"书林一枝"是黄裳在《读书》发文的主要栏目,1992年以来,他讲述买书读书中的感悟类文章在"书林一枝"中占了不少分量。他发表的文章主要可以分为这样几类:一是谈与书相关的知识。如《书的故事》《谈"善本"》《谈"题跋"》《谈"集部"》《谈禁书》《再谈禁书》《残本·复本》《插图》《谈"全集"》《关于"提要"》《谈影印本》《插图》《清刻之美》《四库全书的老账》等。虽是谈旧书、谈历史,但都极有现实意义。二是谈具体的某一部书。这类文章的篇幅多较长,充分体现出黄裳丰厚的学养。通过他的介绍和说明,读者不仅可以一睹古代典籍,而且也在作家的评述中感受到历史的沧桑。如《谈题跋》一文中,黄裳谈到祁俊佳写的跋文后评述道:"他们只能'寄沉痛于悠闲',说两句'淡话'。"

在网络时代,图书馆给予知识分子心目中的地位是:"诱人而又伟大。"①张中行的《闲话北大图书馆》默默温情的讲述了老北大图书馆"借书还书的自由主义"。具体说,自由包括两个方面:一方面是借书多少,数量不限;另一方面是借的时间,长短不限。"此外还可以加上一种小自由,比如我们一些几乎天天来的看客,座位有定,借书,大多是送货上门。"② 资中筠曾经写道:"一进入那(大图书馆)殿堂就有一种肃穆、宁静,甚至神圣之感,自然而然谁也不会大声说话,连咳嗽也不敢放肆。"那时大图书馆的常客一般都有自己相对固定的座位。借书手续简便,不存在管理员态度问题,"以至于我根本不记得书是怎样借出来的,似乎到图书馆总可以读到自己想读的书,一切都那么自然"。③

2002年,《读书》杂志与香港《明报》世纪副刊和台湾《中国时报》人间副刊共同组织了"炎炎夏读99"活动,延请两岸三地的九位文化人士,为大学生各推荐11本暑期读物。每位推荐者对所列书目做了简短说明,还附一些点评者的妙评。内容涉及文学、哲学、历史、社会学、心理学等诸多领域。此为文化普及的一项创举,在社会上也产生了较好的反响。

《读书》力求创办成"知识分子的精神家园",就要关注知识界与思想界的成果与走向,与读者进行互动,为读者创造"精神家园"的氛围与环境。以刊登学术书评为主,涉猎学科广泛,如哲学、史学、美学、考古学、文艺学、教育学、经济学、管理学、政治学、新闻传播学、出版学等等,书评的

---

① 曾昭奋:《图书馆静悄悄》,《读书》1998年第3期。
② 张中行:《闲话北大图书馆》,《读书》1990年第4期。
③ 资中筠:《清华园里曾读书》,《读书》1995年第1期。

知识性较为密集，诸多学科知识领域的读者都可在此找到与己相关的信息。

"在今天，尤其在中国，数据要依靠印刷才能提供给我们。所以我以为出版、印刷工作比建宝钢重要。一方面，出版、印刷的东西又浩如烟海，如何把人们需要的从中提取出来又是更重要的。我想《读书》能为搞自然科学的提供文学、社会学、历史学等方面的指引，又能为搞社会科学的提供自然科学的观念，就达到了读书的目的。"①

目前我国书评事业发展中面临的主要问题之一，是对书籍进行客观、全面的价值判断。尤其要重视对学术性较强图书的评论，恰如其分地指出被评图书的优缺点，从整体把握上体现图书在学科领域的研究水平和领先水平，向读者推荐、传播优秀的精神文化资源。

2. 对国内其他刊物的影响

《读书》杂志的出版和发展演变，为当代中国培养和锻炼了一大批思想史、社会史等方面的优秀知识分子，这些人受《读书》编创思想的影响，后来大都成为知识界的精英。许多人后来成为其他刊物的主编和作者，有的成了图书出版家或编辑家，成为文化传播领域里的"舆论领袖"。比如：汪晖、黄平，《读书》前主编；李皖《人物汇报》主编。从编辑成员来看，他们彼此间有很大的交叉，沈昌文不仅是《读书》的主编也是《万象》的主编，而董鼎山、储安平等先后成为《读书》和《万象》的主要撰稿人。很多作者大都是由欧美留学归来的文人、教授，他们同属于受过西洋文明教育的自由主义知识分子。

由于《读书》开办书评的影响，《历史研究》《中国史研究》《当代中国史研究》《近代史研究》《世界历史》《史学理论研究》《中共党史研究》七家首都学术刊物全体决定，联手合作，向史学界内外的专家学者广泛征稿，要求他们积极关注和努力参与学术书评的撰写，以提高书评的学术质量和学术影响。《中国社会科学》（双月刊），从1982年以来，开辟的"图书评介"，每期发六、七篇书评，每篇书评均在二、三千字左右，占整个刊物篇幅的很大比重。《北京大学学报》的"书评"，江苏省社会科学院主办的《江海学刊》的"新书评介"，吉林省社会科学院主办的《社会科学战线》的"书评"等。而《新华文摘》所设的"读书与出版"栏目，在学术界和书业界早有赞评。甚至连中共中央主办的《红旗》杂志，从1984年以来，也增辟了"图书

---

① 斯宏：《从信息观点来看出版印刷》，《读书》1983年第1期。

评介"专栏，每期评介一、二本优秀读物。《青年文摘》也开始增辟了"图书园地"栏目，推荐优秀图书，指导青年读书，传播新书信息，交流读书心得，从而推动了全国青年读书活动的深入开展。不少报纸也陆续增设了诸如《读书与出版》《图书评介》一类的专版或专栏。这样，使《中共中央国务院关于加强出版工作的决定》中有关"了解出书情况和加强图书评论工作"的指示，正在逐步得到贯彻落实，这些图书评介很自然地受到了广大读者的欢迎。如吉林的《作家》杂志，原是以小说、诗为主的纯文学刊物，并且在文学界享有盛誉，现在《作家》每期的头条却基本上是思想性随笔。

陈平原在《读书》上的系列"老北大的故事"引起了出版商们纷纷效仿，全国各大名校一夜之间都有整本的故事出台，足以说明这个话题的号召力。《北大校庆为何改期？》一文虽然只是学人"寻幽探佚"之作却也引起了普通读者的浓厚兴趣。山东画报出版社编辑《老照片》，"完全模仿《读书》，从开本、页码、版式到栏目全盘学习。《读书》上有两个栏目，'抒臆集'与'说《读书》'，我们做图片，也按它来，只不过将栏目名改为'凝望集'与'再品斋'"。①《世界建筑》杂志的主编曾旺奋无比羡慕的回忆道："比起《读书》来，我们的《世界建筑》杂志还是有禁区，有顾虑的。"②

随着期刊杂志的迅猛发展，文学性期刊也迅速发展起来。大型文学期刊如雨后春笋般涌现。仅省级以上的文学刊物已超过200余种，为文学发展提供了众多的阵地，文学界开始出现生机勃勃的局面。这些刊物大多二三百页，可以容纳中长篇小说的刊载，许多作家作品都是从这里被读者认识熟悉起来的，这些文学期刊成为《读书》书评的一个重要来源。乃至现如今在学界影响很大的《天涯》杂志，也是通过《读书》才被外界所认识（《天涯》创刊号问世时曾在某期《读书》上刊登过广告）。

1998年，期刊界有一个令人瞩目的现象，思想文化类杂志开始走俏市场。除了老牌杂志《读书》之外，《天涯》《方法》《书屋》等思想类杂志也开始刊登学术思想性随笔。杂志是社会、时代的产物，同时又促进社会、时代的发展。杂志往往是社会、时代前进的号手、尖兵，杂志往往是呐喊着时代的最强音。应该说，这也是杂志的社会生命力的最关键所在。③

---

① 邹凯编：《守望家园：生活·读书·新知三联书店》，生活·读书·新知三联书店，2008年，第29页。
② 邹凯：《我与三联》，生活·读书·新知三联书店，2008 第42页。
③ 徐柏容：《杂志编辑学》，中国书籍出版社，1991年，第43页。

国内思想文化类期刊纷纷涌现。因所处的时期不同，这几种刊物也有各自的侧重点。《读书》以宣传新文化传播启蒙思想为旨，《书城》偏重于政治、法律、教育等方面的启蒙，《万象》较侧重文艺，借文艺来表达自己对于自由民主信仰的追求，而《书屋》则较注重政论和新闻；《天涯》这四种刊物，由于它们在各自所处时期产生过巨大影响，在事实上形成了以本刊物为中心的自由主义的政治文化派别。四个派别在人员组成等方面的交叉性、相似性，使较为直观地凸显出现代中国自由主义维持前后衔接态势的发展脉络，以及在21世纪的精神状态。

职业出版家在80年代以来迄今的思想——知识界的变迁中，起了决定性的作用。尤其值得注意的是，出版业是政党国家的政治体制的一个重要部分。

"在今天，尤其在中国，数据要依靠印刷才能提供给我们。所以我以为出版工作比建宝钢更重要。另一方面，出版、印刷的东西又浩如烟海，如何把人们需要的从中提取出来又是更重要的。我想《读书》能为搞自然科学的提供文学、社会学、历史学等方面的指引，又能为搞社会科学的提供自然科学的观念，就达到了读书的目的。"①

《读书》在大量介绍西方文学及各种文学思潮的同时，还邀请海外学者介绍国外著名报纸杂志刊载的书讯、书摘、装帧评价、出版界消息等，以求开中外文化视野，彰显人文关怀。对于读者而言，《读书》对国外先进知识和文化的大力引介正好满足了当时人们渴望了解外部世界的心理需求。

美籍著名学者董鼎山，作为一名由中国出去多年的"纽约客"，最早向广大中国读者介绍西方文坛的最新状况，让不少人通过他的文章了解到美国图书、出版界的资讯②。他精通外文，知识广博，热爱图书。他写的书评，看似信手拈来，从容不迫，实际上这后面埋藏着作者平日的修养和多年的积累。他多年来一直活跃于中美文化界。70年代末期，他在《读书》开辟了"纽约航讯"的专栏（后改名为"西窗漫记"），专门介绍美国文坛和报刊图书评介情况。他一直在美国的大学从事编辑、教书和图书馆工作。长期接触图书出版信息的经历，使他对美国社会、特别是文坛的情况十分了解，加上他自己的研究，所以在介绍和评论美国文化方面，常常显示出他独到的评判眼光。

---

① 斯宏：《从信息观点来看出版印刷》，《读书》1983年第4期。
② 董鼎山：《纽约人，美国最成功的文艺杂志（1982，5）；《书评与书评家——美国杂志的书评栏》（1986，5）；《书评编辑怎样工作》（1982，8）。

冯亦代"西书拾锦"专栏坚持十几年大量地介绍西方的图书，犹如穿越太平洋的一股清爽宜人的风，滋润着中国读书人的心田，从此，人们永远记下了这位传播知识、传播友谊的忠厚长者。

《读书》对于日本的出版业的关注相对较多。比如创刊第1期《读书》就刊载了名为《日本的出版业》，对日本的出版业进行了简要的概括。刘心武在《访日本文艺春秋社》中对该出版社编辑部和食堂做了详细地描述："（编辑部的）沙龙一侧通向厨房，服务员随时可送上放有冰块的威士忌酒，或热咖啡、冰激凌一类的热、冷饮。沙龙旁还有一个小酒吧间，可以进去专门饮酒休憩。沙龙还有一门通向该社的礼堂，可容四百多人，座椅均为高靠背软椅，设备非常优良。接着我们又参观了他们的食堂，每顿供应两三种份饭，质量堪称物美价廉。"①

澳大利亚白杰明的两篇文章《日本最大书店》和《神田的本祭》分别发表于《读书》1982年第8期和1983年第3期，介绍了日本最大书店之一——三省堂神田书店以及神保町的露天旧书展销会。日本社会也有值得中国社会借鉴和思考的方面。比如留学日本的顾铮就撰文写道："日本这样的以地方自治为原则的国家，社区图书馆的年度经费能得到有尊严的保障。……另外，由于图书馆有着素质良好的司书掌管运营，其藏书也当会考虑公众阅读口味与人类经典文化收藏的平衡，以满足社区公众各个层面的知识需要。"② 而中国却鲜见在像图书馆这种公民可以普遍享有的公共文化设施的建设上下大力做些事。

1998年第5期开始，《读书》陆续推出一个新栏目——"刊海远眺"。设立这个栏目的目的，是为读者介绍海外刊物中的一些有意思的文章、书评、讨论。当年《读书》的重要作者、巴黎大学历史学博士、时任巴黎第七大学历史系教授、中欧论坛创始人，有"中欧文化摆渡人"之誉的陈彦在这个栏目上发表了多篇讨论法国期刊的文章。

在1998年的5月、6月、8月、10月以及12月，《读书》在这个栏目上连续刊发了孙歌对于日本岩波书店出版的月刊杂志《世界》的评论。这些讨论发生在不同的文化背景中，但并非与我们漠不相关。虽然说的依旧是旧事：《世界》杂志仍然纠缠于日本的战争历史，他们追问"'自由主义史观'能使我们

---

① 刘心武：《访日本文艺春秋社》，《读书》1981年第8期。
② 顾铮：《谁的书》，《读书》2006年第3期。

自由吗"？《泰晤士文摘》谈论社会主义国家的历史、冷战政治与民族主义。《我们的同时代人》来自苏联解体后的俄罗斯，那里的人们对于十月革命的看法南辕北辙、针锋相对。革命的浪潮曾经滔天，而今留下的似乎只有纪念、诅咒、反思，以及遥远的回声。人们在回忆中前行，回忆也可能就是我们的现实。

每一次媒介的变迁都是一次媒介自身文化特性的裂变。现代媒介对"现实的反映"只能成为一种幻觉。其实质乃是媒介不再反映现实，而是塑造现实。大众传媒不仅深入到人们的生活内部，还进一步造就了一种整齐划一的体验世界的方式。每个人生存地点的具体性，被空洞的空间和时间替代，个体生命经验被集体性的媒介经验所支配。

本雅明认为，在市场作为文化导向的社会中，文化产品和艺术很容易成为"机械复制"的制作，它最大的特点就是可重复性，而高雅的精品艺术是创造性的、不可复制的（《机械复制时代的艺术》）。也就是说，市场的趋利性，必然导致艺术产品的庸俗化。卢卡奇则从意识形态与市场关系的角度指出，在貌似自由的市场中，实质上并不可能给个性的伸张提供空间。他说："从意识形态的角度来看，……即当资产阶级一方面赋予个性以一种前所未有的意义的同时，另一方面，它正通过这种个人主义的经济条件，通过商品生产建立起来的物化取消了任何一种个性。"① 而葛兰西则提出，在外表看来是完全自由的市场，实际上完全受控于国家权力，只不过这种控制是通过使用文化霸权控制大众意识形态来实现的。市场"对葛兰西而言，它意味着，通俗文化和大众媒介与霸权的生产、再生产和变化有关系，霸权通过市民社会的各种机构覆盖了文化生产和消费的各个领域"。② 这意味着，在市场化之后，权力意志操控文化的方式主要是和消费意识形态进行合谋。综合这几种观点，可以得出这样的结论：只要是受制于市场规律而出版的艺术品，很容易走向消融个性的平面艺术、机械复制艺术，它的最大特点就在于消解深度模式。同时，市场导向下的文化产品，都不可避免地有成为媚俗艺术的危险，要么是"媚商"，要么是"媚权"。

《读书》的思想高度以及跨学科视野、文章风格和超高的人气可以占有很大的优势，对形成读书的风气、出版优秀图书起到很大作用。《读书》应该更好地发挥出这种优势作用。而《读书》对于读者的意义可能在于——在一片

---

① 卢卡奇：《历史与阶级意识》，商务印书馆，1999年，第119页。
② 多米尼克·特里斯纳蒂：《通俗文化理论导论》，商务印书馆，2001年，第187页。

真真假假的娱乐精神中,她满足了一代知识分子抑或知道分子清谈国是清议文化的梦。

3.《读书》的书

《读书》创刊不久后,就因倡导读书之风、思考之风、探索之风和平等待人之风,反对官腔、八股,而受到许多作者、读者的拥簇,成为"知识分子的精神家园"。在金克木、钱钟书、吕叔湘、董鼎山、黄裳、张中行等文革中长期被压抑的知识分子眼中,《读书》就像一个可以自由表达的窗口,他们乐于在这里留下一些饱含着浓厚人文精神的文章。老先生们把自己的所思所想发表在《读书》上,使读者如同饮到启蒙的甘霖。一批批的好文章积累到一定的程度,《读书》编辑部就萌发了以作者为中心结集出版图书的想法。

如果说 30 年来的《读书》是一部当代学术史或思想史,也构成了一部当代知识分子的心灵史,那么,《读书》编辑出版的几套丛书则可以归类为一部当代文人学者畅所欲言的写作史和情思史。《读书》杂志衍生出"读书文丛"与"书趣文丛"数十种,几乎囊括了老中青几代学者。从这些衍生的"文丛"里,或许可以最直观地看出这本杂志的风格和影响。

从上世纪 80 年代初开始出版的白色小开本"读书文丛",到 90 年代借助"外援"辽宁教育出版社推出的"书趣文丛",再到 21 世纪后关注新作者、追求装帧设计新特色的"读书书系",再加上 2007 年面世的"《读书》精选(1996~2007)",2012 年新出炉的"《读书》精粹(1979~2009)",这几套丛书与其"母体"《读书》杂志一样,都带着深深的时代烙印。

《读书》编辑部"元老"之一、前执行主编吴彬在接受记者采访时说,从这几个系列丛书的出版时间,就可以看出每一个时代所关心的话题,及其引发的各种思潮。一本本书中,更包含着学者们对一些问题的深入思考。"丛书的作者和选题也跟随着时代的发展在'更新换代',从老一代开始,向年轻一代延伸。"[①] 原三联书店总经理、《读书》主编沈昌文谈到《读书》的系列丛书时,只是轻描淡写地说:"这些丛书起到了保存的作用。一般来说,杂志看过之后不一定会留下来,而这些书则会被读者保存起来。"他告诉记者,"读书文丛"和"书趣文丛"都比较关注同一作者的作品,也善于整合同一类型的作品。

---

① 钟华生:《〈读书〉的书:一种风格》,《深圳商报》2009 年 4 月 9 日。

在《读书》的系列丛书中，要数"读书文丛"最令人印象深刻。吴彬也认为"读书文丛"应该算是个性很鲜明的一套书。一开始，"读书文丛"主要面向《读书》的骨干作者，选题也跟时代的进程相关，围绕着当时社会关心的话题，"尤其是改革开放后人们开始接触到的一些东西，或者大家关注的一些具有新鲜感的东西"。吴彬介绍，"读书文丛"最初的作者都是一些老先生，现在有些老先生已经不在了。在刘苏里看来，"读书文丛"开启了近30年来杂志内容结集的先例，"读者普遍反响好，这恐怕也跟当年的阅读环境有关"。"读书文丛"的作者与《读书》一样，除了学养过人的老先生们，还有知识界的中年、青年学人，也包括一些海外华人作者。

2007年，《读书》编辑部出版了"《读书》精选"之10年文选的第一辑，共六卷本，将10年来的文章细心组织编排，真实记录了1996年至2005年间中国知识界的发展脉络。分别是：《改革：反思与推进》《重构我们的世界图景》《逼视的眼神》《亚洲的病理》《不仅为了纪念》《〈读书〉现场》。这套书的序言说："在近30年的历史中，《读书》的文章时时收入作者的文集，或为其他文集选用，但由编辑部按主题编辑文选，系统出版，这还是第一次。我们将根据各种需要，按照不同的主题，持续地编辑出版《读书》文选。"这个6卷本的文选基本涵盖了10年来《读书》杂志的精华，体现了汪晖和黄平对《读书》办刊理念的总结，是考察汪晖《读书》办刊思想的最好文本，《读书精选》的出版，也预示着汪晖与黄平主编时代的终结。

在《读书》创刊30周年之际，2012年1月，《读书》编辑部从30年来的已刊文章中选择精粹，依循杂志自身的风格特征，按思想评论、文化评论、书人书话、笔谈、美文五个门类共六册编辑成书，出了一套"30年精粹"，以满足不同读者群体的阅读需求。包括笔谈精粹《灵蛇之珠——书人书话精粹》《一灯风雨——美文精粹》，精选结集30年间杂志所刊涉及古今中西、谈论书林掌故、普及版本知识、记叙书人书事的文章，既有助于文化史研究，又祈愿能以此见证和纪念这永不磨灭的书人情结。

《星斗焕文章——文化艺术评论精粹》精选《读书》自创刊30年来的文化艺术评论文章，名家荟萃，佳作迭出，精彩纷呈。举凡文学、电影、绘画、戏剧、建筑、城市规划、先锋艺术各大领域，均有鞭辟入里之介绍、分析、评论，踞时代之潮头，开舆论之先河。然有诗云：须从旧锦翻新样，勿以今魂托古胎。抚今思昔，目游未来，此本编之意也。

《旧锦翻新样——文化艺术评论精粹》《启蒙之星辰——思想评论精粹》(上)和《现代的悖论——思想评论精粹》(下)共五种6册。

何谓出版?"出版是通过一定的物质载体,将著作制成各种形式的出版物,以传播科学文化、信息和进行思想交流的一种社会活动。出版物凝结着人类的思想和智慧,集聚了科学技术的发明创造和实践活动的经验与成果,反映了社会生活的各个侧面。"① 对于读书类期刊的编辑而言,为尽力实现百花齐放、百家争鸣方针的效果,应在遵循期刊编辑原则下,进入一种兼收并蓄的"无"的状态。没有思维定势对文章选择的取向;不以编辑的主观喜好对待作品;本着广博"读书"的胸襟与关怀审视来稿。不论遇到什么样的压力,无论是官方的、民间的、集团的、派别的,所有这些观点,所有这些议论都不会令他们终止让不同的声音出现,并在编辑过程中实现思想自由。②

期刊杂志的首要特点在于"杂"。其次,期刊追求的是长期效应。读者信任的是杂志相对稳定的办刊宗旨,任何重要的作家作品都必须遵循这一宗旨。正是有赖于这种长期信任,杂志才可能推介一些尚未被社会广泛接受的作者和作品,进行一种长期的文化建设。破坏读者对杂志的信任关系,长期的文化建设就失去了基地。如果漠视读者的需求,其"发表"行为所代表的"象征资本"的权威性就会受到削弱。

学术性的言说本来就是《读书》多年来一直致力不辍的维度,从80年代到90年代,《读书》多次以专题系列的方式重点推介西学新知和本土学术的建设。其中重要的有张隆溪的《现代西方文论略览》、关于托夫勒"第三次浪潮"的讨论、组织比较文学研究的讨论、陈平原等人的"20世纪中国文学三人谈"、张维平等的"经济自由主义思潮"、刘小枫的"20世纪西方基督教神学一瞥",以及90年代初期的东方主义、全球资本等话语的讨论等。这些学术性的言说大体上正与思想层面上的文化热、中外比较热、经济体制改革、人文精神失落等历程相关,表明了知识言说与社会转型之间的内在联系。

布尔迪厄指出:"文化生产场的自主程度,体现在外部等级化原则在多大程度上服从内部等级化原则;自主程度越高,象征力量的关系越有利于最不依赖需要的生产者,场的两极之间的鸿沟越深,也就是有限生产的次场和大

---

① 许力以:《出版和出版学》,《中国大百科全书·新闻出版》,中国大百科全书出版社,1990年,第8页。
② 孙燕君等:《期刊中国》,中国社会科学出版社,2003年,第369页。

生产的次场之间的鸿沟越深。"①

电子媒介确实会带来与纸质阅读不同的思维方式，但这不代表着它就必然导致阅读的低俗化。网络内容是良莠不齐的，其实图书市场也是。加强网络把关，依靠精英编辑的自控，选择深入浅出的文章，构建良好的网络环境，使国人在熟悉的、方便的媒介环境中阅读，这也许是在纸质阅读之外使国人亲近阅读的一片新的"蓝海"。

小　结

30年来，《读书》始终以深入浅出、雅俗共赏、编读互动、亦庄亦谐的鲜明风格而成为通往"精英文化"彼岸的出版桥梁。《读书》关注书里书外的人和事，探讨大书小书涉及的社会文化问题，推介不同知识领域的独立思考，展示各种声音的复杂性和多样性，向以引领思潮为己任，是中国30年来思想文化变迁的见证者。只有在"庙堂之高"与"江湖之远"间寻求微妙的平衡点，在学术训练与浪漫性情之间找到恰切的结合部，方不失为读书为文之道。

---

① （法）皮埃尔·布尔迪厄：《艺术的法则——文学场的生成和结构》，刘晖译，中央编译出版社，2001年，第265页。

结语　《读书》的文化精神和传承

1979年《读书》创刊号即以"无禁区"一文在那坚冰待破之时喧腾人口，《读书》就成为了中国读书人的经典。丁聪、王蒙、费孝通、董鼎山、辛丰年等国宝级大学者的参与，使《读书》一出生就具备了得天独厚的优越条件，延续了老一代知识分子们的精神追求和文化梦想。此后大凡域外新思潮新观点都由《读书》率先介绍引进，而中国传统文化、旧式文人和一批五四后产生的被遗忘已久的新式知识分子大抵也是由《读书》首先"发掘"。这种引进与发掘，反映出了社会的变迁、思潮的转变、文化热点的变动和学界焦点的转移。它倡导了"无禁区"，传播了"新闻自由""出版自由"，讨论了政治体制改革，研究了马克思主义是不是一个学派……《读书》的意义就在于它是知识分子们在新启蒙运动中建立在体制边缘，努力发出自己声音的第一份杂志，它在社会转型过程中给中国知识分子提供了一个难得的自由言说的"公共空间"。

《读书》不仅一直在坚持评介好书、谈好书，自己也在努力做好《读书》这本"书"。在主题的选择上会坚持自己的思想格调，更侧重能使读者读后对现实中问题、困境的解决，生活中情趣、意境之张扬有所裨益的文章。30年来，经过编者、作者和读者的共同努力，《读书》成为中国知识分子钟爱的一份杂志，同类刊物中的佼佼者。在中国思想界急剧变化的现实中，《读书》选择了承担起"直面现实问题，参与思想争论"的担子。《读书》有自己的风格，有自己的读者群，也有三联版的图书卓尔不群的气质。《读书》是中国当代著名的思想文化杂志，从某种程度上说它代表了中国当代知识界的水平和精神气质，它被誉为当代的《新青年》。

《读书》一直致力于弘扬传统文化，在对话和交流中吸收先进的外国文化，批判并改正自身传统文化的不足，从而促进自身文化在全球化条件下发展，阅读不会消亡,人类的文化生活才可能更富于张力。《读书》之所以受到国内外的广泛重视,是因为它紧跟时代,致力于传播当下的先进文化,扎根于这片国土,是中国人思考中国问题的杂志。达到了"立足本位,融化新知"的目的。陈平原说《读书》的幸运,在于其能独立(思想与文体)、善生存(20年风雨)、得民心(十几万的印数)。"追求独立思考、自由精神的气场。……她网罗了各种各样的知识分子,尊重表达的自由;虽然各人观点可能不同,但这批人在一个大的场域里有一个基本共识,做的事情不同,但精神上有一种默契。"① 这种默契就是它独特的价值取向和文化精神。它保持了一种独立思考的精神,既非媚俗阿世,又不是剑拔弩张,只是"温柔敦厚"地坚持着独立思考的权利。这就是《读书》的立足点。②

30年来,《读书》一直致力的就是传播新知、关注历史和现实、积极探索中国的未来。所以,它不仅成为中国知识界最著名的思想平台,同时通过思想的传播而在中国形成了大大小小的知识群落。一个时代的知识精英们聚集在《读书》杂志周围,在要求社会进步和文化创新的理想主义精神感召下,一路狂飙突进,试图在价值观混乱的转型时期承担起指引读者精神成长的重任。鲍曼曾经说过:"在这样一个世界中,扮演着传统文化立法者角色的知识分子,必然是一个悲剧式的、无家可归的漂泊者。在相互隔绝而孤立的理智世界的诸专业领域中,没有一个有可能欢迎他的回归,没有一个有可能把他当作被错误地忽视了的引路人;大多数人将这种知识分子抛在了脑后,如同他们古老的、过时了的祖先,这一事实加剧了知识分子的剧变。"从"立法者"到"阐释者"已经或正在成为中国当下知识分子的某种选择。③

从《读书》的发展历史不难发现,知识分子把《读书》打造成了一个公共舆论的平台,利用这个平台,他们进行思想启蒙,把新观念、新思潮传播给社会。他们通过这个平台,在推动中国社会转型的同时,实现了自身的角色转变和身份使命。周国平在《救世和自救》里指出"精神生活的普遍平庸化是我们时代的一个明显事实"。其主要表现为:"一、信仰生活的失落。二、情感生活的缩减。三、文化生活的粗鄙。"面对这种状况,周氏认为既不要诅咒愤怒,也不要为之寝食不安,他主张持自救的立场,"在寂寞中守护圣杯,

---

① 查建英:《96年以后〈读书〉没有兼容并蓄》,《南方人物周刊》2007年7月19日。
② 扬之水:《〈读书〉十年》(三),生活·读书·新知三联书店,2012年,第474页。
③ (英)齐格蒙·鲍曼:《立法者与阐释者——论现代性、后现代性与知识分子》,洪涛译,上海人民出版社,2000年,第210页。

使之不被汹涌的世俗潮流淹没"。"这样的人的存在本身就会对社会进程发生有益的制衡作用。""这样的人多了，时代的精神文化水准也会提高。"① 敢于创造"自身文化"的强烈意识，正是《读书》文化自觉的一个表现。"文化自觉既是一种文化意识，又是一种文化价值观，更是一种文化实践论。"②

回眸《读书》重要的是在于反思和超越。一代代《读书》人更迭，一个个时代场景变换，一次次办刊理念调整，不变的始终是《读书》人内心的情怀，那就是"社会责任感和使命感"。③ 30年来，《读书》逐渐成为一种标志，一个符号系统。《读书》的影响远在读书界之外，在20世纪最后20年，以其坚守的人文光芒温暖了追求真知灼见的人们，以其学术的思想理性驱逐了混乱的黑暗。《读书》一度成为中国绝无仅有的思想传媒，赢得了一个时代。

当一代知识分子曾在一本杂志中感受过它深刻的温情和忧伤，寄托过思考的焦灼和追求真知的渴望，抚慰过他们无处倾诉的孤独感，鼓舞他们和这个时代最优秀的头脑一起品味思考的痛苦和荣耀。在那些读书人的灵魂深处中，这本杂志便已经成为了永远。

---

① 周国平：《救世和自救》《冷漠的证词》，社会科学文献出版社，1998年，第512页。
② 李宗桂：《文化自觉与文化发展》，《中山大学学报》2004年第6期。
③ 刘悠扬：《〈读书〉的人：一种情怀》，《深圳商报》2005年4月9日。

参考文献

一、期刊、报纸

1. 《读书》1979 年—2012 年。
2. 《书城》1993 年—2012 年。
3. 《天涯》1996 年—2012 年。
4. 《万象》1998 年—2012 年。
5. 《书屋》1997 年—2012 年。
6. The New Yorker 1925 年—2011 年。

二、专著、专书

（一）译著

1. ［美］弗雷德里克·詹姆逊著：《政治无意识》，王逢振等译，中国社会科学出版社，1999 年。
2. ［德］卡尔·曼海姆著：《意识形态和乌托邦》，艾彦译，华夏出版社，2001 年。
3. ［美］格里德尔著：《知识分子与现代中国》，单正平译，南开大学出版社，2002 年。
4. ［美］卡尔·博格斯：《知识分子与现代性的危机》，李俊等译，江苏人民出版社，2002 年。
5. ［美］爱德华·W. 萨义德著：《知识分子论》，单德兴译，生活·读书·新知三联书店，2002 年。
6. ［法］米歇尔·福柯：《规训与惩罚》，刘北成、杨远婴译，生活·读书·新知三联书店，2003 年。
7. ［法］米歇尔·福柯：《知识考古学》，谢强、马月译，生活·读书·新知三联书店，2003年。

8.《权力的眼睛——福柯访谈录》，严峰译，上海人民出版社，1997年。

9. ［英］巴特穆尔吉尔伯特：《后殖民理论》，陈仲丹译，南京大学出版社2001年。

11. ［美］戴安娜·克兰著：《文化生产：媒体与都市艺术》，赵新国译，译林出版社2001年版。

12. ［英］安东尼·吉登斯：《现代性与自我认同》，刘北城、宋伟杰译，生活·读书·新知三联书店1998年版。

13. ［美］丹尼尔·贝尔：《资本主义文化矛盾》，赵一凡译，生活·读书·新知三联书店2003年版。

14. ［法］皮埃尔·布尔迪厄：《文化资本与社会炼金术》，包亚明译，上海人民出版社1997年版。

15. ［法］皮埃尔·布尔迪厄：《艺术的法则——文学场的生成和结构》，刘晖译，中央编译出版社，2001年。

16. ［德］R.姚斯［美］霍拉勃：《接受美学与接受理论》，金元浦、周宁译，辽宁人民出版社，1987年。

17. ［德］哈贝马斯：《公共领域的结构转型》，曹卫东译，上海学林出版社，1999年。

18. ［英］丹尼斯·麦奎尔：《大众传播模式论》，斯文·温德尔、祝建华、武伟译，上海译文出版社，1990年。

19. ［美］詹明信：《晚期资本主义文化矛盾》，陈清桥等译，生活·读书·新知三联书店/牛津大学出版社，2003年。

20. ［美］弗·杰姆逊：《后现代主义与文化理论》，唐小兵译，陕西师范大学出版社，1987年。

21. ［加］马歇尔·麦克卢汉著：《理解媒介——论人的延伸》，周宪、许钧译，2000年。

22. ［美］尼尔·波斯曼著：《技术垄断：文化向技术投降》，何道宽译，北京大学出版社，2007年。

23. ［美］本尼迪克特·安德森著：《想象的共同体》，吴睿人译，上海人民出版社，2003版。

24. ［英］齐格蒙·鲍曼：《立法者与阐释者》，洪涛译，上海人民出版社，2000年。

25. ［德］瓦尔特·本雅明：《机械复制时代的艺术作品》，王才勇译，中国城市出版社，2002年。

26. ［俄］巴赫金：《文本、对话与人文》，白春仁等译，河北教育出版社，1998年。

27. ［美］哈罗德·布鲁姆：《影响的焦虑》，徐文博译，生活·读书·新知三联书店，1989年。

（二）史料

28. 方厚枢：《中国出版史话》，东方出版社，1996年。
29. 宋原放等：《中国出版史料》（1-3卷），山东教育出版社，2001年。
30. 中央档案馆等：《中华人民共和国出版史料》（1-4卷），中国书籍出版社，1997年。
31. 宋应离等：《中国当代出版史料》（1-8卷），大象出版社，1999年。
32. 新闻出版工作文件汇编（1988年—1998年），中国ISBN中心。
33. 费正清、麦克法夸尔：《剑桥中华人民共和国史》，上海人民出版社，1990年。
34. 张静庐：《在出版界20年》，上海书店，1984年。
35. 何启治：《文学编辑40年》，人民文学出版社，2001年。
36. 《〈三联生活周刊〉十年：一本杂志和他倡导的生活》，生活·读书·新知三联书店，2005年。
37. 高江波：《生机：新时期著名人文期刊素描》，中国文联出版社，2003年。
38. 查建英：《80年代访谈录》，生活·读书·新知三联书店，2006年。
39. 宋应离：《中国期刊发展史》，河南大学出版社，2000年。
40. 洪子诚：《中国当代文学史》，北京大学出版社，1999年。
41. 余世谦、李玉珍：《新时期文艺学论争资料》，复旦大学出版社，1988年。
42. 中宣部文艺局：《当代文艺思潮若干理论问题和重大事件》，中国文联出版公司，1991年。
43. 胡正荣、李煜主编：《社会透镜：新中国媒介变迁60年（1949—2009）》，清华大学出版社，2010年。
44. 《胡乔木传》编写组编：《胡乔木谈新闻出版》，人民出版社，1999年。

（三）著作

45. 沈昌文：《阁楼人语——〈读书〉的知识分子记忆》，作家出版社，2003年。
46. 沈昌文：《书商旧梦》，上海书店出版社，2007年。
47. 沈昌文：《最后的晚餐》，上海书店出版社，2007年。
48. 张冠生：《知道：沈昌文口述自传》，花城出版社，2008年。
49. 汪晖：《别求新声：汪晖访谈录》，北京大学出版社，2010年第2版。
50. 《〈我与三联〉三联书店成立60年纪念集（1948—2008）》，生活·读书·新知三联书店，2008年。
51. 《守望家园——生活·读书·新知三联书店》，中国出版集团、生活·读书·新知三联书店，2008年。
52. 陈原：《我的小屋、我的梦——60年往事：如歌的行板》，浙江文艺出版社，

2005年。

53. 《读书》杂志编：《改革：反思与推进》，生活·读书·新知三联书店，2007年。

54. 《读书》杂志编：《重构我们的世界图景》，生活·读书·新知三联书店，2007年。

55. 《读书》杂志编：《逼视的眼神》，生活·读书·新知三联书店，2007年。

56. 《读书》杂志编：《亚洲的病理》，生活·读书·新知三联书店，2007年。

57. 《读书》杂志编：《不仅为了纪念》，生活·读书·新知三联书店，2007年。

58. 《读书》杂志编：《〈读书〉现场》，生活·读书·新知三联书店，2007年。

59. 戴锦华：《隐形书写：90年代文化研究》，江苏人民出版社，1999年。

60. 扬之水：《〈读书〉十年》，中华书局，2011年。

61. 《读书》编辑部编：《灵蛇之珠——〈读书〉笔谈精粹》，生活·读书·新知三联书店，2012年。

62. 《读书》编辑部编：《一灯风雨——〈读书〉书人书话》，生活·读书·新知三联书店，2012年。

63. 《读书》编辑部编：《星斗焕文章——〈读书〉美文精粹》，生活·读书·新知三联书店，2012年。

64. 《读书》编辑部编：《旧锦翻新样——〈读书〉文化艺术评论精粹》，生活·读书·新知三联书店，2012年。

65. 《读书》编辑部编：《启蒙之星辰——〈读书〉思想评论精粹》，生活·读书·新知三联书店，2012年。

66. 《读书》编辑部编：《现代的悖论——〈读书〉思想评论精粹》，生活·读书·新知三联书店，2012年。

67. 李永中：《文化传播与文学想象——〈新青年〉杂志研究》，武汉出版社，2006年。

68. 洪子诚：《问题与方法：中国当代文学史研究讲稿》，生活·读书·新知三联书店，2002年。

69. 许纪霖：《中国知识分子十论》，复旦大学出版社，2003年。

70. 童庆炳：《文体与文体的创造》，昆明：云南人民出版社，1994年。

71. 鲁湘元：《稿酬怎样搅动文坛——市场经济与中国近现代文学》，红旗出版社，1998年。

72. 邵燕君：《倾斜的文学场——当代文学生产机制的市场化转型》，江苏人民出版社，2003年。

73. 孟繁华：《传媒与文化领导权》，山东教育出版社，2003年。

74. 马嘶：《百年冷暖：20世纪中国知识分子生活状况》，北京图书出版社，2003年。

75. 马国川：《我与80年代》，生活·读书·新知三联书店，2011年。

76. 师永刚：《读者时代》，上海人民出版社，2001 年。
77. 孟昭晋编：《书评概论》，南京大学出版社，1994 年。
78. 陈平原、山口守编：《大众传媒与现代文学》，新世界出版社，2003 年。
79. 陈平原：《文学的周边》，新世界出版社，2004 年。
80. 赵晓梅：《中国书评史初探》，中国工人出版社，2001 年。
81. 周海波、杨庆东著：《传媒与现代文学之间》，中国社会科学出版社，2004 年。
82. 中国图书评论学会编：《书评的学问》，人民日报出版社，1989 年。
83. 程光炜主编：《大众媒介与中国现当代文学》，人民文学出版社，2005 年 11 月。
84. 贺桂梅：《当代中国思想文化与文学问题》，河南大学出版社，2005 年。
85. 余英时：《士与中国文化》，上海人民出版社，1987 年。
86. 王德威、陈思和、许子东：《一九四九年以后——当代文学 60 年》，上海文艺出版社，2011 年。
87. 刘东超：《当代中国思想文化批判》，河北大学出版社，2008 年。
88. 武新军：《意识形态与中国当代文学》，中国社会科学出版社，2010 年。
89. 孙燕君、康建中、梅园粿、刘再复著：《期刊中国》，中国社会科学出版社，2003 年。
90. 张觉民：《现代杂志编辑学》，中国书籍出版社，1987 年。
91. 潘知常：《传媒批判理论》，北京：新华出版社，2002 年。
92. 孙宜君：《文艺传播学》，济南出版社，1993 年。
93. 徐柏荣：《期刊编辑学概论》，辽宁教育出版社，1999 年。
94. 汪晖：《反抗绝望》，安徽教育出版社，1995 年。
95. 谢冕、张颐武：《大转型——后新时期文化研究》黑龙江教育出版社，1995 年。
96. 汪晖：《汪晖自选集》，桂林：广西师范大学出版社，1997 年。
97. 汪晖：《去政治化的政治—短 20 世纪的终结于 90 年代》，生活·读书·新知三联书店，2008 年。
98. 汪晖、陈燕谷主编：《文化与公共性》，生活·读书·新知三联书店，1998 年。
99. 张旭东：《全球化时代的文化认同：西方普遍主义话语的历史批判》，北京大学出版社，2005 年。
100. 王晓明编：《人文精神寻思录》，文汇出版社，1996 年。
101. 天涯社区闲闲书话编：《闲话中西》，上海人民出版社，2006 年。
102. 孟繁华：《众神狂欢—世纪之交的中国文化现象》，中央编译出版社，2003 年。
103. 许纪霖：《中国知识分子十论》，复旦大学出版社，2003 年。
104. 孙隆基：《中国文化的深层结构》，广西师范大学出版社，2004 年。
105. 李泽厚：《美学三书》，天津社会科学院出版社，2003 年。
106. 金克木：《文化三书》，上海：东方出版中心，2008 年。

107. 葛小佳、罗云田：《东风与西风》（修订版），社会科学文献出版社，2011 年。

108. 丘石编：《中国当代解放思想的历程——解放文选（1979—1998）》，经济日报出版社，1998 年。

109. 葛兆光：《思想史的写法——中国思想史导论》，复旦大学出版社，2004 年。

110. 李世涛编：《知识分子立场：自由主义之争与中国思想界的分化》，时代文化出版社，2000 年。

111. 扬之水：《〈读书〉十年》，中华书局，2012 年。

112. 张志忠：《迷惘的跋涉者：中国当代知识分子心态录》，河南人民出版社，1995 年。

113. 贺仲明：《20 世纪末文化心态考察》，中央编译出版社，2002 年。

114. 俞吾金：《意识形态论》，上海人民出版社，1993 年。

115. 徐海波：《中国社会转型与意识形态问题》，中国社会科学出版社，2003 年。

116. 陶东风编：《知识分子与社会转型》，河南大学出版社，2004 年。

117. 林毓生：《中国意识的危机》，贵州人民出版社，1986 年。

118. 殷海光：《中国文化的展望》，上海三联书店，2002 年。

119. 张京媛编：《后殖民理论与文化批评》，北京大学出版社，1999 年。

120. 陈四益、黄永厚著：《忽然想到》，生活·读书·新知三联书店，2011 年。

（四）学位论文

121. 隋艳梅：《小杂志大文学——1979—1989 年〈读书〉的文学选择》。

122. 汤克兵：《时代的烙印——〈读书〉（1979—2007）杂志办刊特色研究》。

123. 王立莉：《解读〈读书〉杂志——精英文化传播的个案研究》。

124. 罗兴诚：《陌生又熟悉的他者存在——1979—2008 年〈读书〉的日本形象建构》。

125. 吴坤：《奔突的地火——从"九叶诗派"的形象自塑来看〈读书〉之作者群体分裂的潜在原因》。

126. 吕雪澜：《我国文化类杂志现象与挑战——以〈读书〉〈天涯〉〈书城〉为例》。

127. 徐双：《关于〈读书〉杂志近年办刊编辑方针转折探析》。

128. 杨宏：《自曰则自在：1990 年代思想随笔研究——以〈读书〉、〈随笔〉、〈书屋〉》为例。

（五）网络及期刊

1. 刘小枫：《〈读书〉与读书人的变迁——写在〈读书〉刊行十五年之际》，《读书》1992.12。

2. 朱伟：《〈读书〉记》，《当代作家评论》1994，2。

3. 冯海燕，陈莉霖：《读书类期刊在编辑中如何体现思想文化品位》，《湖北社会科学》2006，11。

4. 蒋其耘：《论市场经济条件下文化综合类期刊的编辑思想》，《广西大学学报》1994，5。

5. 杨芳芳：《报纸媒体"读书"类专刊的价值取向》，《零陵学院学报》2004，9。

6. 岩山：《〈读书〉：杂志的品格》，《当代作家评论》1997，3。

7. 凌亢：《我看〈读书〉》，《瞭望》1995，44。

8. 曹红蓓、孙冉：《〈读书〉，何去何从》，《新闻周刊》2004，31。

9. 孙立峰：《关于〈读书〉的闲话——有感于读书人退休之后》，《东方艺术》1996，2。

10. 陈原：《〈读书〉起步那几年深层记忆里抹不去的人和事》，《读书》1999，4。

11. 路景云：《情有独钟说〈读书〉》，《新闻出版交流》2000，1。

12. 刘业伟：《沈昌文的〈读书〉办刊思想》，《传媒》2010，9。

13. 师力斌：《导言：知识分子的心灵史》，《云梦学刊》2007，5。

14. 郗戈：《未来不能没有马克思——〈读书〉杂志中的马克思形象》，《云梦学刊》2007，5。

15. 钟城、方力维等：《〈读书〉中的政治哲学与政治科学》，《云梦学刊》2007，5。

16. 李雪：《"阳阿""薤露"的尴尬——〈读书〉中社会学类文章概观》，《云梦学刊》2007，5。

17. 艾佳慧：《在边缘处感受挑战》，《云梦学刊》2007，5。

18. 刘念：《"以学术介入生活"——〈读书〉27载经济类文章研究》，《云梦学刊》2007，5。

19. 陈振中：《三代人同时面对文学》，《云梦学刊》2007，5。

20. 陈平原：《思想史视野中的文学—〈新青年〉研究》，《中国现代文学研究丛刊》2002，3；2003，1。

21. 勾伊娜：《两本人文读物的"前世今生"》，《中国新闻周刊》2005，1。

22. 赵勇：《从知识分子文化到知道分子文化：大众传媒在文化转型中的作用》，《当代文坛》2009，2。

23. 沙水清：《"知道分子"折射大众需求》，《新西部》2006，9。

24. 种道荣 许玮：《〈书城〉变局叩问文化精品类杂志的生存空间》，《传媒》2005，3。

25. 汪晖谈《读书》：《坚守思想空间》，《北京青年报》2007-6-26。

26. 乔新生：《"知道分子"何妨知识分子》，《南方人物周刊》2006，9。

27. 范用：《〈读书〉杂志的前生今世》，《文汇读书周报》2004-11-24。

28. 徐梅：《沈昌文：那时办刊真痛快》，《南方人物周刊》2007，18。

29. 曾进：《〈读书〉专题讨论》，《外滩画报》2005-4-20。

30. 罗雪挥：《〈读书〉25 年》，《中国新闻周刊》2004，31。

31. 章辉：《理论旅行：后殖民主义文化批评在中国的历程与问题》，《武汉理工大学学报》2009，2。

32. 陈平原：《与〈读书〉结缘》，《读书》1999，4。

33. 徐大为、傅晓玉：《近年读书类报刊大扫描》，《编辑之友》2002，1。

34. 陈昆鹏：《〈读书〉的编辑特色探析》，《东南传播》2010，5。

35. 金武刚等：《当代中国知识分子的图书馆认同变迁研究——基于〈读书〉杂志（1979—2009）的文本分析》，《中国图书馆学报》2010，7。

36. 易鸣：《三联书店怎么了？》《中华读书报》2004－2－7。

37. 沈昌文：《回忆读书》，《南方周末》2000－11－9。

38. 徐讯雷：《智知分子、知识分子、知道分子》，《观察与思考》2005，2。

39. 姚洋：《读书事件：专访李泽厚、钱理群》，《南风窗》2007－7－26。

40. 黄平：《〈读书〉新的十年有新时代的烙印》，《新京报》2007（6）。

41. 刘宏：《〈读书〉月刊尝试超越西方中心和中国本位》，《联合早报》2007－8－2。

42. 甘丹：《汪晖：和当代社会更密切的对话》，《南都周刊》2007－6－8。

43. 《读书》背后的故事，《编辑学刊》2010，1。

44. 乌韦：《〈读书〉这十年》，《新民周刊》2007－29，http：//news. sohu. com/20070719/n251137693. shtml

45. 袁伟时：《谈〈读书〉换主编及近十年思潮》，《南都周刊》2007－8－9，http：//book. ifeng. com/psl/sh/200807/0729_3556_680902. shtml

46. 徐梅：《读书》的汪晖时代．《南方人物周刊》http：//news. qq. com/a/20070723/003202. htm

47. 张柠：《〈读书〉：换脑子比换主编更重要》，《新京报》2007年7月12日，http：//www. gmw. cn/content/2007－07/12/content_638406. htm

48. 《读书》众生相：成功杂志背后的故事．国际在线 2006－04－24 http：//gb. cri. cn/9223/2006/04/24/882@1014737. htm

49. 陈平原：《〈读书〉的文体》，《南方周末》2006年2月17日，http：//www. tianya. cn/publicforum/Cortent/books/1/73606. shtml

50. 吴虹飞：《沈昌文：我不是知识分子，我是知道分子》，《南方报业网》2005－01－06，http：//business. sohu. com/20041220/n223562521. shtml

51. 文韬：《对话汪晖：创造独立思考的批判空间——〈读书〉杂志与中国思想十年》，http：//ido. 3mt. com. cn/Article/200707/show784171c30p1. html

52. 钱理群等：《90年代以来的中国思想、文化、学术和〈读书〉》，http：//www. literature. org. cn/article. aspx？id＝17206

53. 黄道京：《〈读书〉换帅的启示——谈大众传播的高雅与通俗》，《科学时报》，ht-

tp://www.cas.cn/jzd/jlt/jrdhp/200709/t20070921_1688285.shtml

54. 李陀：《90年代的分歧到底在哪里》，《南都周刊》2007年8月17日，http://www.eduww.com/Article/200708/14940.html

55. 李云雷.2007：《"〈读书〉事件"的思想史意义》，http://hero1caesar.blog.163.com/blog/static/126810304200710474135541/

56. 尚悠：《〈读书〉事件与当代中国思想场域》，2007年8月31日，http://www.tianya.cn/publicforum/content/no01/1/365204.shtml

57. 谁的《读书》《南方人物周刊》，http://news.sina.com.cn/c/2007-07-17/150813466380.shtml

58. （台湾）汪竞榆：《去政治化的新政治—北京〈读书〉遭撤换小记》，http://sbrb1234567.blog.163.com/blog/static/3364365200771310170139/

59. 魏英杰：《〈读书〉换帅，旧怨新愁枉自多》，http://www.fubusi.com

60. 小森阳一等．海外学者谈《读书》与"《读书事件》"——全球视野、东亚社会与中国思想十年，http://www.douban.com/group/topic/2274866/

61. 张汝伦、汪晖等：《巨变时代的世界观——〈读书〉十年文选座谈会摘要》，http://www.21gwy.com/ms/snsx/a/2093/442093.html

62. 刘悠扬：《〈读书〉的人：一种情怀》《深圳商报》，http://szsb.sznews.com/html/2009-04/09/content_579102.htm

63. 易鸣：《三联书店市场化剑走偏锋？》，http://book.sohu.com/2004/04/08/57/article219775713.shtml

64. 叶国豪：《〈读书〉当代中国思想文化的书写纪录》，http://www.21ccom.net/articles/sxwh/shsc/article_2012122873891.html

后　记

关于《读书》杂志，它在中国当代知识分子心目中的地位无可比拟。它以浓郁的人文特色致力于思想启蒙、热情地展示西方文化、真诚地为知识分子服务，成为一个时代的记忆，记录了当代知识分子的思想轨迹。

解读《读书》这份历时30年的思想文化评论刊物，就阅读量而言就具有一定难度，还要有所超越则更是难上加难。而超越之法，除了研究者自身学术的精湛与精进之外，就是要求思想上的高屋建瓴。翻阅着这些知名学者以厚实的文化修养及其才性和智慧浇筑出的文字，既考验了我的判断力和领悟力，也让我慨叹不已。

2010年7月我申请进入中国新闻出版研究院武汉大学博士后流动站科研基地，在合作导师中国新闻出版研究院院长郝振省研究员、武汉大学信息管理学院院长方卿教授的指导下从事当代期刊研究。在站期间，合作导师郝振省研究员、方卿教授，他们都承担着繁重的科研、管理、教学工作及社会事务，却时常耳提面命，悉心点拨鼓励，令我感念难忘。尤其是方卿教授，他严谨求实的治学态度和理性务实的工作作风，让我体会到一个当代学者的风范和为事业奋斗不息的精神品质和人格魅力。当听说我的专著即将出版，他欣然拨冗为本书撰写了序言，更让我感激万分。

出站评审会上，韬奋基金会理事长、中国出版集团公司原总裁聂震宁编审、三联书店原总编辑李昕编审、中国新闻出版研究院刘拥军编审等专家肯定了本课题的研究，并提出了宝贵的修改意见。

我的博导北京师范大学文艺学中心的程正民教授直到今天还在关注着我的生活和学习，他的关心和提携，使我受益匪浅。非常感谢我的博士师兄中国政法大学的张灵教授，以他多年在学报工作的专业素养给予我很多实际的帮助。值得庆幸的是，在站期间能与中国青年出版社主任编辑李钊平师兄同行，他的风趣、幽默以及沉稳的处事风格使我真正认识到一个出版人身上的优良禀赋。

对父母、爱人和女儿，我永存愧疚。感谢我的女儿，她在我繁忙单调的学习和写作中给我带来了无尽的欢乐，也是我在学习道路上不断攀沿的动力。感谢我的亲人和朋友们对我不断地鼓励和支持。谢谢您们的关爱，陪我走过人生的每一个重要的阶段，我将永存感激。

拙作是我在博士后研究报告基础上修改而成。距离出站已经四年光景，本专著中的某些章节，曾经陆续在一些刊物上发表，感谢《传媒》杂志、《出版科学》杂志等主编们的厚爱。感谢中央编译出版社的杨耀文先生，没有您的协助，我的专著就不可能面世。感谢新疆大学提供的出版资助，本书才得以出版。

由于多种原因，原计划加入的《读书》当事人的采访录没能完成，《读书》大事记因为很多信息有待查证，此次也无法在书中呈现，这些遗憾只有期待日后修订完善。书中还有许多错漏之处，亟待各位专家赐教。

庞海音

2016 年 6 月于新疆大学

作者简介

庞海音，女，河南南阳人，北京师范大学文学博士，武汉大学图书馆情报与档案管理博士后，现为新疆大学人文学院教师。主要研究领域：中国现当代文艺思潮、当代期刊研究、中国早期电影研究等。已经在《文艺理论与批评》《出版发行研究》《出版科学》《江西社会科学》等期刊上发表学术论文数十篇，承担了国家社会科学基金项目一次自治区社会科学基金项目一项，主持一项校内课题，曾参与国家社会科学基金项目等多项课题研究工作。